U0817119

中华人民共和国
新法规汇编

2019
第10辑

司法部 编

中国法制出版社

编辑说明

一、《中华人民共和国新法规汇编》是国家出版的法律、行政法规汇编正式版本，是刊登报国务院备案并予以登记的部门规章的指定出版物。

二、本汇编收集的内容包括：上一个月内由全国人民代表大会及其常务委员会通过的法律和有关法律问题的决定，国务院公布的行政法规和国务院文件，报国务院备案并予以登记的部门规章，最高人民法院和最高人民检察院公布的司法解释。另外，还收入了上一个月内报国务院备案并予以登记的地方性法规和地方政府规章目录。

三、本汇编所收的内容，按下列分类顺序编排：法律，行政法规，国务院文件，国务院部门规章，司法解释。每类中按公布的时间顺序排列。报国务院备案并予以登记的地方性法规和地方政府规章目录按1987年国务院批准的行政区划顺序排列；同一行政区域报备两件以上者，按公布时间顺序排列。

四、本汇编每年出版12辑，每月出版1辑。本辑为2019年度第10辑，收入2019年9月份内公布的行政法规1件、国务院文件6件、报国务院备案并经审查予以登记编号的部门规章7件、司法解释1件，补收2019年8月份内公布的司法解释1件，共计16件。

五、本汇编在编辑出版过程中，得到了国务院有关部门和有关方面以及广大读者的大力支持和协助，在此谨致谢意。

司法部

2019年10月

目　录

行政法规

国务院文件

国务院部门规章

司法解释

附：

行政法规

国务院关于修改《中华人民共和国外资保险公司管理条例》和《中华人民共和国外资银行管理条例》的决定

（2019 年 9 月 30 日中华人民共和国国务院令第 720 号公布 自公布之日起施行）

为进一步扩大金融业对外开放，国务院决定对《中华人民共和国外资保险公司管理条例》和《中华人民共和国外资银行管理条例》部分条款予以修改。

一、将《中华人民共和国外资保险公司管理条例》第四条中的“中国保险监督管理委员会(以下简称中国保监会)”、“中国保监会”修改为“国务院保险监督管理机构”，第五条至第十五条、第十八条至第二十三条、第二十五条至第二十九条、第三十一条至第三十七条中的“中国保监会”修改为“国务院保险监督管理机构”。

删去第八条第一项和第二项。

第十二条第二款中的“工商行政管理机关”修改为“市场监督管理部门”。

第三十九条修改为：“香港特别行政区、澳门特别行政区和台湾地区的保险公司在内地(大陆)设立和营业的保险公司，比照适用本条例。”

增加一条，作为第四十条：“外国保险集团公司可以在中国境内设立外资保险公司，具体管理办法由国务院保险监督管理机构依照本条例的原则制定。”

增加一条，作为第四十一条：“境外金融机构可以入股外资保险公司，具体管理办法由国务院保险监督管理机构制定。”

二、删去《中华人民共和国外资银行管理条例》第十条第二项。

将第十一条修改为：“拟设中外合资银行的股东除应当具备本条例第九条规定的条件外，其中外方股东应当为金融机构，且外方唯一或者主要股东还应当具备下列条件：

“（一）为商业银行；

“（二）资本充足率符合所在国家或者地区金融监管当局以及国务院银行业监督管理机构的规定。”

第十二条修改为：“拟设分行的外国银行除应当具备本条例第九条规定的条件外，其资本充足率还应当符合所在国家或者地区金融监管当局以及国务院银行业监督管理机构的规定。”

第十九条、第二十二条、第二十七条中的“工商行政管理机关”修改为“市场监督管理部门”。

第二十二条中的“工商登记证”修改为“外国企业常驻代表机构登记证”。

第二十五条修改为：“外国银行可以在中华人民共和国境内同时设立外商独资银行和外国银行分行，或者同时设立中外合资银行和外国银行分行。”

第二十九条第一款、第三十一条第一款各增加一项，作为第四项：“（四）代理发行、代理兑付、承销政府债券”。第二十九条第一款第八项、第三十一条第一款第八项分别改为第九项，修改为：“（九）代理收付款项及代理保险业务”。

第三十一条第二款修改为：“外国银行分行可以吸收中国境内公民每笔不少于50万元人民币的定期存款。”

第三十四条修改为：“外资银行营业性机构经营本条例第二十九条或者第三十一条规定业务范围内的人民币业务的，应当符合国务院银行业监督管理机构规定的审慎性要求。”

第四十四条修改为：“外国银行分行应当按照国务院银行业监督管理机构的规定，持有一定比例的生息资产。”

第四十五条增加一款，作为第二款：“资本充足率持续符合所在国家或者地区金融监管当局以及国务院银行业监督管理机构规定的外国银行，其分行不受前款规定的限制。”原第二款改为第三款，其中的“前款”修改为“本条第一款”。

第五十五条修改为：“外国银行在中华人民共和国境内设立的外商独资银行、中外合资银行的董事长、高级管理人员和外国银行分行的高级管理人员不得相互兼职。”

第五十六条修改为：“外国银行在中华人民共和国境内设立的外商独资银行、中外合资银行与外国银行分行之间进行的交易必须符合商业原则，交易条件不得优于与非关联方进行交易的条件。外国银行对其在中华人民共和国境内设立的外商独资银行与外国银行分行之间的资金交易，应当提供全额担保。"

第七十二条修改为:"香港特别行政区、澳门特别行政区和台湾地区的金融机构在内地(大陆)设立的银行机构,比照适用本条例。国务院另有规定的,依照其规定。"

此外,对相关行政法规中的条文序号作相应调整。

本决定自公布之日起施行。

国务院文件

国务院办公厅关于促进全民健身和体育消费推动体育产业高质量发展的意见

（2019年9月4日　国办发〔2019〕43号）

体育产业在满足人民日益增长的美好生活需要方面发挥着不可替代的作用。在新形势下，要以习近平新时代中国特色社会主义思想为指导，强化体育产业要素保障，激发市场活力和消费热情，推动体育产业成为国民经济支柱性产业，积极实施全民健身行动，让经常参加体育锻炼成为一种生活方式。经国务院同意，现提出以下意见。

一、深化“放管服”改革，释放发展潜能

（一）深化全国性单项体育协会改革。各协会主办的体育赛事活动资源、培训项目等，符合条件的都要通过公开方式交由市场主体承办。鼓励将赛事活动承办权、场馆运营权等通过产权交易平台公开交易。（体育总局和地方人民政府负责。以下除特别指出的外均需地方人民政府负责，不再列出）

（二）完善赛事管理服务机制。制定体育赛事活动办赛指南、参赛指引，明确举办基本条件、标准、规则和各相关主管部门的责任。建立跨部门的体育赛事活动综合服务机制或例会制度。开发体育赛事活动安全许可预受理系统，为赛事活动承办方申请许可提供便利。改进商业性体育赛事活动的安全管理措施。（体育总局、公安部负责）

（三）深化场馆运营管理改革。鼓励各地推进公共体育场馆“改造功能、改革机制”工程。政府投资新建体育场馆应委托第三方企业运营，不宜单独设立事业单位管理。支持职业体育俱乐部主场场馆优先改革。（体育总局负责）

（四）推动公共资源向体育赛事活动开放。围绕可利用的水域、空域、森林、草原等自然资源，综合考虑生态、防洪、供水安全等因素，分类制定允许开展的体育赛事活动目录，明确申请条件和程序。推动自行车、运动船艇、滑雪板等体育器材装备的公路、铁路、水运、民航便利化运输。（体育总局、公安

部、自然资源部、住房城乡建设部、交通运输部、水利部、林草局、铁路局、民航局、空管办负责)

二、完善产业政策，优化发展环境

(五)落实已有税费政策。体育企业符合现行政策规定条件的，可享受研究开发费用税前加计扣除、小微企业财税优惠等政策。体育场馆自用的房产和土地，可按规定享受有关房产税和城镇土地使用税优惠。鼓励通过谈判协商、参与市场化交易等方式，确定体育场馆及健身休闲设施使用电气热的价格。(财政部、税务总局、发展改革委、能源局负责)

(六)加强知识产权保护。推动体育赛事转播权市场化运营。建立体育无形资产评估标准、完善评估制度。支持各类体育协会采用冠名、赞助、特许经营等方式开发其无形资产。(体育总局、财政部负责)

(七)加大金融支持力度。鼓励银行业金融机构开展体育企业应收账款、知识产权等质押贷款创新。引导各地政府性融资担保机构将体育企业纳入支持范围。支持符合条件的体育企业发行社会领域产业专项债券。鼓励保险机构积极开发相关保险产品。(人民银行、财政部、银保监会、发展改革委负责)

三、促进体育消费，增强发展动力

(八)优化体育消费环境。完善体育市场主体和从业人员信用记录。加大对体育市场违法违规经营行为的打击力度，规范体育市场秩序。(体育总局、发展改革委、市场监管总局负责)

(九)出台鼓励消费政策。鼓励各地采取灵活多样的市场化手段促进体育消费，丰富群众性体育赛事活动、优化参赛体验。推动公共体育场馆延长开放时间，鼓励开发健身产品、提供体育培训服务。(体育总局、发展改革委负责)

(十)开展促进体育消费试点。以体育产业规划、城市体育用地供给、社区体育设施配套、经常参加体育锻炼人数等为条件，确定一批国家体育消费试点城市。(体育总局、发展改革委、自然资源部负责)

(十一)培养终身运动习惯。实施全民健身行动，努力打造百姓身边的健身组织和“15 分钟健身圈”。推行运动水平等级评定制度，根据不同项目、年龄段特点，制定专业和业余统一的等级标准，培养健身技能，增强体育消费粘性，激活健身培训市场。探索实行学生运动技能标准达标评定制度，推动每名学生熟练掌握至少 1 项终身受益的运动技能。广泛开展各级学校体育联赛。(体育总局、教育部负责)

四、建设场地设施，增加要素供给

(十二)优化体育产业供地。各地区在编制国土空间规划时要统筹考虑体育用地布局，在安排年度土地利用计划时，加大对体育产业新增建设用地的支持力度。利用以划拨方式取得的存量房产、土地兴办体育产业，符合《划拨用地目录》的可按划拨方式办理用地手续，不符合《划拨用地目录》的可采取协议出让方式办理。鼓励各地探索利用集体建设用地、符合条件的“四荒”（荒山、荒沟、荒丘、荒滩）土地发展体育产业。（自然资源部、林草局负责）

（十三）因地制宜建设体育设施。鼓励各类市场主体利用工业厂房、商业用房、仓储用房等既有建筑及屋顶、地下室等空间建设改造成体育设施，并允许按照体育设施设计要求，依法依规调整使用功能、租赁期限、车位配比及消防等土地、规划、设计、建设要求，实行在五年内继续按原用途和土地权利类型使用土地的过渡期政策。合理利用公园绿地、市政用地等建设足球场、篮球场、排球场等体育设施，鼓励社会资本参与投资建设并依法按约定享受相应权益。已交付的体育设施由体育部门履行监管职责，确保落实体育用途。（发展改革委、自然资源部、住房城乡建设部、体育总局等相关部门按职责分工分别负责）

（十四）加大全民健身设施建设力度。组织实施全民健身提升工程，安排中央预算内投资支持全民健身和体育产业基础设施建设。开展全国社会足球场地设施建设专项行动。（发展改革委、体育总局负责）

（十五）挖掘学校体育场地设施开放潜力。在政策范围内采取必要激励机制，支持中小学对校园体育场地设施进行社会通道改造，在课余时间和节假日向社会开放；不具备改造条件的，也应保证在课余时间和节假日向本校师生开放；新建的学校体育场地设施应在规划设计时，创造向社会开放的条件；鼓励以购买服务方式引入专业机构运营管理。严格执行学校安全管理措施，确保校园安全。（教育部、住房城乡建设部、体育总局、自然资源部负责）

（十六）规范体育场馆公共安全服务供给。建立体育场馆安保等级评价制度。制定相关安保标准，分级分类明确体育赛事安全设施和安保人员装备配备要求，推动安保业务市场化、专业化发展。到2022年，大型体育场馆全部完成安保等级评价。（公安部、体育总局负责）

五、加强平台支持，壮大市场主体

（十七）发挥政府资金引导带动作用。研究设立由政府出资引导、社会资本参与的中国体育产业投资基金。以省为单位制定政府购买公共体育服务目录和标准。（体育总局、财政部、发展改革委和各省级人民政府负责）

（十八）建设体育产业发展平台。促进各类体育组织与体育企业合作，打造一批知名企业和自主品牌。鼓励符合条件的中小体育企业服务平台申报国家中小企业公共服务示范平台。开展全国体育科技创新大赛。（体育总局、

科技部、工业和信息化部负责)

（十九）推动体育社会组织发展。体育社会组织符合直接登记条件的,可直接向民政部门依法办理登记。重点扶持一批运行良好、积极作为的基层体育组织。(体育总局、民政部负责)

六、改善产业结构,丰富产品供给

（二十）提升体育服务业比重。大力培育健身休闲、竞赛表演、场馆服务、体育经纪、体育培训等服务业态,创新商业模式,延伸产业链条。力争到2022年,体育服务业增加值占体育产业增加值的比重达到60%。加强体育服务业质量监测。(体育总局、市场监管总局负责)

（二十一）支持体育用品制造业创新发展。推动智能制造、大数据、人工智能等新兴技术在体育制造领域应用。鼓励体育企业与高校、科研院所联合创建体育用品研发制造中心。(工业和信息化部、发展改革委、体育总局负责)

（二十二）推动体育赛事职业化。着力发展现有职业联赛,鼓励有条件的运动项目举办职业赛事,合理构建职业联赛分级制度。支持成立各类职业联盟。支持校际体育赛事发展,探索商业化运营模式。发展体育经纪人队伍,挖掘体育明星市场价值。(体育总局、教育部负责)

（二十三）加快发展冰雪产业。促进冰雪产业与相关产业深度融合,合理规划、广泛调动社会力量投资建设冰雪运动场地设施。力争到2022年,冰雪产业总规模超过8000亿元,推动实现“三亿人参与冰雪运动”目标。(体育总局负责)

（二十四）大力发展“互联网+体育”。推动电子商务平台提供体育消费服务。支持以冰雪、足球、篮球、赛车等运动项目为主体内容的智能体育赛事发展。(体育总局负责)

七、优化产业布局,促进协调发展

（二十五）打造体育产业增长极。以京津冀、长三角、粤港澳大湾区、海南等区域为重点发展体育产业,培育一批具有较大影响力的体育城市。引导在京的全国性体育组织落户河北雄安新区,支持京津体育科研院所、体育高科技企业到河北开展技术研发、中试和产业化生产。(体育总局、发展改革委和相关地方人民政府负责)

（二十六）促进区域特色体育产业发展。以资源禀赋为依托,引导足球、冰雪、山地户外、水上、汽车摩托车、航空等运动项目产业合理布局。分项目制定新一轮产业发展规划,加强相关基础设施建设,鼓励各地开发一批以攀岩、皮划艇、滑雪、滑翔伞、汽车越野等为代表的户外运动项目。支持新疆、内蒙

古、东北三省等地区大力发展寒地冰雪经济。(体育总局、发展改革委负责)

(二十七)助力"一带一路"建设。以"一带一路"沿线国家为重点,发起组建国际体育产业联盟。推动在"一带一路"沿线国家举办马拉松、自行车、帆船、汽车拉力赛等系列体育赛事。(体育总局、发展改革委、外交部负责)

八、实施"体育+"行动,促进融合发展

(二十八)推动体医融合发展。将体育产业发展核心指标纳入全国卫生城市评选体系。鼓励医院培养和引进运动康复师,开展运动促进健康指导,推动形成体医融合的疾病管理和健康服务模式。完善国民体质监测指标体系,将相关指标纳入居民健康体检推荐范围。为不同人群提供有针对性的运动健身方案或运动指导服务,推广科学健身,提升健身效果。加强针对老年群体的非医疗健康干预,普及健身知识,组织开展健身活动。(卫生健康委、民政部、体育总局负责)

(二十九)鼓励体旅融合发展。探索将体育旅游纳入旅游度假区等国家和行业标准。实施体育旅游精品示范工程,打造一批有影响力的体育旅游精品线路、精品赛事和示范基地。规范和引导体育旅游示范区建设。将登山、徒步、越野跑等体育运动项目作为发展森林旅游的重要方向。(文化和旅游部、林草局、发展改革委、体育总局负责)

(三十)加快体教融合发展。通过政府购买服务等方式,引进专业教练员、退役运动员、体育培训机构等为学校体育课外训练和竞赛提供指导。鼓励各地将体育基地、运动营地等纳入青少年研学基地。完善学校体育教学、训练和竞赛体系,支持学校与体育部门建立运动员共同培养机制。以游泳、田径等项目为试点,将教育部门主办的符合要求的赛事纳入运动员技术等级评定体系。加强普通高校高水平运动队建设,将其纳入国家竞技体育后备人才培养体系。(教育部、体育总局负责)

九、强化示范引领,打造发展载体

(三十一)鼓励建设体育服务综合体。支持推出一批体育特色鲜明、服务功能完善、经济效益良好的综合体项目,稳步推进建设一批规划科学、特色突出、产业集聚的运动休闲特色小镇。(体育总局、发展改革委负责)

(三十二)加强体育产业基地建设与管理。推动形成一批运转良好、带动能力强的国家体育产业示范基地、示范单位和示范项目。(体育总局负责)

(三十三)探索体育产业创新试验区建设。培育一批试验区,鼓励和引导各地在体制机制、主体培育、融合发展等方面探索实践。利用现有资源,设立国家体育产业发展协同创新中心。(体育总局、发展改革委负责)

十、夯实产业基础,提高服务水平

(三十四)加强体育产业人才培养。鼓励普通高校、职业院校设置体育产业相关专业,形成有效支撑体育产业发展的高层次人才培养体系。完善教练员水平评价制度。(教育部、体育总局负责)

(三十五)完善体育产业统计体系。开展体育产业统计监测,到2022年,基本形成及时、全面、准确的体育产业数据定期发布机制。(体育总局、统计局负责)

体育总局、发展改革委要加强对本意见落实情况的跟踪督促。各有关部门要强化责任落实,加强协同联动。各地区要建立相关协调机制,强化政策衔接,做到思想重视、责任到位、措施有力、确保实效。

国务院办公厅关于深化农村公路管理养护体制改革的意见

(2019年9月5日 国办发〔2019〕45号)

农村公路是服务“三农”的公益性基础设施,是打赢脱贫攻坚战、实施乡村振兴战略的重要抓手。党的十八大以来,以习近平同志为核心的党中央高度重视农村公路工作,多次对“四好农村路”建设作出重要部署。为切实解决“四好农村路”工作中管好、护好的短板问题,加快建立农村公路管理养护长效机制,经国务院同意,现就深化农村公路管理养护体制改革提出以下意见:

一、总体要求

以习近平新时代中国特色社会主义思想为指导,全面贯彻党的十九大精神,认真落实习近平总书记关于“四好农村路”的重要指示精神和党中央、国务院决策部署,践行以人民为中心的发展思想,紧紧围绕打赢脱贫攻坚战、实施乡村振兴战略和统筹城乡发展,以质量为本、安全至上、自然和谐、绿色发展为原则,深化农村公路管理养护体制改革,加强农村公路与农村经济社会发展统筹协调,形成上下联动、密切配合、齐抓共管的工作局面,推动“四好农村路”高质量发展,为广大农民群众致富奔小康、加快推进农业农村现代化提供更好保障。

二、工作目标

到2022年,基本建立权责清晰、齐抓共管的农村公路管理养护体制机制,形成财政投入职责明确、社会力量积极参与的格局。农村公路治理能力明显提高，治理体系初步形成。农村公路通行条件和路域环境明显提升，交通保障能力显著增强。农村公路列养率达到100%，年均养护工程比例不低于5%，中等及以上农村公路占比不低于75%。

到2035年，全面建成体系完备、运转高效的农村公路管理养护体制机制，基本实现城乡公路交通基本公共服务均等化，路况水平和路域环境根本性好转，农村公路治理能力全面提高，治理体系全面完善。

三、完善农村公路管理养护体制

（一）省、市级人民政府加强统筹和指导监督。省级人民政府要制定相关部门和市、县级人民政府农村公路管理养护权力和责任清单，强化省级统筹和政策引导，建立健全规章制度，筹集养护补助资金，加强养护管理机构能力建设指导，对市、县级人民政府进行绩效管理。市级人民政府要发挥好承上启下作用，完善支持政策和养护资金补助机制，加强指导监督。

（二）县级人民政府履行主体责任。县级人民政府要按照“县道县管、乡村道乡村管”的原则，建立健全农村公路管理养护责任制，明确相关部门、乡级人民政府农村公路管理养护权力和责任清单，并指导监督相关部门和乡级人民政府履职尽责。大力推广县、乡、村三级路长制，各级路长负责相应农村公路管理养护工作，建立“精干高效、专兼结合、以专为主”的管理体系。按照“有路必养、养必到位”的要求，将农村公路养护资金及管理机构运行经费和人员支出纳入一般公共财政预算，加大履职能力建设和管理养护投入力度。

（三）发挥乡村两级作用和农民群众积极性。乡级人民政府要确定专职工作人员，指导村民委员会组织好村道管理养护工作。村民委员会要按照“农民自愿、民主决策”的原则，采取一事一议、以工代赈等办法组织村道的管理养护工作。要加强宣传引导，将爱路护路要求纳入乡规民约、村规民约；鼓励采用以奖代补等方式，推广将日常养护与应急抢通捆绑实施并交由农民承包；鼓励农村集体经济组织和社会力量自主筹资筹劳参与农村公路管理养护工作，通过将农村公路管理养护纳入公益岗位等方式，为贫困户提供就业机会。

四、强化农村公路管理养护资金保障

（四）落实成品油税费改革资金。完善成品油税费改革转移支付政策，合理确定转移支付规模，加大对普通公路养护的支持力度。成品油税费改革新增收入替代原公路养路费部分，不得低于改革基期年（2009年）公路养路费收入占“六费”（公路养路费、航道养护费、公路运输管理费、公路客货运附加费、水路运输管理费、水运客货运附加费）收入的比例。成品油税费改革转移支付用于普通公路养护的比例一般不得低于80%且不得用于公路新建。2022

年起,该项资金不再列支管理机构运行经费和人员等其他支出。继续执行省级人民政府对农村公路养护工程的补助政策,省级补助资金与切块到市县部分之和占成品油税费改革新增收入替代原公路养路费部分的比例不得低于15%,实际高于上述比例的不得再降低。

(五)加大财政资金支持力度。农村公路养护属于地方财政事权,资金原则上由地方通过自有财力安排,对县级人民政府落实支出责任存在的收支缺口,上级人民政府可根据不同时期发展目标给予一定的资金支持。中央在均衡性转移支付中将进一步考虑农村公路管理养护因素,加大对重点贫困地区支持力度,继续安排车购税资金支持农村公路升级改造、安全生命防护工程建设和危桥改造等。地方各级人民政府要确保财政支出责任落实到位,将相关税收返还用于农村公路养护。省、市、县三级公共财政资金用于农村公路日常养护的总额不得低于以下标准:县道每年每公里10000元,乡道每年每公里5000元,村道每年每公里3000元,省、市、县三级公共财政投入比例由各省(区、市)根据本地区实际情况确定,并建立与养护成本变化等因素相关联的动态调整机制。

(六)强化养护资金使用监督管理。财政部、交通运输部要建立对省级人民政府的农村公路管理养护考核机制,将考核结果与相关投资挂钩。对地方各级公共财政用于农村公路养护的资金实施全过程预算绩效管理,确保及时足额拨付到位。地方各级财政和交通运输主管部门要加强农村公路养护资金使用监管,严禁农村公路建设采用施工方带资的建设—移交(BT)模式,严禁地方以"建养一体化"名义新增隐性债务,公共资金使用情况要按有关规定对社会公开,接受群众监督。村务监督委员会要将村道养护资金使用和养护质量等情况纳入监督范围。审计部门要定期对农村公路养护资金使用情况进行审计。

(七)创新农村公路发展投融资机制。地方各级人民政府要发挥政府资金的引导作用,采取资金补助、先养后补、以奖代补、无偿提供料场等多种方式支持农村公路养护。将农村公路发展纳入地方政府一般债券支持范围。鼓励地方人民政府将农村公路建设和一定时期的养护进行捆绑招标,将农村公路与产业、园区、乡村旅游等经营性项目实行一体化开发,运营收益用于农村公路养护。鼓励保险资金通过购买地方政府一般债券方式合法合规参与农村公路发展,探索开展农村公路灾毁保险。

五、建立农村公路管理养护长效机制

(八)加快推进农村公路养护市场化改革。将人民群众满意度和受益程度、养护质量和资金使用效率作为衡量标准,分类有序推进农村公路养护市场化改革，逐步建立政府与市场合理分工的养护生产组织模式。引导符合市场属性的事业单位转制为现代企业，鼓励将干线公路建设养护与农村公路捆绑招标，支持养护企业跨区域参与市场竞争。鼓励通过签订长期养护合同、招投标约定等方式，引导专业养护企业加大投入，提高养护机械化水平。

（九）加强安全和信用管理。公路安全设施要与主体工程同时设计、同时施工、同时投入使用，县级人民政府要组织公安、应急等职能部门参与农村公路竣（交）工验收。已建成但未配套安全设施的农村公路要逐步完善。加强农村公路养护市场监管，着力建立以质量为核心的信用评价机制，实施守信联合激励和失信联合惩戒，并将信用记录按照国家有关规定纳入全国信用信息共享平台，依法向社会公开。

（十）强化法规政策和队伍建设。推动公路法修订，研究制定农村公路条例，探索通过民事赔偿保护路产路权。坚持经济实用、绿色环保理念，全面开展"美丽公路"创建工作，提高农村公路养护技术，完善路政管理指导体系，建立县有路政员、乡有监管员、村有护路员的路产路权保护队伍。

各地区、各部门要将深化农村公路管理养护体制改革作为打赢脱贫攻坚战、实施乡村振兴战略、推进农业农村现代化的一项先行工程，同步部署落实。各省级人民政府要加强统筹和指导，制定本辖区改革实施方案，协调解决重大问题，督促地方各级人民政府压实责任，认真抓好任务落实。各有关部门要密切配合，按照职责完成各项任务。交通运输部要加强工作指导和督促检查，重大情况及时报告国务院。

本意见自印发之日起施行。《国务院办公厅关于印发农村公路管理养护体制改革方案的通知》（国办发〔2005〕49号）同时废止。

国务院关于加强和规范事中事后监管的指导意见

（2019年9月6日　国发〔2019〕18号）

为深刻转变政府职能，深化简政放权、放管结合、优化服务改革，进一步加强和规范事中事后监管，以公正监管促进公平竞争，加快打造市场化法治化国际化营商环境，提出以下意见。

一、总体要求

（一）指导思想。以习近平新时代中国特色社会主义思想为指导，全面贯彻党的十九大和十九届二中、三中全会精神，牢固树立新发展理念，充分发挥市场在资源配置中的决定性作用，更好发挥政府作用，持续深化“放管服”改革，坚持放管结合、并重，把更多行政资源从事前审批转到加强事中事后监管上来，落实监管责任，健全监管规则，创新监管方式，加快构建权责明确、公平公正、公开透明、简约高效的事中事后监管体系，形成市场自律、政府监管、社会监督互为支撑的协同监管格局，切实管出公平、管出效率、管出活力，促进提高市场主体竞争力和市场效率，推动经济社会持续健康发展。

(二)基本原则。

依法监管。坚持权责法定、依法行政，法定职责必须为，法无授权不可为，严格按照法律法规规定履行监管责任，规范监管行为，推进事中事后监管法治化、制度化、规范化。

公平公正。对各类市场主体一视同仁，坚决破除妨碍公平竞争的体制机制障碍，依法保护各类市场主体合法权益，确保权利公平、机会公平、规则公平。

公开透明。坚持以公开为常态、不公开为例外，全面推进政府监管规则、标准、过程、结果等依法公开，让监管执法在阳光下运行，给市场主体以稳定预期。

分级分类。根据不同领域特点和风险程度，区分一般领域和可能造成严重不良后果、涉及安全的重要领域，分别确定监管内容、方式和频次，提升事中事后监管精准化水平。对新兴产业实施包容审慎监管，促进新动能发展壮大。

科学高效。充分发挥现代科技手段在事中事后监管中的作用，依托互联网、大数据、物联网、云计算、人工智能、区块链等新技术推动监管创新，努力做到监管效能最大化、监管成本最优化、对市场主体干扰最小化。

寓管于服。推进政府监管与服务相互结合、相互促进，坚持行“简约”之道，做到程序、要件等删繁就简、利企便民，营造良好发展环境，增强人民群众幸福感、获得感和安全感。

二、夯实监管责任

(三)明确监管对象和范围。要严格按照法律法规和“三定”规定明确的监管职责和监管事项，依法对市场主体进行监管，做到监管全覆盖，杜绝监管盲区和真空。除法律法规另有规定外，各部门对负责审批或指导实施的行政许可事项，负责事中事后监管；实行相对集中行政许可权改革的，要加强审管衔接，把监管责任落到实处，确保事有人管、责有人负；对已经取消审批但仍需政府监管的事项，主管部门负责事中事后监管；对下放审批权的事项，要同时调整监管层级，确保审批监管权责统一；对审批改为备案的事项，主管部门要加强核查，对未经备案从事相关经营活动的市场主体依法予以查处；对没有专门执法力量的行业和领域，审批或主管部门可通过委托执法、联合执法等方式，会同相关综合执法部门查处违法违规行为，相关综合执法部门要积极予以支持。

（四）厘清监管事权。各部门要充分发挥在规则和标准制定、风险研判、统筹协调等方面的作用，指导本系统开展事中事后监管。对涉及面广、较为重大复杂的监管领域和监管事项，主责部门要发挥牵头作用，相关部门要协同配合，建立健全工作协调机制。省级人民政府要统筹制定本行政区域内监管计划任务，指导和督促省级部门、市县级人民政府加强和规范监管执法；垂直管理部门要统筹制定本系统监管计划任务，并加强与属地政府的协同配合。市县级人民政府要把主要精力放在加强公正监管上，维护良好的市场秩序。

三、健全监管规则和标准

（五）健全制度化监管规则。各部门要围绕服务企业发展，分领域制订全国统一、简明易行的监管规则和标准，并向社会公开，以科学合理的规则标准提升监管有效性，降低遵从和执法成本。对边界模糊、执行弹性大的监管规则和标准，要抓紧清理规范和修订完善。要结合权责清单编制，在国家“互联网＋监管”系统监管事项目录清单基础上，全面梳理各级政府和部门职责范围内的监管事项，明确监管主体、监管对象、监管措施、设定依据、处理方式等内容，纳入国家“互联网＋监管”系统统一管理并动态更新，提升监管规范化、标准化水平。强化竞争政策的基础性地位，落实并完善公平竞争审查制度，加快清理妨碍全国统一市场和公平竞争的各种规定和做法。

（六）加强标准体系建设。加快建立完善各领域国家标准和行业标准，明确市场主体应当执行的管理标准、技术标准、安全标准、产品标准，严格依照标准开展监管。精简整合强制性标准，重点加强安全、卫生、节能、环保等领域的标准建设，优化强制性标准底线。鼓励企业、社会团体制定高于强制性标准的标准，开展标准自我声明公开并承诺执行落实，推动有关产品、技术、质量、服务等标准与国际接轨互认。适应新经济新技术发展趋势，及时修订调整已有标准，加快新产业新业态标准的研究制定。加强质量认证体系建设，对涉及安全、健康、环保等方面的产品依法实施强制性认证。

四、创新和完善监管方式

（七）深入推进“互联网＋监管”。依托国家“互联网＋监管”系统，联通汇聚全国信用信息共享平台、国家企业信用信息公示系统等重要监管平台数据，以及各级政府部门、社会投诉举报、第三方平台等数据，加强监管信息归集共享，将政府履职过程中形成的行政检查、行政处罚、行政强制等信息以及司法判决、违法失信、抽查抽检等信息进行关联整合，并归集到相关市场主体名下。充分运用大数据等技术，加强对风险的跟踪预警。探索推行以远程监管、移动监管、预警防控为特征的非现场监管，提升监管精准化、智能化水平。

（八）提升信用监管效能。以统一社会信用代码为标识，依法依规建立权威、统一、可查询的市场主体信用记录。大力推行信用承诺制度，将信用承诺履行情况纳入信用记录。推进信用分级分类监管，依据企业信用情况，在监管方式、抽查比例和频次等方面采取差异化措施。规范认定并设立市场主体信用"黑名单"，建立企业信用与自然人信用挂钩机制，强化跨行业、跨领域、跨部门失信联合惩戒，对失信主体在行业准入、项目审批、获得信贷、发票领用、出口退税、出入境、高消费等方面依法予以限制。建立健全信用修复、异议申诉等机制。在保护涉及公共安全、国家秘密、商业秘密和个人隐私等信息的前提下，依法公开在行政管理中掌握的信用信息，为社会公众提供便捷高效的信用查询服务。

（九）全面实施"双随机、一公开"监管。在市场监管领域全面实行随机抽取检查对象、随机选派执法检查人员、抽查情况及查处结果及时向社会公开，除特殊行业、重点领域外，原则上所有日常涉企行政检查都应通过"双随机、一公开"的方式进行。不断完善"双随机、一公开"监管相关配套制度和工作机制，健全跨部门随机抽查事项清单，将更多事项纳入跨部门联合抽查范围。将随机抽查的比例频次、被抽查概率与抽查对象的信用等级、风险程度挂钩，对有不良信用记录、风险高的要加大抽查力度，对信用较好、风险较低的可适当减少抽查。抽查结果要分别通过国家企业信用信息公示系统、"信用中国"网站、国家"互联网＋监管"系统等全面进行公示。

（十）对重点领域实行重点监管。对直接涉及公共安全和人民群众生命健康等特殊重点领域，依法依规实行全覆盖的重点监管，强化全过程质量管理，加强安全生产监管执法，严格落实生产、经营、使用、检测、监管等各环节质量和安全责任，守住质量和安全底线。对食品、药品、医疗器械、特种设备等重点产品，建立健全以产品编码管理为手段的追溯体系，形成来源可查、去向可追、责任可究的信息链条。地方各级政府可根据区域和行业风险特点，探索建立重点监管清单制度，严格控制重点监管事项数量，规范重点监管程序，并筛选确定重点监管的生产经营单位，实行跟踪监管、直接指导。

（十一）落实和完善包容审慎监管。对新技术、新产业、新业态、新模式，要按照鼓励创新原则，留足发展空间，同时坚守质量和安全底线，严禁简单封杀或放任不管。加强对新生事物发展规律研究，分类量身定制监管规则和标准。对看得准、有发展前景的，要引导其健康规范发展；对一时看不准的，设置一定的"观察期",对出现的问题及时引导或处置;对潜在风险大、可能造成严重不良后果的,严格监管;对非法经营的,坚决依法予以查处。推进线上线下一体化监管,统一执法标准和尺度。

(十二)依法开展案件查办。对监管中发现的违法违规问题,综合运用行政强制、行政处罚、联合惩戒、移送司法机关处理等手段,依法进行惩处。对情节轻微、负面影响较小的苗头性问题,在坚持依法行政的同时,主要采取约谈、警告、责令改正等措施,及时予以纠正。对情节和后果严重的,要依法责令下架召回、停工停产或撤销吊销相关证照,涉及犯罪的要及时移送司法机关处理。建立完善违法严惩制度、惩罚性赔偿和巨额罚款制度、终身禁入机制,让严重违法者付出高昂成本。

五、构建协同监管格局

(十三)加强政府协同监管。加快转变传统监管方式,打破条块分割,打通准入、生产、流通、消费等监管环节,建立健全跨部门、跨区域执法联动响应和协作机制,实现违法线索互联、监管标准互通、处理结果互认。深化市场监管、生态环境保护、交通运输、农业、文化市场综合行政执法改革,在其他具备条件的领域也要积极推进综合行政执法改革,统筹配置行政处罚职能和执法资源,相对集中行政处罚权,整合精简执法队伍,推进行政执法权限和力量向基层乡镇街道延伸下沉,逐步实现基层一支队伍管执法,解决多头多层重复执法问题。

(十四)强化市场主体责任。建立完善市场主体首负责任制,促使市场主体在安全生产、质量管理、营销宣传、售后服务、诚信纳税等方面加强自我监督、履行法定义务。督促涉及公众健康和安全等的企业建立完善内控和风险防范机制,落实专人负责,强化员工安全教育,加强内部安全检查。规范企业信息披露,进一步加强年报公示,推行"自我声明+信用管理"模式,推动企业开展标准自我声明和服务质量公开承诺。加快建立产品质量安全事故强制报告制度,切实保障公众知情权。

(十五)提升行业自治水平。推动行业协会商会建立健全行业经营自律规范、自律公约和职业道德准则,规范会员行为。鼓励行业协会商会参与制定国家标准、行业规划和政策法规,制定发布行业产品和服务标准。发挥行业协会商会在权益保护、纠纷处理、行业信用建设和信用监管等方面的作用,支持行业协会商会开展或参与公益诉讼、专业调解工作。规范行业协会商会收费、评奖、认证等行为。

(十六)发挥社会监督作用。建立"吹哨人"、内部举报人等制度,对举报严重违法违规行为和重大风险隐患的有功人员予以重奖和严格保护。畅通群众监督渠道，整合优化政府投诉举报平台功能，力争做到“一号响应”。依法规范牟利性“打假”和索赔行为。培育信用服务机构，鼓励开展信用评级和第三方评估。发挥会计、法律、资产评估、认证检验检测、公证、仲裁、税务等专业机构的监督作用，在监管执法中更多参考专业意见。强化舆论监督，持续曝光典型案件，震慑违法行为。

六、提升监管规范性和透明度

（十七）规范涉企行政检查和处罚。对涉企现场检查事项进行全面梳理论证，通过取消、整合、转为非现场检查等方式，压减重复或不必要的检查事项，着力解决涉企现场检查事项多、频次高、随意检查等问题。清理规范行政处罚事项，对重复处罚、标准不一、上位法已作调整的事项及时进行精简和规范。加强行政执法事项目录管理，从源头上减少不必要的执法事项。健全行政执法自由裁量基准制度，合理确定裁量范围、种类和幅度，严格限定裁量权的行使。禁止将罚没收入与行政执法机关利益挂钩。

（十八）全面推进监管执法公开。聚焦行政执法的源头、过程、结果等关键环节，严格落实行政执法公示、执法全过程记录、重大执法决定法制审核制度。建立统一的执法信息公示平台，按照“谁执法谁公示”原则，除涉及国家秘密、商业秘密、个人隐私等依法不予公开的信息外，行政执法职责、依据、程序、结果等都应对社会公开。对行政执法的启动、调查取证、审核决定、送达执行等全过程进行记录，做到全程留痕和可回溯管理。重大行政执法决定必须经过法制审核，未经法制审核或审核未通过的，不得作出决定。

（十九）健全尽职免责、失职问责办法。全面落实行政执法责任制和问责制，促进监管执法部门和工作人员履职尽责、廉洁自律、公平公正执法。对忠于职守、履职尽责的，要给予表扬和鼓励；对未履行、不当履行或违法履行监管职责的，严肃追责问责；涉嫌犯罪的，移送有关机关依法处理。加快完善各监管执法领域尽职免责办法，明确履职标准和评判界线，对严格依据法律法规履行监管职责、监管对象出现问题的，应结合动机态度、客观条件、程序方法、性质程度、后果影响以及挽回损失等情况进行综合分析，符合条件的要予以免责。

七、强化组织保障

（二十）认真抓好责任落实。各地区、各部门要认真贯彻落实党中央、国务院决策部署，按照本意见提出的各项措施和要求，落实和强化监管责任，科学配置监管资源，鼓励基层探索创新，细化实化监管措施，切实维护公平竞争秩序。将地方政府公正监管水平纳入中国营商环境评价指标体系。国务院办公厅负责对本意见落实工作的跟踪督促，确保各项任务和措施落实到位。

（二十一）加强法治保障。按照重大改革于法有据的要求，根据监管工作需要和经济社会发展变化，加快推进相关法律法规和规章立改废释工作，为事中事后监管提供健全的法治保障。加强监管执法与司法的衔接，建立监管部门、公安机关、检察机关间案情通报机制，完善案件移送标准和程序。

（二十二）加强监管能力建设。加快建设高素质、职业化、专业化的监管执法队伍，扎实做好技能提升工作，大力培养“一专多能”的监管执法人员。推进人财物等监管资源向基层下沉，保障基层经费和装备投入。推进执法装备标准化建设，提高现代科技手段在执法办案中的应用水平。

国务院办公厅关于稳定生猪生产促进转型升级的意见

（2019年9月6日　国办发〔2019〕44号）

养猪业是关乎国计民生的重要产业，猪肉是我国大多数居民最主要的肉食品。发展生猪生产，对于保障人民群众生活、稳定物价、保持经济平稳运行和社会大局稳定具有重要意义。近年来，我国养猪业综合生产能力明显提升，但产业布局不合理、基层动物防疫体系不健全等问题仍然突出，一些地方忽视甚至限制养猪业发展，猪肉市场供应阶段性偏紧和猪价大幅波动时有发生。非洲猪瘟疫情发生以来，生猪产业的短板和问题进一步暴露，能繁母猪和生猪存栏下降较多，产能明显下滑，稳产保供压力较大。为稳定生猪生产，促进转型升级，增强猪肉供应保障能力，经国务院同意，现提出如下意见。

一、总体要求

（一）指导思想。以习近平新时代中国特色社会主义思想为指导，全面贯彻党的十九大和十九届二中、三中全会精神，按照党中央、国务院决策部署，坚持稳中求进工作总基调，发挥市场在资源配置中的决定性作用，以保障猪肉基本自给为目标，立足当前恢复生产保供给，着眼长远转变方式促转型，强化责任落实，加大政策扶持，加强科技支撑，推动构建生产高效、资源节约、环境友好、布局合理、产销协调的生猪产业高质量发展新格局，更好满足居民猪肉消费需求，促进经济社会平稳健康发展。

（二）发展目标。生猪产业发展的质量效益和竞争力稳步提升，稳产保供的约束激励机制和政策保障体系不断完善，带动中小养猪场（户）发展的社会化服务体系逐步健全，猪肉供应保障能力持续增强，自给率保持在95%左右。

到 2022 年，产业转型升级取得重要进展，养殖规模化率达到 58% 左右，规模养猪场（户）粪污综合利用率达到 78% 以上。到 2025 年，产业素质明显提升，养殖规模化率达到 65% 以上，规模养猪场（户）粪污综合利用率达到 85% 以上。

（三）省负总责。各省（区、市）人民政府对本地区稳定生猪生产、保障市场供应工作负总责，主要负责人是第一责任人，要加强组织领导，强化规划引导，出台专门政策，在养殖用地、资金投入、融资服务、基层动物防疫机构队伍建设等方面优先安排、优先保障。生猪主产省份要积极发展生猪生产，做到稳产增产；主销省份要确保一定的自给率。各地区要增强大局意识，把握发展阶段，尊重市场规律，不得限制养猪业发展；严格落实“菜篮子”市长负责制，尽快将生猪生产恢复到正常水平，切实做好生猪稳产保供工作。

二、稳定当前生猪生产

（四）促进生产加快恢复。继续实施种猪场和规模养猪场（户）贷款贴息政策，期限延长至 2020 年 12 月 31 日，并将建设资金贷款纳入贴息范围。对 2020 年底前新建、改扩建种猪场、规模养猪场（户）和禁养区内规模养猪场（户）异地重建加大支持力度，重点加强动物防疫、环境控制等设施建设。鼓励地方结合实际加大生猪生产扶持力度。省级财政要落实生猪生产稳定专项补贴等措施，对受影响较大的生猪调出大县的规模养猪场（户）给予临时性生产补助，稳定能繁母猪和生猪存栏。银行业金融机构要积极支持生猪产业发展，不得对养猪场（户）和屠宰加工企业盲目限贷、抽贷、断贷。省级农业信贷担保公司在做好风险防控的基础上，要把支持恢复生猪生产作为当前的重要任务，对发生过疫情及扑杀范围内的养猪场（户），提供便利、高效的信贷担保服务。

（五）规范禁养区划定与管理。严格依法依规科学划定禁养区，除饮用水水源保护区，风景名胜区，自然保护区的核心区和缓冲区，城镇居民区、文化教育科学研究区等人口集中区域以及法律法规规定的其他禁止养殖区域之外，不得超范围划定禁养区。各地区要深入开展自查，对超越法律法规规定范围划定的禁养区立即进行调整。对禁养区内确需关停搬迁的规模养猪场（户），地方政府要安排用地支持异地重建。各省（区、市）要于 2019 年 10 月底前将自查结果及调整后的禁养区划定情况报生态环境部、农业农村部备核。

（六）保障种猪、仔猪及生猪产品有序调运。进一步细化便捷措施，保障符合条件的种猪和仔猪调运，不得层层加码禁运限运。优化种猪跨省调运检疫程序，重点检测非洲猪瘟，对其他病种开展风险评估，简化实验室检测，降低调运成本。将仔猪及冷鲜猪肉纳入鲜活农产品运输“绿色通道”政策范围。

2020年6月30日前，对整车合法运输种猪及冷冻猪肉的车辆，免收车辆通行费。

（七）持续加强非洲猪瘟防控。进一步压实政府、部门和生猪产业各环节从业者责任，不折不扣落实疫情监测排查报告、突发疫情应急处置、生猪运输和餐厨废弃物监管等现行有效防控措施，确保疫情不反弹，增强养殖信心。坚持疫情日报告制度，严格实施产地检疫和屠宰检疫，对瞒报、迟报疫情导致疫情扩散蔓延的，从严追责问责。落实好非洲猪瘟强制扑杀补助政策，加快补助资金发放，由现行按年度结算调整为每半年结算发放一次。对财政困难的县市，省级财政要加大对扑杀补助的统筹支持力度，降低或取消县市级财政承担比例。

（八）加强生猪产销监测。加大生猪生产统计调查频次，为宏观调控决策提供及时有效支撑。建立规模养猪场（户）信息备案管理和生产月度报告制度，及时、准确掌握生猪生产形势变化。强化分析预警，定期发布市场动态信息，引导生产，稳定预期。

（九）完善市场调控机制。认真执行《缓解生猪市场价格周期性波动调控预案》，严格落实中央和地方冻猪肉储备任务，鼓励和支持有条件的社会冷库资源参与猪肉收储。合理把握冻猪肉储备投放节奏和力度，多渠道供应销售猪肉，确保重要节假日猪肉市场有效供应，保持猪肉价格在合理范围。及时启动社会救助和保障标准与物价上涨挂钩联动机制，有效保障困难群众基本生活。加快发展禽肉、牛羊肉等替代肉品生产。统筹利用国际国内两个市场、两种资源，更好地保障市场供应。

三、加快构建现代养殖体系

（十）大力发展标准化规模养殖。按照“放管服”改革要求，对新建、改扩建的养猪场（户）简化程序、加快审批。有条件的地方要积极支持新建、改扩建规模养猪场（户）的基础设施建设。中央预算内投资继续支持规模养猪场（户）提升设施装备条件。深入开展生猪养殖标准化示范创建，在全国创建一批可复制、可推广的高质量标准化示范场。调整优化农机购置补贴机具种类范围，支持养猪场（户）购置自动饲喂、环境控制、疫病防控、废弃物处理等农机装备。

（十一）积极带动中小养猪场（户）发展。鼓励有意愿的农户稳步扩大养殖规模。各地区要创新培训形式，帮助中小养猪场（户）提高生产经营管理水平。鼓励各地区通过以奖代补、先建后补等方式，支持中小养猪场（户）改进设施装备条件。发挥龙头企业和专业合作经济组织带动作用，通过统一生产、统一营销、技术共享、品牌共创等方式，与中小养猪场（户）形成稳定利益共同体。培育壮大生产性服务业,采取多种方式服务中小养猪场(户)。对散养农户要加强指导帮扶,不得以行政手段强行清退。

(十二)推动生猪生产科技进步。加强现代生猪良种繁育体系建设,实施生猪遗传改良计划,提升核心种源自给率,提高良种供应能力。加大现代种业提升工程投入,推动核心育种场建设与生猪产能相适应,支持地方猪保种场、保护区和基因库完善基础设施条件,促进地方猪种保护与开发。实施生猪良种补贴,推广人工授精技术,积极支持养猪场(户)购买优良种猪精液。推进生猪养殖抗菌药物减量使用,实施促生长抗菌药物退出计划,研发和推广替代产品。加快推进生猪全产业链信息化,推广普及智能养猪装备,提高生产经营效率。

(十三)加快养殖废弃物资源化利用。继续实施粪污资源化利用项目,将符合条件的非畜牧大县纳入实施范围。推行种养结合,支持粪肥就地就近运输和施用,配套建设粪肥田间贮存池、沼液输送管网、沼液施用设施等,打通粪肥还田通道。各地区要建立健全病死猪无害化处理体系,及时足额落实地方补助资金,确保无害化处理企业可持续运行。

(十四)加大对生猪主产区支持力度。统筹资源环境条件,引导生猪养殖向环境容量大的地区转移,支持大型生猪养殖企业全产业链布局。鼓励生猪主销省份支持主产省份发展生猪生产,通过资源环境补偿、跨区合作建立养殖基地等方式,推动形成销区补偿产区的长效机制。发挥生猪调出大县支撑保障作用,加大对生猪调出大县的支持力度,增加奖励资金规模,优化生猪调出大县动态调整机制,支持生猪生产发展和流通基础设施建设。

四、完善动物疫病防控体系

(十五)提升动物疫病防控能力。统筹做好非洲猪瘟以及口蹄疫、猪瘟、高致病性猪蓝耳病等重大动物疫病防控工作。加快非洲猪瘟疫苗研发。加强疫病防控技术培训和分类指导,提升养猪场(户)生物安全防护水平。加快实施分区防控,建立健全区域联防联控工作机制。支持有条件的地区和企业建设无疫区和无疫小区。

(十六)强化疫病检测和动物检疫。加强公共检测机构能力建设,支持县级动物疫病预防控制中心完善设施装备,改善基层兽医实验室疫病检测条件。鼓励发展多种形式的第三方检测服务机构,推行政府购买社会化兽医服务。指导督促生产经营主体配备检测设施装备,提升自检能力。动物卫生监督机构和工作人员要严格执行检疫规程,认真履职尽责。严肃查处不检疫就出证或无正当理由拒绝检疫出证等违规行为。

(十七)加强基层动物防疫队伍建设。依托现有机构编制资源,建立健全动物卫生监督机构和动物疫病预防控制机构。在农业综合行政执法改革中，结合建立执法事项清单，落实动物防疫执法责任，突出强化动物防疫执法力量。加强乡镇畜牧兽医站建设，配备与养殖规模和工作任务相适应的防疫检疫等专业技术人员，县级畜牧兽医管理部门要加强监督指导，必要时采取措施增强工作力量。地方财政要保障工作经费和专项业务经费，改善设施装备条件，落实工资待遇和有关津贴，确保基层动物防疫、检疫和监督工作正常开展。

五、健全现代生猪流通体系

（十八）加快屠宰行业提挡升级。引导生猪屠宰加工向养殖集中区域转移，鼓励生猪就地就近屠宰，实现养殖屠宰匹配、产销顺畅衔接。开展生猪屠宰标准化创建，加快小型生猪屠宰厂（场）点撤停并转。严格执行生猪屠宰环节非洲猪瘟自检和驻场官方兽医制度，对不符合检疫检测要求的屠宰厂（场），要依法限期整改，整改不到位的责令关停。鼓励生猪调出大县建设屠宰加工企业和洗消中心，在用地、信贷等方面给予政策倾斜。

（十九）变革传统生猪调运方式。顺应猪肉消费升级和生猪疫病防控的客观要求，实现“运猪”向“运肉”转变，逐步减少活猪长距离跨省（区、市）调运。加强大区域内生猪产销衔接，生猪主销省份要主动与主产省份建立长期稳定的供销关系，实现大区域内供需大体平衡，除种猪和仔猪外，原则上活猪不跨大区域调运。推行猪肉产品冷链调运，加快建立冷鲜肉品流通和配送体系，实现“集中屠宰、品牌经营、冷链流通、冷鲜上市”。冷链物流企业用水、用电、用气价格与工业同价，降低物流成本。加强猪肉消费宣传引导，提高冷鲜肉消费比重。

（二十）加强冷链物流基础设施建设。逐步构建生猪主产区和主销区有效对接的冷链物流基础设施网络。鼓励屠宰企业建设标准化预冷集配中心、低温分割加工车间、冷库等设施，提高生猪产品加工储藏能力。鼓励屠宰企业配备必要的冷藏车等设备，提高长距离运输能力。鼓励生猪产品主销区建设标准化流通型冷库、低温加工处理中心、冷链配送设施和冷鲜肉配送点，提高终端配送能力。

六、强化政策措施保障

（二十一）加大金融政策支持。完善生猪政策性保险，提高保险保额、扩大保险规模，并与病死猪无害化处理联动，鼓励地方继续开展并扩大生猪价格保险试点。创新金融信贷产品，探索将土地经营权、养殖圈舍、大型养殖机械等纳入抵质押物范围。银行业金融机构要立足自身职能定位，在依法合规、风险可控的前提下积极为生猪生产发展提供信贷支持。

（二十二）保障生猪养殖用地。各地区要遵循种养结合、农牧循环的客观要求，在编制国土空间规划时，合理安排新增生猪养殖用地。完善设施农用地政策，合理增加附属设施用地规模，取消15亩上限，保障废弃物处理等设施用地需要。鼓励利用农村集体建设用地和“四荒地”（荒山、荒沟、荒丘、荒滩）发展生猪生产，各地区可根据实际情况制定支持政策措施。

（二十三）强化法治保障。加快修订动物防疫法、生猪屠宰管理条例，研究修订兽药管理条例等法律法规，健全生猪产业法律制度体系。严格落实畜牧法、动物防疫法、农产品质量安全法、食品安全法等法律法规，加大执法监管力度，督促养猪场（户）、屠宰加工企业等市场主体依法依规开展生产经营活动。加强对畜牧兽医行政执法工作的指导，依法查处生猪养殖、运输、屠宰、无害化处理等环节的违法违规行为。

各地区、各有关部门要根据本意见精神，按照职责分工，加大工作力度，抓好工作落实。各省（区、市）要在今年年底前，将贯彻落实情况报国务院。明年国务院将适时开展生猪生产和供应情况督查，督查情况通报各地区。

国务院关于调整工业产品生产许可证管理目录加强事中事后监管的决定

（2019年9月8日　国发〔2019〕19号）

经研究论证，国务院决定，压减工业产品生产许可证管理目录，取消内燃机、汽车制动液等13类工业产品生产许可证管理，将卫星电视广播地面接收设备与无线广播电视发射设备2类产品压减合并为1类，对其中涉及安全、健康、环保的，转为强制性产品认证管理，认证费用由财政负担。调整后继续实施工业产品生产许可证管理的产品共计10类，其中，由国家市场监督管理总局实施的5类，由省级市场监督管理部门实施的5类。

各地区、各有关部门要督促企业严格履行主体责任，强化信用监督和约束手段，对通过告知承诺和后置现场审查方式取得生产许可证的企业，发现以欺骗手段取得的，依法严肃处理。要研究建立质量追溯体系和奖励举报制度，对恶意违法行为依法严惩重罚。相关企业要切实承担质量安全管理责任，建立健全产品质量验收、检验检测和售后服务等制度，确保产品符合相关标准要求。

各地区、各有关部门要抓紧做好工业产品生产许可证管理目录调整工作，减证不减责任，全面加强事中事后监管，按照“谁审批谁监管、谁主管谁监管”

的原则，认真履行监管责任，及时有效防范和化解风险。对继续实施生产许可证管理的产品，要完善对企业现场审查和检查的技术规范，以“双随机、一公开”监管为手段，进一步加强和规范对获证企业的日常检查，对问题线索企业实施飞行检查。对取消生产许可证管理的产品，要充分利用信息化手段，建立健全检验检测机构、科研院所、行业协会等广泛参与的质量安全监测预警机制。要完善问题导向的监督抽查机制，加大对取消生产许可证管理产品的监督抽查力度，扩大重点产品、重点领域监督抽查覆盖面和增加频次，依法及时公开抽查信息，加大对不合格产品的查处力度，对存在行业性、苗头性质量安全风险的产品开展专项整治。要加快制修订产业发展和监管工作急需的标准，严格落实认证机构对认证结果的主体责任和对产品质量持续符合认证要求的连带责任，鼓励相关行业、用户采信认证结果，充分发挥行业监管、社会监督作用，推动构建以标准引领、企业履责、政府监管为基础的管理体系，确保工业产品质量安全。

附件：1. 工业产品生产许可证取消、合并管理的产品目录（共计 15 类）
2. 调整后继续实施工业产品生产许可证管理的产品目录（共计 10 类）

附件 1

工业产品生产许可证取消、合并管理的产品目录(共计 15 类)

序号	产品名称	目前实施机关	调整情况
1	轴承钢材	国家市场监督管理总局	取消
2	防伪技术产品	省级市场监督管理部门	取消
3	摩擦材料及密封制品 *	省级市场监督管理部门	取消
4	公路桥梁支座	省级市场监督管理部门	取消
5	内燃机	省级市场监督管理部门	取消
6	砂轮	省级市场监督管理部门	取消
7	钢丝绳	省级市场监督管理部门	取消
8	预应力混凝土用钢材	省级市场监督管理部门	取消
9	预应力混凝土枕	省级市场监督管理部门	取消
10	特种劳动防护用品	省级市场监督管理部门	取消
11	耐火材料	省级市场监督管理部门	取消
12	建筑防水卷材	省级市场监督管理部门	取消
13	汽车制动液	省级市场监督管理部门	取消
14	卫星电视广播地面接收设备	国家市场监督管理总局	取消室外单元等单元,与无线广播电视发射设备合并为广播电视传输设备
15	无线广播电视发射设备	国家市场监督管理总局	取消发射天线等单元,与卫星电视广播地面接收设备合并为广播电视传输设备

*“摩擦材料及密封制品”中的刹车片产品需在完成相关程序后转为强制性产品认证管理,在此之前仍对其实施生产许可证管理。

附件2

调整后继续实施工业产品生产许可证管理的产品目录(共计10类)

序号	产品名称	实施机关
1	建筑用钢筋	国家市场监督管理总局
2	水泥	国家市场监督管理总局
3	广播电视传输设备	国家市场监督管理总局
4	人民币鉴别仪	国家市场监督管理总局
5	预应力混凝土铁路桥简支梁	国家市场监督管理总局
6	电线电缆	省级市场监督管理部门
7	危险化学品	省级市场监督管理部门
8	危险化学品包装物及容器	省级市场监督管理部门
9	化肥	省级市场监督管理部门
10	直接接触食品的材料等相关产品	省级市场监督管理部门

国务院关于表彰全国民族团结进步模范集体和模范个人的决定

（2019 年 9 月 24 日　国发〔2019〕20 号）

2014 年全国民族团结进步表彰大会以来，全国各族人民在以习近平同志为核心的党中央坚强领导下，统筹推进“五位一体”总体布局，协调推进“四个全面”战略布局，党和国家事业全面开创新局面，各地区、各行业涌现出一大批认真贯彻党的民族理论政策、为我国民族团结进步事业作出重大贡献的模范集体和模范个人。为表彰先进、树立典型，激励全党全社会共同做好民族工作、巩固和发展“中华民族一家亲，同心共筑中国梦”的良好局面，国务院决定授予 665 个集体全国民族团结进步模范集体称号，授予 812 人全国民族团结进步模范个人称号。

希望受到表彰的集体和个人，珍惜荣誉，再接再厉，高举中华民族大团结的旗帜，用优秀品格和模范行动，引导和鼓舞各族人民像石榴籽一样紧紧抱在一起，共同团结奋斗、共同繁荣发展。全国各族人民要以受表彰的模范集体和模范个人为榜样，更加紧密地团结在以习近平同志为核心的党中央周围，认真学习贯彻习近平新时代中国特色社会主义思想，增强“四个意识”，坚定“四个自信”，做到“两个维护”，始终把维护民族团结和国家统一作为各民族最高利益，团结拼搏、万众一心，锐意进取、改革创新，不断铸牢中华民族共同体意识，为决胜全面建成小康社会、实现中华民族伟大复兴的中国梦而努力奋斗。

（本文有删减）

国务院部门规章

易制爆危险化学品治安管理办法

（2019年7月6日公安部令第154号公布　自2019年8月10日起施行　国司备字[2019000688]）

第一章　总　　则

第一条　为加强易制爆危险化学品的治安管理，有效防范易制爆危险化学品治安风险，保障人民群众生命财产安全和公共安全，根据《中华人民共和国反恐怖主义法》《危险化学品安全管理条例》《企业事业单位内部治安保卫条例》等有关法律法规的规定，制定本办法。

第二条　易制爆危险化学品生产、经营、储存、使用、运输和处置的治安管理，适用本办法。

第三条　本办法所称易制爆危险化学品，是指列入公安部确定、公布的易制爆危险化学品名录，可用于制造爆炸物品的化学品。

第四条　本办法所称易制爆危险化学品从业单位，是指生产、经营、储存、使用、运输及处置易制爆危险化学品的单位。

第五条　易制爆危险化学品治安管理，应当坚持安全第一、预防为主、依法治理、系统治理的原则，强化和落实从业单位的主体责任。

易制爆危险化学品从业单位的主要负责人是治安管理第一责任人，对本单位易制爆危险化学品治安管理工作全面负责。

第六条　易制爆危险化学品从业单位应当建立易制爆危险化学品信息系统，并实现与公安机关的信息系统互联互通。

公安机关和易制爆危险化学品从业单位应当对易制爆危险化学品实行电子追踪标识管理，监控记录易制爆危险化学品流向、流量。

第七条　任何单位和个人都有权举报违反易制爆危险化学品治安管理规定的行为；接到举报的公安机关应当依法及时查处，并为举报人员保密，对举报有功人员给予奖励。

第八条 易制爆危险化学品从业单位应当加强对治安管理工作的检查、考核和奖惩,及时发现、整改治安隐患,并保存检查、整改记录。

第二章 销售、购买和流向登记

第九条 公安机关接收同级应急管理部门通报的颁发危险化学品安全生产许可证、危险化学品安全使用许可证、危险化学品经营许可证、烟花爆竹安全生产许可证情况后,对属于易制爆危险化学品从业单位的,应当督促其建立信息系统。

第十条 依法取得危险化学品安全生产许可证、危险化学品安全使用许可证、危险化学品经营许可证的企业,凭相应的许可证件购买易制爆危险化学品。民用爆炸物品生产企业凭民用爆炸物品生产许可证购买易制爆危险化学品。

第十一条 本办法第十条以外的其他单位购买易制爆危险化学品的,应当向销售单位出具以下材料:

(一)本单位《工商营业执照》《事业单位法人证书》等合法证明复印件、经办人身份证明复印件;

(二)易制爆危险化学品合法用途说明,说明应当包含具体用途、品种、数量等内容。

严禁个人购买易制爆危险化学品。

第十二条 危险化学品生产企业、经营企业销售易制爆危险化学品,应当查验本办法第十条或者第十一条规定的相关许可证件或者证明文件,不得向不具有相关许可证件或者证明文件的单位及任何个人销售易制爆危险化学品。

第十三条 销售、购买、转让易制爆危险化学品应当通过本企业银行账户或者电子账户进行交易,不得使用现金或者实物进行交易。

第十四条 危险化学品生产企业、经营企业销售易制爆危险化学品,应当如实记录购买单位的名称、地址、经办人姓名、身份证号码以及所购买的易制爆危险化学品的品种、数量、用途。销售记录以及相关许可证件复印件或者证明文件、经办人的身份证明复印件的保存期限不得少于一年。

易制爆危险化学品销售、购买单位应当在销售、购买后五日内,通过易制爆危险化学品信息系统,将所销售、购买的易制爆危险化学品的品种、数量以及流向信息报所在地县级公安机关备案。

第十五条 易制爆危险化学品生产、进口和分装单位应当按照国家有关标准和规范要求，对易制爆危险化学品作出电子追踪标识，识读电子追踪标识可显示相应易制爆危险化学品品种、数量以及流向信息。

第十六条 易制爆危险化学品从业单位应当如实登记易制爆危险化学品销售、购买、出入库、领取、使用、归还、处置等信息，并录入易制爆危险化学品信息系统。

第三章 处置、使用、运输和信息发布

第十七条 易制爆危险化学品从业单位转产、停产、停业或者解散的，应当将生产装置、储存设施以及库存易制爆危险化学品的处置方案报主管部门和所在地县级公安机关备案。

第十八条 易制爆危险化学品使用单位不得出借、转让其购买的易制爆危险化学品；因转产、停产、搬迁、关闭等确需转让的，应当向具有本办法第十条或者第十一条规定的相关许可证件或者证明文件的单位转让。

双方应当在转让后五日内，将有关情况报告所在地县级公安机关。

第十九条 运输易制爆危险化学品途中因住宿或者发生影响正常运输的情况，需要较长时间停车的，驾驶人员、押运人员应当采取相应的安全防范措施，并向公安机关报告。

第二十条 易制爆危险化学品在道路运输途中丢失、被盗、被抢或者出现流散、泄漏等情况的，驾驶人员、押运人员应当立即采取相应的警示措施和安全措施，并向公安机关报告。公安机关接到报告后，应当根据实际情况立即向同级应急管理、生态环境、卫生健康等部门通报，采取必要的应急处置措施。

第二十一条 任何单位和个人不得交寄易制爆危险化学品或者在邮件、快递内夹带易制爆危险化学品，不得将易制爆危险化学品匿报或者谎报为普通物品交寄，不得将易制爆危险化学品交给不具有相应危险货物运输资质的企业托运。邮政企业、快递企业不得收寄易制爆危险化学品。运输企业、物流企业不得违反危险货物运输管理规定承运易制爆危险化学品。邮政企业、快递企业、运输企业、物流企业发现违反规定交寄或者托运易制爆危险化学品的，应当立即将有关情况报告公安机关和主管部门。

第二十二条 易制爆危险化学品从业单位依法办理非经营性互联网信息服务备案手续后，可以在本单位网站发布易制爆危险化学品信息。

易制爆危险化学品从业单位应当在本单位网站主页显著位置标明可供查询的互联网信息服务备案编号。

第二十三条 易制爆危险化学品从业单位不得在本单位网站以外的互联

网应用服务中发布易制爆危险化学品信息及建立相关链接。

禁止易制爆危险化学品从业单位以外的其他单位在互联网发布易制爆危险化学品信息及建立相关链接。

第二十四条 禁止个人在互联网上发布易制爆危险化学品生产、买卖、储存、使用信息。

禁止任何单位和个人在互联网上发布利用易制爆危险化学品制造爆炸物品方法的信息。

第四章 治安防范

第二十五条 易制爆危险化学品从业单位应当设置治安保卫机构，建立健全治安保卫制度，配备专职治安保卫人员负责易制爆危险化学品治安保卫工作，并将治安保卫机构的设置和人员的配备情况报所在地县级公安机关备案。治安保卫人员应当符合国家有关标准和规范要求，经培训后上岗。

第二十六条 易制爆危险化学品应当按照国家有关标准和规范要求，储存在封闭式、半封闭式或者露天式危险化学品专用储存场所内，并根据危险品性能分区、分类、分库储存。

教学、科研、医疗、测试等易制爆危险化学品使用单位，可使用储存室或者储存柜储存易制爆危险化学品，单个储存室或者储存柜储存量应当在50公斤以下。

第二十七条 易制爆危险化学品储存场所应当按照国家有关标准和规范要求，设置相应的人力防范、实体防范、技术防范等治安防范设施，防止易制爆危险化学品丢失、被盗、被抢。

第二十八条 易制爆危险化学品从业单位应当建立易制爆危险化学品出入库检查、登记制度，定期核对易制爆危险化学品存放情况。

易制爆危险化学品丢失、被盗、被抢的，应当立即报告公安机关。

第二十九条 易制爆危险化学品储存场所（储存室、储存柜除外）治安防范状况应当纳入单位安全评价的内容，经安全评价合格后方可使用。

第三十条 构成重大危险源的易制爆危险化学品，应当在专用仓库内单独存放，并实行双人收发、双人保管制度。

第五章 监督检查

第三十一条 公安机关根据本地区工作实际，定期组织易制爆危险化学品从业单位监督检查;在重大节日、重大活动前或者期间组织监督抽查。

公安机关人民警察进行监督检查时应当出示人民警察证,表明执法身份,不得从事与职务无关的活动。

第三十二条 监督检查内容包括:

(一)易制爆危险化学品从业单位持有相关许可证件情况;

(二)销售、购买、处置、使用、运输易制爆危险化学品是否符合有关规定;

(三)易制爆危险化学品信息发布是否符合有关规定;

(四)易制爆危险化学品流向登记是否符合有关规定;

(五)易制爆危险化学品从业单位治安保卫机构、制度建设是否符合有关规定;

(六)易制爆危险化学品从业单位及其储存场所治安防范设施是否符合有关规定;

(七)法律、法规、规范和标准规定的其他内容。

第三十三条 监督检查应当记录在案,归档管理。监督检查记录包括:

(一)执行监督检查任务的人员姓名、单位、职务、警号;

(二)监督检查的时间、地点、单位名称、检查事项;

(三)发现的隐患问题及处理结果。

第三十四条 监督检查记录一式两份,由监督检查人员、被检查单位管理人员签字确认;被检查单位管理人员对检查记录有异议或者拒绝签名的,检查人员应当在检查记录中注明。

第三十五条 公安机关应当建立易制爆危险化学品从业单位风险评估、分级预警机制和与有关部门信息共享通报机制。

第六章 法律责任

第三十六条 违反本办法第六条第一款规定的,由公安机关责令限期改正,可以处一万元以下罚款;逾期不改正的,处违法所得三倍以下且不超过三万元罚款,没有违法所得的,处一万元以下罚款。

第三十七条 违反本办法第十条、第十一条、第十八条第一款规定的,由公安机关依照《危险化学品安全管理条例》第八十四条第二款、第三款的规定处罚。

第三十八条 违反本办法第十三条、第十五条规定的,由公安机关依照《中华人民共和国反恐怖主义法》第八十七条的规定处罚。

第三十九条 违反本办法第十四条、第十六条、第十八条第二款、第二十八条第二款规定的，由公安机关依照《危险化学品安全管理条例》第八十一条的规定处罚。

第四十条 违反本办法第十七条规定的，由公安机关依照《危险化学品安全管理条例》第八十二条第二款的规定处罚。

第四十一条 违反本办法第十九条、第二十条规定的，由公安机关依照《危险化学品安全管理条例》第八十九条第三项、第四项的规定处罚。

第四十二条 违反本办法第二十三条、第二十四条规定的，由公安机关责令改正，给予警告，对非经营活动处一千元以下罚款，对经营活动处违法所得三倍以下且不超过三万元罚款，没有违法所得的，处一万元以下罚款。

第四十三条 违反本办法第二十五条、第二十七条关于人力防范、实体防范规定，存在治安隐患的，由公安机关依照《企业事业单位内部治安保卫条例》第十九条的规定处罚。

第四十四条 违反本办法第二十七条关于技术防范设施设置要求规定的，由公安机关依照《危险化学品安全管理条例》第七十八条第二款的规定处罚。

第四十五条 任何单位和个人违反本办法规定，构成违反治安管理行为的，依照《中华人民共和国治安管理处罚法》的规定予以处罚；构成犯罪的，依法追究刑事责任。

第四十六条 公安机关发现涉及其他主管部门的易制爆危险化学品违法违规行为，应当书面通报其他主管部门依法查处。

第四十七条 公安机关人民警察在易制爆危险化学品治安管理中滥用职权、玩忽职守或者徇私舞弊，构成犯罪的，依法追究刑事责任；尚不构成犯罪的，依法给予行政处分。

第七章 附 则

第四十八条 含有易制爆危险化学品的食品添加剂、药品、兽药、消毒剂等生活用品，其生产单位按照易制爆危险化学品使用单位管理，其成品的生产、销售、购买（含个人购买）、储存、使用、运输和处置等不适用本办法，分别执行《中华人民共和国食品安全法》《中华人民共和国药品管理法》《兽药管理条例》《消毒管理办法》等有关规定。

第四十九条 易制爆危险化学品从业单位和相关场所、活动、设施等确定为防范恐怖袭击重点目标的，应当执行《中华人民共和国反恐怖主义法》的有关规定。

第五十条 易制爆危险化学品的进出口管理,依照有关对外贸易的法律、行政法规、规章的规定执行;进口的易制爆危险化学品的储存、使用、经营、运输、处置的安全管理,依照本办法的规定执行。

第五十一条 本办法所称"以下"均包括本数。

第五十二条 本办法自2019年8月10日起施行。

国家税务总局关于公布取消一批税务证明事项以及废止和修改部分规章规范性文件的决定

(2019年7月24日国家税务总局令第48号公布 自公布之日起施行 国司备字[2019000627])

为深入贯彻落实党中央、国务院关于持续开展"减证便民"的要求,进一步深化税务系统"放管服"改革,优化税务执法方式,改善税收营商环境,税务总局决定再公布取消一批税务证明事项。同时,对本决定以及《国家税务总局关于取消一批税务证明事项的决定》(国家税务总局令第46号公布)取消的税务证明事项涉及的税务部门规章、税收规范性文件,税务总局一并进行了清理,决定废止和修改部分税务部门规章、税收规范性文件。现公布如下:

一、取消一批税务证明事项

取消25项税务证明事项(附件1)。其中,12项(附件1所列第1-12项)自本决定公布之日起停止执行;13项(附件1所列13-25项)根据《中华人民共和国车辆购置税法》、《财政部 税务总局关于高校学生公寓房产税 印花税政策的通知》(财税〔2019〕14号)、《财政部 税务总局关于公共租赁住房税收优惠政策的公告》(财政部 税务总局公告2019年第61号)、《财政部 税务总局关于继续实行农村饮水安全工程税收优惠政策的公告》(财政部 税务总局公告2019年第67号)、《国家税务总局关于城镇土地使用税等"六税一费"优惠事项资料留存备查的公告》(国家税务总局公告2019年第21号)的有关规定停止执行。

二、废止和修改部分规章、规范性文件

(一)废止1件税务部门规章

废止《中华人民共和国资源税代扣代缴管理办法》(国税发〔1998〕49号

文件印发，国家税务总局令第44号修改）。

（二）修改3件税务部门规章

1. 删去《中华人民共和国发票管理办法实施细则》（国家税务总局令第25号公布，国家税务总局令第37号、第44号修改）第三十一条中的“并登报声明作废”。

2. 将《税收票证管理办法》（国家税务总局令第28号公布）第四十六条修改为：“纳税人遗失已完税税收票证需要税务机关另行提供的，如税款经核实确已缴纳入库或从国库退还，税务机关应当开具税收完税证明或提供原完税税收票证复印件。”

3. 删去《税务登记管理办法》（国家税务总局令第7号公布，国家税务总局令第36号、第44号修改）第十七条第一项中的“及工商营业执照”。

以上被修改的规章根据本决定重新公布（附件2、3、4）。

（三）废止1件税收规范性文件

废止《国家税务总局关于被盗、丢失增值税专用发票有关问题的公告》（国家税务总局公告2016年第50号）。

各级税务机关应认真落实取消税务证明事项有关工作，对已取消的，不得保留或变相保留；没有法律法规依据，一律不得新设证明事项。同时，要通过制度创新，进一步优化税务执法方式，推进建立证明事项告知承诺制，既增进办税缴费便利，又还权明责于纳税人、缴费人。要不断完善“信用＋风险”动态管理，充分发挥大数据和信息化作用，加快推进信息归集共享和部门协同共治，切实加强事中事后公平公正严格监管，着力打造法治化、便利化的税收营商环境，不断增强纳税人、缴费人的获得感和满意度。

附件 1

取消的税务证明事项目录

（共计 25 项）

序号	证明名称	证明用途	取消后的办理方式
1	发票丢失登报作废声明	使用发票的单位和个人发生发票丢失情形，应当于发现丢失当日书面报告税务机关，并登报声明作废，向税务机关提供刊登遗失声明的报刊版面。	不再提交。取消登报要求。
2	税收票证遗失登报声明	纳税人遗失已完税税收票证需要税务机关另行提供的，需提供原持有联次遗失登报声明。	不再提交。取消登报要求。
3	税务登记证件	3.1 已办理税务登记或扣缴税款登记，但未办理文化事业建设费登记的缴纳人、扣缴人，在办理文化事业建设费缴费信息登记时，需提供税务登记证件。	不再提交。改为部门内部核查。
		3.2 纳税人办理发票真伪鉴定时，需提供税务登记证件。	
		3.3 纳税人办理印制有本单位名称发票手续时，需提供税务登记证件。	
		3.4 境内机构和个人向非居民发包工程作业或劳务项目，自项目合同签订之日起 30 日内向主管税务机关报告时，需提供非居民的税务登记证。	
4	营业执照	纳税人在市场监管部门办理变更登记后，向原税务登记机关申报办理变更税务登记时，需提供营业执照。	不再提交。通过部门间信息共享替代。
5	组织机构代码证	5.1 企业、农民专业合作社及个体工商户在办理税务登记事项时，需提供组织机构代码证。	不再提交。通过部门间信息共享替代。
		5.2 有组织机构代码证的企事业单位、社会团体等申请车船税退抵税时，需提供组织机构代码证。	

续表

序号	证明名称	证明用途	取消后的办理方式
6	投资、联营双方资质证明	企业因改制、资产整合,办理免征土地增值税核准时,需提供投资、联营双方的资质证明。	不再提交。改为纳税人自行留存备查。
7	旧房转为改造安置住房的证明材料	企事业单位、社会团体以及其他组织转让旧房作为保障性住房且增值额未超过扣除项目金额20%,办理免征土地增值税备案时,需提供政府部门将有关旧房转为改造安置住房的证明材料。	不再提交。改为纳税人自行留存备查。
8	开发立项证明	纳税人建造普通标准住宅出售且增值率不超过20%,办理免征土地增值税核准时,需提供开发立项证明。	不再提交。改为纳税人自行留存备查。
9	软件产品、动漫软件检测证明材料	纳税人办理软件产品、动漫软件增值税即征即退手续时,需提供省级软件产业主管部门认可的软件检测机构出具的检测证明材料。	不再提交。主管税务机关应加强后续管理,必要时可委托第三方检测机构对产品进行检测,一经发现不符合免税条件的,应及时纠正并依法处理。
10	有机肥产品质量技术检测合格报告	纳税人办理生产销售和批发、零售有机肥产品免征增值税备案时,需提供通过相关资质认定的肥料产品质量检验机构一年内出具的有机肥产品质量技术检测合格报告。	不再提交。有机肥产品应当符合有关国家标准、行业标准。主管税务机关应加强后续管理,必要时可委托第三方检测机构对产品进行检测,一经发现不符合免税条件的,应及时纠正并依法处理。
11	有机肥产品外省备案证明	纳税人办理生产销售和批发、零售有机肥产品免征增值税备案,在省、自治区、直辖市外销售有机肥产品的,需提供在销售使用地省级农业行政主管部门办理备案的证明。	不再提交。

续表

序号	证明名称	证明用途	取消后的办理方式
12	滴灌带和滴灌管产品质量技术检测合格报告	纳税人办理生产、批发和零售滴灌带和滴灌管产品免征增值税备案时,需提供通过省以上质量技术监督部门的相关资质认定的产品质量检验机构出具的质量技术检测合格报告。	不再提交。滴灌带和滴灌管产品应当符合国家有关质量技术标准。主管税务机关应加强后续管理,必要时可委托第三方检测机构对产品进行检测,一经发现不符合免税条件的,应及时纠正并依法处理。
13	补办车辆购置税完税证明相关材料	纳税人车辆购置税完税证明发生丢失损毁,办理车辆购置税完税证明补发时,根据不同情形,需提供车辆合格证明、机动车行驶证、机动车登记证书、居民身份证或者居民户口簿或者军人(含武警)身份证明、香港、澳门特别行政区、台湾地区居民或外国人入境的身份证明和居住证明、组织机构代码证或者税务登记证件或者其他有效机构证明、车辆购置税完税凭证收据联。	不再提交。根据2019年7月1日起施行的《中华人民共和国车辆购置税法》,自2019年7月1日起,全面实现车辆购置税电子完税信息部门间信息共享。纳税人办理车辆购置税有关纳税业务以及在公安机关交通管理部门办理车辆注册登记,不再需要提供纸质车辆购置税完税证明。据此,纳税人车辆购置税完税证明发生丢失损毁的,已无补办必要。
14	占用耕地证明	14.1 纳税人占用耕地建设铁路线路、公路线路、飞机场跑道、停机坪、港口、航道等交通运输设施,办理减征耕地占用税备案时,需提供交通运输设施占用耕地证明。 14.2 纳税人占用耕地建设军事设施,办理免征耕地占用税备案时,需提供军事设施占用耕地证明。 14.3 农村居民占用耕地新建住宅,办理减证耕地占用税备案时,需提供农村居民新建住宅占用耕地证明。	不再提交。根据《国家税务总局关于城镇土地使用税等"六税一费"优惠事项资料留存备查的公告》(国家税务总局公告2019年第21号),自2019年5月28日起,纳税人享受该项税收优惠方式由备案改为直接申报享受。纳税人根据政策规定自行判断是否符合优惠条件,符合条件的,申报时无需向税务

续表

序号	证明名称	证明用途	取消后的办理方式
		14.4 纳税人占用耕地建设学校、幼儿园、养老院、医院，办理免征耕地占用税备案时，需要提交学校、幼儿园、养老院、医院占用耕地证明。	机关提供有关资料，可直接享受税收优惠，并将有关资料自行留存备查。
15	公共交通车船证明	纳税人办理公共交通车船减免车船税备案时，需提供单位证明、车船产权证（行驶证）和公共交通经营许可证明。	不再提交。根据《国家税务总局关于城镇土地使用税等“六税一费”优惠事项资料留存备查的公告》（国家税务总局公告 2019 年第 21 号），自 2019 年 5 月 28 日起，纳税人享受该项税收优惠方式由备案改为直接申报享受。纳税人根据政策规定自行判断是否符合优惠条件，符合条件的，申报时无需向税务机关提供有关资料，可直接享受税收优惠，并将有关资料自行留存备查。
16	农村居民车船证明	纳税人办理农村居民拥有并主要在农村地区使用的摩托车、三轮汽车和低速载货汽车减免车船税备案时，需提供农村居民个人身份证明、户籍证明和车船产权证（行驶证）。	不再提交。根据《国家税务总局关于城镇土地使用税等“六税一费”优惠事项资料留存备查的公告》（国家税务总局公告 2019 年第 21 号），自 2019 年 5 月 28 日起，纳税人享受该项税收优惠方式由备案改为直接申报享受。纳税人根据政策规定自行判断是否符合优惠条件，符合条件的，申报时无需向税务机关提供有关资料，可直接享受税收优惠，并将有关资料自行留存备查。

续表

<table>
<tr><th>序号</th><th>证明名称</th><th>证明用途</th><th>取消后的办理方式</th></tr>
<tr><td rowspan="9">17</td><td rowspan="9">单位性质、个人身份证明</td><td>17.1 农村居民等困难群体办理减免耕地占用税备案时,需提供个人身份证明。</td><td rowspan="9">不再提交。根据《国家税务总局关于城镇土地使用税等“六税一费”优惠事项资料留存备查的公告》(国家税务总局公告2019年第21号),自2019年5月28日起,纳税人享受该项税收优惠方式由备案改为直接申报享受。纳税人根据政策规定自行判断是否符合优惠条件,符合条件的,申报时无需向税务机关提供有关资料,可直接享受税收优惠,并将有关资料自行留存备查。</td></tr>
<tr><td>17.2 个人销售或购买住房,办理暂免征收印花税备案时,需提供个人身份证明。</td></tr>
<tr><td>17.3 纳税人办理个人出租、承租住房签订的租赁合同免征印花税备案时,需提供个人身份证明。</td></tr>
<tr><td>17.4 纳税人办理免征改造安置住房经营管理单位、开发商与改造安置住房相关的印花税以及购买安置住房的个人涉及的印花税备案时,需提供安置住房购买人的个人身份证明。</td></tr>
<tr><td>17.5 房地产管理部门与个人订立的租房合同,用于生活居住的,办理免征印花税备案时,需提供租赁人个人身份证明。</td></tr>
<tr><td>17.6 纳税人办理外国政府或者国际金融组织向我国政府及国家金融机构提供优惠贷款所书立的合同免征印花税备案时,需提供国际金融组织和国家金融机构单位性质证明。</td></tr>
<tr><td>17.7 纳税人办理财产所有人将财产赠给政府、社会福利单位、学校所立的书据免征印花税备案时,需提供财产所有人身份证明、受赠单位性质证明。</td></tr>
<tr><td>17.8 纳税人办理无息、贴息贷款合同免征印花税备案时,需提供合同书立双方单位性质证明、个人身份证明。</td></tr>
<tr><td>17.9 纳税人办理农民专业合作社与本社成员签订的农业产品和农业生产资料购销合同免征印花税备案时,需提供合同书立双方单位性质证明、个人身份证明。</td></tr>
</table>

续表

序号	证明名称	证明用途	取消后的办理方式
		17.10 纳税人办理国家指定的收购部门与村民委员会、农民个人书立的农副产品收购合同免征印花税备案时，需提供合同书立双方的单位性质证明、个人身份证明。	
		17.11 纳税人办理公共租赁住房租赁双方签订租赁协议免征印花税备案时，需提供租赁双方单位性质证明、个人身份证明。	不再提交。根据《财政部　税务总局关于公共租赁住房税收优惠政策的公告》（财政部　税务总局公告 2019 年第 61 号），自 2019 年 1 月 1 日起，该项资料取消。
		17.12 纳税人办理农村饮水安全工程运营管理单位为建设农村饮水安全工程取得土地使用权而签订的产权转移书据，以及与施工单位签订的建设工程承包合同免征印花税备案时，需提供合同书立双方单位性质证明、个人身份证明。	不再提交。根据《财政部　税务总局关于继续实行农村饮水安全工程税收优惠政策的公告》（财政部　税务总局公告 2019 年第 67 号），自 2019 年 1 月 1 日起，纳税人享受该项税收优惠方式由备案改为直接申报享受。纳税人根据政策规定自行判断是否符合优惠条件，符合条件的，申报时无需向税务机关提供有关资料，可直接享受税收优惠，并将有关资料自行留存备查。

续表

序号	证明名称	证明用途	取消后的办理方式
			不再提交。根据《国家税务总局关于城镇土地使用税等“六税一费”优惠事项资料留存备查的公告》(国家税务总局公告2019年第21号),自2019年5月28日起,纳税人享受该项税收优惠方式由备案改为直接申报享受。纳税人根据政策规定自行判断是否符合优惠条件,符合条件的,申报时无需向税务机关提供有关资料,可直接享受税收优惠,并将有关资料自行留存备查。
18	发行单位资格证明	纳税人办理各类发行单位之间,以及发行单位与订阅单位或个人之间书立的征订凭证免征印花税备案时,需提供发行单位资格相关证明。	（同上）
19	不动产权属证明	19.1 纳税人办理与高校学生签订的高校学生公寓租赁合同免征印花税备案时,需提供不动产权属证明。	不再提交。根据《财政部 税务总局关于高校学生公寓房产税 印花税政策的通知》(财税〔2019〕14号),自2019年1月1日起,纳税人享受该项税收优惠方式由备案改为直接申报享受。纳税人根据政策规定自行判断是否符合优惠条件,符合条件的,申报时无需向税务机关提供有关资料,可直接享受税收优惠,并将有关资料自行留存备查。

续表

序号	证明名称	证明用途	取消后的办理方式
		19.2 企事业单位、社会团体、其他组织转让旧房作为公共租赁住房房源，且增值额未超过扣除项目金额20%的，办理免征土地增值税备案时，需提供不动产权属证明。	不再提交。根据《财政部　税务总局关于公共租赁住房税收优惠政策的公告》（财政部　税务总局公告2019年第61号），自2019年1月1日起，纳税人享受该项税收优惠方式由备案改为直接申报享受。纳税人根据政策规定自行判断是否符合优惠条件，符合条件的，申报时无需向税务机关提供有关资料，可直接享受税收优惠，并将有关资料自行留存备查。
20	土地用途、性质证明	纳税人办理农村饮水安全工程承受土地使用权免征契税备案时，需提供土地用途证明、承受土地性质证明。	不再提交。根据《财政部　税务总局关于继续实行农村饮水安全工程税收优惠政策的公告》（财政部　税务总局公告2019年第67号），自2019年1月1日起，纳税人享受该项税收优惠方式由备案改为直接申报享受。纳税人根据政策规定自行判断是否符合优惠条件，符合条件的，申报时无需向税务机关提供有关资料，可直接享受税收优惠，并将有关资料自行留存备查。

续表

序号	证明名称	证明用途	取消后的办理方式
21	改造安置住房、公共租赁住房证明	21.1 纳税人办理免征改造安置住房经营管理单位、开发商与改造安置住房相关的印花税以及购买安置住房的个人涉及的印花税备案时，需提供改造安置住房相关材料。	不再提交。根据《国家税务总局关于城镇土地使用税等“六税一费”优惠事项资料留存备查的公告》（国家税务总局公告 2019 年第 21 号），自 2019 年 5 月 28 日起，纳税人享受该项税收优惠方式由备案改为直接申报享受。纳税人根据政策规定自行判断是否符合优惠条件，符合条件的，申报时无需向税务机关提供有关资料，可直接享受税收优惠，并将有关资料自行留存备查。
		21.2 纳税人办理免征公共租赁住房经营管理单位建设、管理、在其他住房项目中配套建设公共租赁住房涉及的印花税，以及购买住房作为公共租赁住房涉及的契税、印花税备案时，需提供公共租赁住房相关材料。	不再提交。根据《财政部 税务总局关于公共租赁住房税收优惠政策的公告》（财政部 税务总局公告 2019 年第 61 号），自 2019 年 1 月 1 日起，纳税人享受该项税收优惠方式由备案改为直接申报享受。纳税人根据政策规定自行判断是否符合优惠条件，符合条件的，申报时无需向税务机关提供有关资料，可直接享受税收优惠，并将有关资料自行留存备查。
		21.3 企事业单位、社会团体、其他组织转让旧房作为公共租赁住房房源，且增值额未超过扣除项目金额 20% 的，办理免征土地增值税备案时，需提供公共租赁住房相关材料。	

续表

序号	证明名称	证明用途	取消后的办理方式
22	已缴纳印花税凭证	纳税人办理已缴纳印花税的凭证的副本或者抄本免征印花税备案时,需提供已缴纳印花税的凭证。	不再提交。根据《国家税务总局关于城镇土地使用税等"六税一费"优惠事项资料留存备查的公告》(国家税务总局公告2019年第21号),自2019年5月28日起,纳税人享受该项税收优惠方式由备案改为直接申报享受。纳税人根据政策规定自行判断是否符合优惠条件,符合条件的,申报时无需向税务机关提供有关资料,可直接享受税收优惠,并将有关资料自行留存备查。
23	撤销金融机构证明	纳税人办理被撤销金融机构接收债权、清偿债务过程中签订的产权转移书据免征印花税备案时,需提供中国人民银行撤销该金融机构及分设于各地分支机构的证明材料。	不再提交。根据《国家税务总局关于城镇土地使用税等"六税一费"优惠事项资料留存备查的公告》(国家税务总局公告2019年第21号),自2019年5月28日起,纳税人享受该项税收优惠方式由备案改为直接申报享受。纳税人根据政策规定自行判断是否符合优惠条件,符合条件的,申报时无需向税务机关提供有关资料,可直接享受税收优惠,并将有关资料自行留存备查。

续表

序号	证明名称	证明用途	取消后的办理方式
24	改制证明	纳税人办理企业改制过程中按规定不再贴花的资金账簿、合同,以及因改制签订的产权转移书据免征印花税备案时,需提供企业改制的有关批准文件。	不再提交。根据《国家税务总局关于城镇土地使用税等“六税一费”优惠事项资料留存备查的公告》(国家税务总局公告2019年第21号),自2019年5月28日起,纳税人享受该项税收优惠方式由备案改为直接申报享受。纳税人根据政策规定自行判断是否符合优惠条件,符合条件的,申报时无需向税务机关提供有关资料,可直接享受税收优惠,并将有关资料自行留存备查。
25	重大水利工程建设证明	纳税人办理国家重大水利工程建设基金免征城市维护建设税和教育费附加备案时,需提供国家重大水利工程建设相关证明材料。	不再提交。根据《国家税务总局关于城镇土地使用税等“六税一费”优惠事项资料留存备查的公告》(国家税务总局公告2019年第21号),自2019年5月28日起,纳税人享受该项税收优惠方式由备案改为直接申报享受。纳税人根据政策规定自行判断是否符合优惠条件,符合条件的,申报时无需向税务机关提供有关资料,可直接享受税收优惠,并将有关资料自行留存备查。

附件2

中华人民共和国发票管理办法实施细则

（2011年2月14日国家税务总局令第25号公布　根据2014年12月27日《国家税务总局关于修改〈中华人民共和国发票管理办法实施细则〉的决定》第一次修订　根据2018年6月15日《国家税务总局关于修改部分税务部门规章的决定》第二次修订　根据2019年7月24日《国家税务总局关于公布取消一批税务证明事项以及废止和修改部分规章规范性文件的决定》第三次修订）

第一章　总　则

第一条　根据《中华人民共和国发票管理办法》(以下简称《办法》)规定,制定本实施细则。

第二条　在全国范围内统一式样的发票,由国家税务总局确定。

在省、自治区、直辖市范围内统一式样的发票,由省、自治区、直辖市税务局(以下简称省税务局)确定。

第三条　发票的基本联次包括存根联、发票联、记账联。存根联由收款方或开票方留存备查;发票联由付款方或受票方作为付款原始凭证;记账联由收款方或开票方作为记账原始凭证。

省以上税务机关可根据发票管理情况以及纳税人经营业务需要,增减除发票联以外的其他联次,并确定其用途。

第四条　发票的基本内容包括:发票的名称、发票代码和号码、联次及用途、客户名称、开户银行及账号、商品名称或经营项目、计量单位、数量、单价、大小写金额、开票人、开票日期、开票单位(个人)名称(章)等。

省以上税务机关可根据经济活动以及发票管理需要,确定发票的具体内容。

第五条　用票单位可以书面向税务机关要求使用印有本单位名称的发票,税务机关依据《办法》第十五条的规定,确认印有该单位名称发票的种类和数量。

第二章　发票的印制

第六条　发票准印证由国家税务总局统一监制,省税务局核发。

税务机关应当对印制发票企业实施监督管理，对不符合条件的，应当取消其印制发票的资格。

第七条 全国统一的发票防伪措施由国家税务总局确定，省税务局可以根据需要增加本地区的发票防伪措施，并向国家税务总局备案。

发票防伪专用品应当按照规定专库保管，不得丢失。次品、废品应当在税务机关监督下集中销毁。

第八条 全国统一发票监制章是税务机关管理发票的法定标志，其形状、规格、内容、印色由国家税务总局规定。

第九条 全国范围内发票换版由国家税务总局确定；省、自治区、直辖市范围内发票换版由省税务局确定。

发票换版时，应当进行公告。

第十条 监制发票的税务机关根据需要下达发票印制通知书，被指定的印制企业必须按照要求印制。

发票印制通知书应当载明印制发票企业名称、用票单位名称、发票名称、发票代码、种类、联次、规格、印色、印制数量、起止号码、交货时间、地点等内容。

第十一条 印制发票企业印制完毕的成品应当按照规定验收后专库保管，不得丢失。废品应当及时销毁。

第三章 发票的领购

第十二条 《办法》第十五条所称经办人身份证明是指经办人的居民身份证、护照或者其他能证明经办人身份的证件。

第十三条 《办法》第十五条所称发票专用章是指用票单位和个人在其开具发票时加盖的有其名称、税务登记号、发票专用章字样的印章。

发票专用章式样由国家税务总局确定。

第十四条 税务机关对领购发票单位和个人提供的发票专用章的印模应当留存备查。

第十五条 《办法》第十五条所称领购方式是指批量供应、交旧购新或者验旧购新等方式。

第十六条 《办法》第十五条所称发票领购簿的内容应当包括用票单位和个人的名称、所属行业、购票方式、核准购票种类、开票限额、发票名称、领购日期、准购数量、起止号码、违章记录、领购人签字（盖章）、核发税务机关（章）等内容。

第十七条 《办法》第十五条所称发票使用情况是指发票领用存情况及

相关开票数据。

第十八条 税务机关在发售发票时，应当按照核准的收费标准收取工本管理费，并向购票单位和个人开具收据。发票工本费征缴办法按照国家有关规定执行。

第十九条 《办法》第十六条所称书面证明是指有关业务合同、协议或者税务机关认可的其他资料。

第二十条 税务机关应当与受托代开发票的单位签订协议，明确代开发票的种类、对象、内容和相关责任等内容。

第二十一条 《办法》第十八条所称保证人，是指在中国境内具有担保能力的公民、法人或者其他经济组织。

保证人同意为领购发票的单位和个人提供担保的，应当填写担保书。担保书内容包括：担保对象、范围、期限和责任以及其他有关事项。

担保书须经购票人、保证人和税务机关签字盖章后方为有效。

第二十二条 《办法》第十八条第二款所称由保证人或者以保证金承担法律责任，是指由保证人缴纳罚款或者以保证金缴纳罚款。

第二十三条 提供保证人或者交纳保证金的具体范围由省税务局规定。

第四章 发票的开具和保管

第二十四条 《办法》第十九条所称特殊情况下，由付款方向收款方开具发票，是指下列情况：

（一）收购单位和扣缴义务人支付个人款项时；

（二）国家税务总局认为其他需要由付款方向收款方开具发票的。

第二十五条 向消费者个人零售小额商品或者提供零星服务的，是否可免予逐笔开具发票，由省税务局确定。

第二十六条 填开发票的单位和个人必须在发生经营业务确认营业收入时开具发票。未发生经营业务一律不准开具发票。

第二十七条 开具发票后，如发生销货退回需开红字发票的，必须收回原发票并注明“作废”字样或取得对方有效证明。

开具发票后，如发生销售折让的，必须在收回原发票并注明“作废”字样后重新开具销售发票或取得对方有效证明后开具红字发票。

第二十八条 单位和个人在开具发票时，必须做到按照号码顺序填开，填写项目齐全，内容真实，字迹清楚，全部联次一次打印，内容完全一致，并在发票联和抵扣联加盖发票专用章。

第二十九条 开具发票应当使用中文。民族自治地方可以同时使用当地通用的一种民族文字。

第三十条 《办法》第二十六条所称规定的使用区域是指国家税务总局和省税务局规定的区域。

第三十一条 使用发票的单位和个人应当妥善保管发票。发生发票丢失情形时,应当于发现丢失当日书面报告税务机关。

第五章 发票的检查

第三十二条 《办法》第三十二条所称发票换票证仅限于在本县(市)范围内使用。需要调出外县(市)的发票查验时,应当提请该县(市)税务机关调取发票。

第三十三条 用票单位和个人有权申请税务机关对发票的真伪进行鉴别。收到申请的税务机关应当受理并负责鉴别发票的真伪;鉴别有困难的,可以提请发票监制税务机关协助鉴别。

在伪造、变造现场以及买卖地、存放地查获的发票,由当地税务机关鉴别。

第六章 罚 则

第三十四条 税务机关对违反发票管理法规的行为进行处罚,应当将行政处罚决定书面通知当事人;对违反发票管理法规的案件,应当立案查处。

对违反发票管理法规的行政处罚,由县以上税务机关决定;罚款额在2000元以下的,可由税务所决定。

第三十五条 《办法》第四十条所称的公告是指,税务机关应当在办税场所或者广播、电视、报纸、期刊、网络等新闻媒体上公告纳税人发票违法的情况。公告内容包括:纳税人名称、纳税人识别号、经营地点、违反发票管理法规的具体情况。

第三十六条 对违反发票管理法规情节严重构成犯罪的,税务机关应当依法移送司法机关处理。

第七章 附 则

第三十七条 《办法》和本实施细则所称"以上"、"以下"均含本数。

第三十八条 本实施细则自2011年2月1日起施行。

附件3

税收票证管理办法

（2013年2月25日国家税务总局令第28号公布　根据2019年7月24日《国家税务总局关于公布取消一批税务证明事项以及废止和修改部分规章规范性文件的决定》修订）

第一章　总　　则

第一条　为了规范税收票证管理工作，保证国家税收收入的安全完整，维护纳税人合法权益，适应税收信息化发展需要，根据《中华人民共和国税收征收管理法》及其实施细则等法律法规，制定本办法。

第二条　税务机关、税务人员、纳税人、扣缴义务人、代征代售人和税收票证印制企业在中华人民共和国境内印制、使用、管理税收票证，适用本办法。

第三条　本办法所称税收票证，是指税务机关、扣缴义务人依照法律法规，代征代售人按照委托协议，征收税款、基金、费、滞纳金、罚没款等各项收入（以下统称税款）的过程中，开具的收款、退款和缴库凭证。税收票证是纳税人实际缴纳税款或者收取退还税款的法定证明。

税收票证包括纸质形式和数据电文形式。数据电文税收票证是指通过横向联网电子缴税系统办理税款的征收缴库、退库时，向银行、国库发送的电子缴款、退款信息。

第四条　国家积极推广以横向联网电子缴税系统为依托的数据电文税收票证的使用工作。

第五条　税务机关、代征代售人征收税款时应当开具税收票证。通过横向联网电子缴税系统完成税款的缴纳或者退还后，纳税人需要纸质税收票证的，税务机关应当开具。

扣缴义务人代扣代收税款时，纳税人要求扣缴义务人开具税收票证的，扣缴义务人应当开具。

第六条　税收票证的基本要素包括：税收票证号码、征收单位名称、开具日期、纳税人名称、纳税人识别号、税种（费、基金、罚没款）、金额、所属时期等。

第七条　纸质税收票证的基本联次包括收据联、存根联、报查联。收据联交纳税人作完税凭证；存根联由税务机关、扣缴义务人、代征代售人留存；报查联由税务机关做会计凭证或备查。

省、自治区、直辖市和计划单列市(以下简称省)税务机关可以根据税收票证管理情况,确定除收据联以外的税收票证启用联次。

第八条 国家税务总局统一负责全国的税收票证管理工作。其职责包括:

(一)设计和确定税收票证的种类、适用范围、联次、内容、式样及规格;

(二)设计和确定税收票证专用章戳的种类、适用范围、式样及规格;

(三)印制、保管、发运需要全国统一印制的税收票证,刻制需要全国统一制发的税收票证专用章戳;

(四)确定税收票证管理的机构、岗位和职责;

(五)组织、指导和推广税收票证信息化工作;

(六)组织全国税收票证检查工作;

(七)其他全国性的税收票证管理工作。

第九条 省以下税务机关应当依照本办法做好本行政区域内的税收票证管理工作。其职责包括:

(一)负责本级权限范围内的税收票证印制、领发、保管、开具、作废、结报缴销、停用、交回、损失核销、移交、核算、归档、审核、检查、销毁等工作;

(二)指导和监督下级税务机关、扣缴义务人、代征代售人、自行填开税收票证的纳税人税收票证管理工作;

(三)组织、指导、具体实施税收票证信息化工作;

(四)组织税收票证检查工作;

(五)其他税收票证管理工作。

第十条 扣缴义务人和代征代售人在代扣代缴、代收代缴、代征税款以及代售印花税票过程中应当做好税收票证的管理工作。其职责包括:

(一)妥善保管从税务机关领取的税收票证,并按照税务机关要求建立、报送和保管税收票证账簿及有关资料;

(二)为纳税人开具并交付税收票证;

(三)按时解缴税款、结报缴销税收票证;

(四)其他税收票证管理工作。

第十一条 各级税务机关的收入规划核算部门主管税收票证管理工作。

国家税务总局收入规划核算司设立主管税收票证管理工作的机构;省、市(不含县级市,下同)、县税务机关收入规划核算部门应当设置税收票证管理岗位并配备专职税收票证管理人员;直接向税务机关税收票证开具人员、扣缴义务人、代征代售人、自行填开税收票证的纳税人发放税收票证并办理结报缴销等工作的征收分局、税务所、办税服务厅等机构(以下简称基层税务机关)应当设置税收票证管理岗位,由税收会计负责税收票证管理工作。税收票证管理岗位和税收票证开具(含印花税票销售)岗位应当分设,不得一人多岗。

扣缴义务人、代征代售人、自行填开税收票证的纳税人应当由专人负责税收票证管理工作。

第二章 种类和适用范围

第十二条 税收票证包括税收缴款书、税收收入退还书、税收完税证明、出口货物劳务专用税收票证、印花税专用税收票证以及国家税务总局规定的其他税收票证。

第十三条 税收缴款书是纳税人据以缴纳税款,税务机关、扣缴义务人以及代征代售人据以征收、汇总税款的税收票证。具体包括:

(一)《税收缴款书(银行经收专用)》。由纳税人、税务机关、扣缴义务人、代征代售人向银行传递,通过银行划缴税款(出口货物劳务增值税、消费税除外)到国库时使用的纸质税收票证。其适用范围是:

1. 纳税人自行填开或税务机关开具,纳税人据以在银行柜面办理缴税(转账或现金),由银行将税款缴入国库;

2. 税务机关收取现金税款、扣缴义务人扣缴税款、代征代售人代征税款后开具,据以在银行柜面办理税款汇总缴入国库;

3. 税务机关开具,据以办理"待缴库税款"账户款项缴入国库。

(二)《税收缴款书(税务收现专用)》。纳税人以现金、刷卡(未通过横向联网电子缴税系统)方式向税务机关缴纳税款时,由税务机关开具并交付纳税人的纸质税收票证。代征人代征税款时,也应开具本缴款书并交付纳税人。为方便流动性零散税收的征收管理,本缴款书可以在票面印有固定金额,具体面额种类由各省税务机关确定,但是,单种面额不得超过一百元。

(三)《税收缴款书(代扣代收专用)》。扣缴义务人依法履行税款代扣代缴、代收代缴义务时开具并交付纳税人的纸质税收票证。扣缴义务人代扣代收税款后,已经向纳税人开具了税法规定或国家税务总局认可的记载完税情况的其他凭证的,可不再开具本缴款书。

(四)《税收电子缴款书》。税务机关将纳税人、扣缴义务人、代征代售人的电子缴款信息通过横向联网电子缴税系统发送给银行,银行据以划缴税款到国库时,由税收征管系统生成的数据电文形式的税收票证。

第十四条 税收收入退还书是税务机关依法为纳税人从国库办理退税时

使用的税收票证。具体包括：

（一）《税收收入退还书》。税务机关向国库传递，依法为纳税人从国库办理退税时使用的纸质税收票证。

（二）《税收收入电子退还书》。税务机关通过横向联网电子缴税系统依法为纳税人从国库办理退税时，由税收征管系统生成的数据电文形式的税收票证。

税收收入退还书应当由县以上税务机关税收会计开具并向国库传递或发送。

第十五条 出口货物劳务专用税收票证是由税务机关开具，专门用于纳税人缴纳出口货物劳务增值税、消费税或者证明该纳税人再销售给其他出口企业的货物已缴纳增值税、消费税的纸质税收票证。具体包括：

（一）《税收缴款书（出口货物劳务专用）》。由税务机关开具，专门用于纳税人缴纳出口货物劳务增值税、消费税时使用的纸质税收票证。纳税人以银行经收方式，税务收现方式，或者通过横向联网电子缴税系统缴纳出口货物劳务增值税、消费税时，均使用本缴款书。纳税人缴纳随出口货物劳务增值税、消费税附征的其他税款时，税务机关应当根据缴款方式，使用其他种类的缴款书，不得使用本缴款书。

（二）《出口货物完税分割单》。已经缴纳出口货物增值税、消费税的纳税人将购进货物再销售给其他出口企业时，为证明所售货物完税情况，便于其他出口企业办理出口退税，到税务机关换开的纸质税收票证。

第十六条 印花税专用税收票证是税务机关或印花税票代售人在征收印花税时向纳税人交付、开具的纸质税收票证。具体包括：

（一）印花税票。印有固定金额，专门用于征收印花税的有价证券。纳税人缴纳印花税，可以购买印花税票贴花缴纳，也可以开具税收缴款书缴纳。采用开具税收缴款书缴纳的，应当将纸质税收缴款书或税收完税证明粘贴在应税凭证上，或者由税务机关在应税凭证上加盖印花税收讫专用章。

（二）《印花税票销售凭证》。税务机关和印花税票代售人销售印花税票时一并开具的专供购买方报销的纸质凭证。

第十七条 税收完税证明是税务机关为证明纳税人已经缴纳税款或者已经退还纳税人税款而开具的纸质税收票证。其适用范围是：

（一）纳税人、扣缴义务人、代征代售人通过横向联网电子缴税系统划缴税款到国库（经收处）后或收到从国库退还的税款后，当场或事后需要取得税收票证的；

（二）扣缴义务人代扣代收税款后，已经向纳税人开具税法规定或国家税

务总局认可的记载完税情况的其他凭证,纳税人需要换开正式完税凭证的;

(三)纳税人遗失已完税的各种税收票证(《出口货物完税分割单》、印花税票和《印花税票销售凭证》除外),需要重新开具的;

(四)对纳税人特定期间完税情况出具证明的;

(五)国家税务总局规定的其他需要为纳税人开具完税凭证情形。

税务机关在确保纳税人缴、退税信息全面、准确、完整的条件下,可以开展前款第四项规定的税收完税证明开具工作,具体开具办法由各省税务机关确定。

第十八条 税收票证专用章戳是指税务机关印制税收票证和征、退税款时使用的各种专用章戳,具体包括:

(一)税收票证监制章。套印在税收票证上,用以表明税收票证制定单位和税收票证印制合法性的一种章戳。

(二)征税专用章。税务机关办理税款征收业务,开具税收缴款书、税收完税证明、《印花税销售凭证》等征收凭证时使用的征收业务专用公章。

(三)退库专用章。税务机关办理税款退库业务,开具《税收收入退还书》等退库凭证时使用的,在国库预留印鉴的退库业务专用公章。

(四)印花税收讫专用章。以开具税收缴款书代替贴花缴纳印花税时,加盖在应税凭证上,用以证明应税凭证已完税的专用章戳。

(五)国家税务总局规定的其他税收票证专用章戳。

第十九条 《税收缴款书(税务收现专用)》、《税收缴款书(代扣代收专用)》、《税收缴款书(出口货物劳务专用)》、《出口货物完税分割单》、印花税票和税收完税证明应当视同现金进行严格管理。

第二十条 税收票证应当按规定的适用范围填开,不得混用。

第二十一条 国家税务总局增设或简并税收票证及税收票证专用章戳种类,应当及时向社会公告。

第三章 设计和印制

第二十二条 税收票证及税收票证专用章戳按照税收征收管理和国家预算管理的基本要求设计,具体式样另行制发。

第二十三条 税收票证实行分级印制管理。

《税收缴款书(出口货物劳务专用)》、《出口货物完税分割单》、印花税票以及其他需要全国统一印制的税收票证由国家税务总局确定的企业印制;其他税收票证,按照国家税务总局规定的式样和要求,由各省税务机关确定的企业集中统一印制。

禁止私自印制、倒卖、变造、伪造税收票证。

第二十四条 印制税收票证的企业应当具备下列条件：

（一）取得印刷经营许可证和营业执照；

（二）设备、技术水平能够满足印制税收票证的需要；

（三）有健全的财务制度和严格的质量监督、安全管理、保密制度；

（四）有安全、良好的保管场地和设施。

印制税收票证的企业应当按照税务机关提供的式样、数量等要求印制税收票证，建立税收票证印制管理制度。

税收票证印制合同终止后，税收票证的印制企业应当将有关资料交还委托印制的税务机关，不得保留或提供给其他单位及个人。

第二十五条 税收票证应当套印税收票证监制章。

税收票证监制章由国家税务总局统一制发各省税务机关。

第二十六条 除税收票证监制章外，其他税收票证专用章戳的具体刻制权限由各省税务机关确定。刻制的税收票证专用章戳应当在市以上税务机关留底归档。

第二十七条 税收票证应当使用中文印制。民族自治地方的税收票证，可以加印当地一种通用的民族文字。

第二十八条 负责税收票证印制的税务机关应当对印制完成的税收票证质量、数量进行查验。查验无误的，办理税收票证的印制入库手续；查验不合格的，对不合格税收票证监督销毁。

第四章　使　用

第二十九条 上、下级税务机关之间，税务机关税收票证开具人员、扣缴义务人、代征代售人、自行填开税收票证的纳税人与税收票证管理人员之间，应当建立税收票证及税收票证专用章戳的领发登记制度，办理领发手续，共同清点、确认领发种类、数量和号码。

税收票证的运输应当确保安全、保密。

数据电文税收票证由税收征管系统自动生成税收票证号码，分配给税收票证开具人员，视同发放。数据电文税收票证不得重复发放、重复开具。

第三十条 税收票证管理人员向税务机关税收票证开具人员、扣缴义务人和代征代售人发放视同现金管理的税收票证时，应当拆包发放，并且一般不得超过一个月的用量。

视同现金管理的税收票证未按照本办法第三十九条规定办理结报的，不得继续发放同一种类的税收票证。

其他种类的税收票证，应当根据领用人的具体使用情况，适度发放。

第三十一条 税务机关、扣缴义务人、代征代售人、自行填开税收票证的纳税人应当妥善保管纸质税收票证及税收票证专用章戳。县以上税务机关应当设置具备安全条件的税收票证专用库房；基层税务机关、扣缴义务人、代征代售人和自行填开税收票证的纳税人应当配备税收票证保险专用箱柜。确有必要外出征收税款的，税收票证及税收票证专用章戳应当随身携带，严防丢失。

第三十二条 税务机关对结存的税收票证应当定期进行盘点，发现结存税收票证实物与账簿记录数量不符的，应当及时查明原因并报告上级或所属税务机关。

第三十三条 税收收入退还书开具人员不得同时从事退库专用章保管或《税收收入电子退还书》复核授权工作。印花税票销售人员不得同时从事印花税收讫专用章保管工作。外出征收税款的，税收票证开具人员不得同时从事现金收款工作。

第三十四条 税收票证应当分纳税人开具；同一份税收票证上，税种（费、基金、罚没款）、税目、预算科目、预算级次、所属时期不同的，应当分行填列。

第三十五条 税收票证栏目内容应当填写齐全、清晰、真实、规范，不得漏填、简写、省略、涂改、挖补、编造；多联式税收票证应当一次全份开具。

第三十六条 因开具错误作废的纸质税收票证，应当在各联注明“作废”字样、作废原因和重新开具的税收票证字轨及号码。《税收缴款书（税务收现专用）》、《税收缴款书（代扣代收专用）》、税收完税证明应当全份保存；其他税收票证的纳税人所持联次或银行流转联次无法收回的，应当注明原因，并将纳税人出具的情况说明或银行文书代替相关联次一并保存。开具作废的税收票证应当按期与已填用的税收票证一起办理结报缴销手续，不得自行销毁。

税务机关开具税收票证后，纳税人向银行办理缴税前丢失的，税务机关参照前款规定处理。

数据电文税收票证作废的，应当在税收征管系统中予以标识；已经作废的数据电文税收票证号码不得再次使用。

第三十七条 纸质税收票证各联次各种章戳应当加盖齐全。

章戳不得套印，国家税务总局另有规定的除外。

第三十八条 税务机关税收票证开具人员、扣缴义务人、代征代售人、自行填开税收票证的纳税人与税收票证管理人员之间，基层税务机关与上级或所属税务机关之间，应当办理税收票款结报缴销手续。

税务机关税收票证开具人员、扣缴义务人、代征代售人向税收票证管理人员结报缴销视同现金管理的税收票证时，应当将已开具税收票证的存根联、报查联等联次，连同作废税收票证、需交回的税收票证及未开具的税收票证（含未销售印花税票）一并办理结报缴销手续；已开具税收票证只设一联的，税收票证管理人员应当查验其开具情况的电子记录。

其他各种税收票证结报缴销手续的具体要求，由各省税务机关确定。

第三十九条 税收票款应当按照规定的时限办理结报缴销。税务机关税收票证开具人员、代征代售人开具税收票证（含销售印花税票）收取现金税款时，办理结报缴销手续的时限要求是：

（一）当地设有国库经收处的，应于收取税款的当日或次日办理税收票款的结报缴销；

（二）当地未设国库经收处和代征代售人收取现金税款的，由各省税务机关确定办理税收票款结报缴销的期限和额度，并以期限或额度条件先满足之日为准。

扣缴义务人代扣代收税款的，应按税法规定的税款解缴期限一并办理结报缴销。

其他各种税收票证的结报缴销时限、基层税务机关向上级或所属税务机关缴销税收票证的时限，由各省税务机关确定。

第四十条 领发、开具税收票证时，发现多出、短少、污损、残破、错号、印刷字迹不清及联数不全等印制质量不合格情况的，应当查明字轨、号码、数量，清点登记，妥善保管。

全包、全本印制质量不合格的，按照本办法第五十一条规定销毁；全份印制质量不合格的，按开具作废处理。

第四十一条 由于税收政策变动或式样改变等原因，国家税务总局规定停用的税收票证及税收票证专用章戳，应由县以上税务机关集中清理，核对字轨、号码和数量，造册登记，按照本办法第五十一条规定销毁。

第四十二条 未开具税收票证（含未销售印花税票）发生毁损或丢失、被盗、被抢等损失的，受损单位应当及时组织清点核查，并由各级税务机关按照权限进行损失核销审批。《税收缴款书（出口货物劳务专用）》、《出口货物完税分割单》、印花税票发生损失的，由省税务机关审批核销；《税收缴款书（税务收现专用）》、《税收缴款书（代扣代收专用）》、税收完税证明发生损失的，由市税务机关审批核销；其他各种税收票证发生损失的，由县税务机关审批核销。

毁损残票和追回的税收票证按照本办法第五十一条规定销毁。

第四十三条 视同现金管理的未开具税收票证（含未销售印花税票）丢失、被盗、被抢的，受损税务机关应当查明损失税收票证的字轨、号码和数量，立即向当地公安机关报案并报告上级或所属税务机关；经查不能追回的税收票证，除印花税票外，应当及时在办税场所和广播、电视、报纸、期刊、网络等新闻媒体上公告作废。

受损单位为扣缴义务人、代征代售人或税收票证印制企业的，扣缴义务人、代征代售人或税收票证印制企业应当立即报告基层税务机关或委托印制的税务机关，由税务机关按前款规定办理。

对丢失印花税票和印有固定金额的《税收缴款书（税务收现专用）》负有责任的相关人员，税务机关应当要求其按照面额赔偿；对丢失其他视同现金管理的税收票证负有责任的相关人员，税务机关应当要求其适当赔偿。

第四十四条 税收票证专用章戳丢失、被盗、被抢的，受损税务机关应当立即向当地公安机关报案并逐级报告刻制税收票证专用章戳的税务机关；退库专用章丢失、被盗、被抢的，应当同时通知国库部门。重新刻制的税收票证专用章戳应当及时办理留底归档或预留印鉴手续。

毁损和损失追回的税收票证专用章戳按照本办法第五十一条规定销毁。

第四十五条 由于印制质量不合格、停用、毁损、损失追回、领发错误，或者扣缴义务人和代征代售人终止税款征收业务、纳税人停止自行填开税收票证等原因，税收票证及税收票证专用章戳需要交回的，税收票证管理人员应当清点、核对字轨、号码和数量，及时上交至发放或有权销毁税收票证及税收票证专用章戳的税务机关。

第四十六条 纳税人遗失已完税税收票证需要税务机关另行提供的，如税款经核实确已缴纳入库或从国库退还，税务机关应当开具税收完税证明或提供原完税税收票证复印件。

第五章 监督管理

第四十七条 税务机关税收票证开具人员、税收票证管理人员工作变动离岗前，应当办理税收票证、税收票证专用章戳、账簿以及其他税收票证资料的移交。移交时应当有专人监交，监交人、移交人、接管人三方共同签章，票清离岗。

第四十八条 税务机关应当按税收票证种类、领用单位设置税收票证账簿，对各种税收票证的印制、领发、用存、作废、结报缴销、停用、损失、销毁的数量、号码进行及时登记和核算，定期结账。

第四十九条 基层税务机关的税收票证管理人员应当按日对已结报缴销税收票证的完整性、准确性和税收票证管理的规范性进行审核；基层税务机关的上级或所属税务机关税收票证管理人员对基层税务机关缴销的税收票证，应当定期进行复审。

第五十条 税务机关应当及时对已经开具、作废的税收票证、账簿以及其他税收票证资料进行归档保存。

纸质税收票证、账簿以及其他税收票证资料，应当整理装订成册，保存期限五年；作为会计凭证的纸质税收票证保存期限十五年。

数据电文税收票证、账簿以及其他税收票证资料，应当通过光盘等介质进行存储，确保数据电文税收票证信息的安全、完整，保存时间和具体办法另行制定。

第五十一条 未填用的《税收缴款书（出口货物劳务专用）》、《出口货物完税分割单》、印花税票需要销毁的，应当由两人以上共同清点，编制销毁清册，逐级上缴省税务机关销毁；未填用的《税收缴款书（税务收现专用）》、《税收缴款书（代扣代收专用）》、税收完税证明需要销毁的，应当由两人以上共同清点，编制销毁清册，报经市税务机关批准，指派专人到县税务机关复核并监督销毁；其他各种税收票证、账簿和税收票证资料需要销毁的，由税收票证主管人员清点并编制销毁清册，报经县或市税务机关批准，由两人以上监督销毁；税收票证专用章戳需要销毁的，由刻制税收票证专用章戳的税务机关销毁。

第五十二条 税务机关应当定期对本级及下级税务机关、税收票证印制企业、扣缴义务人、代征代售人、自行填开税收票证的纳税人税收票证及税收票证专用章戳管理工作进行检查。

第五十三条 税务机关工作人员违反本办法的，应当根据情节轻重，给予批评教育、责令做出检查、诫勉谈话或调整工作岗位处理；构成违纪的，依照《中华人民共和国公务员法》、《行政机关公务员处分条例》等法律法规给予处分；涉嫌犯罪的，移送司法机关。

第五十四条 扣缴义务人未按照本办法及有关规定保管、报送代扣代缴、代收代缴税收票证及有关资料的，按照《中华人民共和国税收征收管理法》及相关规定进行处理。

扣缴义务人未按照本办法开具税收票证的，可以根据情节轻重，处以一千元以下的罚款。

第五十五条 税务机关与代征代售人、税收票证印制企业签订代征代售合同、税收票证印制合同时，应当就违反本办法及相关规定的责任进行约定，并按约定及其他有关规定追究责任；涉嫌犯罪的，移送司法机关。

第五十六条 自行填开税收票证的纳税人违反本办法及相关规定的，税务机关应当停止其税收票证的领用和自行填开，并限期缴销全部税收票证；情节严重的，可以处以一千元以下的罚款。

第五十七条 非法印制、转借、倒卖、变造或者伪造税收票证的，依照《中华人民共和国税收征收管理法实施细则》的规定进行处理；伪造、变造、买卖、盗窃、抢夺、毁灭税收票证专用章戳的，移送司法机关。

第六章 附 则

第五十八条 各级政府部门委托税务机关征收的各种基金、费可以使用税收票证。

第五十九条 本办法第六条、第七条、第二十五条、第三十六条、第三十七条、第四十六条所称税收票证，不包括印花税票。

第六十条 本办法所称银行，是指经收预算收入的银行、信用社。

第六十一条 各省税务机关应当根据本办法制定具体规定，并报国家税务总局备案。

第六十二条 本办法自2014年1月1日起施行。1998年3月10日国家税务总局发布的《税收票证管理办法》（国税发〔1998〕32号）同时废止。

附件 4

税务登记管理办法

（2003 年 12 月 17 日国家税务总局令第 7 号公布　根据 2014 年 12 月 27 日《国家税务总局关于修改〈税务登记管理办法〉的决定》第一次修订　根据 2018 年 6 月 15 日《国家税务总局关于修改部分税务部门规章的决定》第二次修订　根据 2019 年 7 月 24 日《国家税务总局关于公布取消一批税务证明事项以及废止和修改部分规章规范性文件的决定》第三次修订）

第一章　总　　则

第一条　为了规范税务登记管理，加强税源监控，根据《中华人民共和国税收征收管理法》（以下简称《税收征管法》）以及《中华人民共和国税收征收管理法实施细则》（以下简称《实施细则》）的规定，制定本办法。

第二条　企业，企业在外地设立的分支机构和从事生产、经营的场所，个体工商户和从事生产、经营的事业单位，均应当按照《税收征管法》及《实施细则》和本办法的规定办理税务登记。

前款规定以外的纳税人，除国家机关、个人和无固定生产、经营场所的流动性农村小商贩外，也应当按照《税收征管法》及《实施细则》和本办法的规定办理税务登记。

根据税收法律、行政法规的规定负有扣缴税款义务的扣缴义务人（国家机关除外），应当按照《税收征管法》及《实施细则》和本办法的规定办理扣缴税款登记。

第三条　县以上（含本级，下同）税务局（分局）是税务登记的主管税务机关，负责税务登记的设立登记、变更登记、注销登记和税务登记证验证、换证以及非正常户处理、报验登记等有关事项。

第四条　税务登记证件包括税务登记证及其副本、临时税务登记证及其副本。

扣缴税款登记证件包括扣缴税款登记证及其副本。

第五条　县以上税务局（分局）按照国务院规定的税收征收管理范围，实施属地管理。有条件的城市，可以按照“各区分散受理、全市集中处理”的原则办理税务登记。

第六条 税务局(分局)执行统一纳税人识别号。纳税人识别号由省、自治区、直辖市和计划单列市税务局按照纳税人识别号代码行业标准联合编制,统一下发各地执行。

已领取组织机构代码的纳税人,其纳税人识别号共15位,由纳税人登记所在地6位行政区划码+9位组织机构代码组成。以业主身份证件为有效身份证明的组织,即未取得组织机构代码证书的个体工商户以及持回乡证、通行证、护照办理税务登记的纳税人,其纳税人识别号由身份证件号码+2位顺序码组成。

纳税人识别号具有唯一性。

第七条 纳税人办理下列事项时,必须提供税务登记证件:

(一)开立银行账户;

(二)领购发票。

纳税人办理其他税务事项时,应当出示税务登记证件,经税务机关核准相关信息后办理手续。

第二章 设立登记

第八条 企业,企业在外地设立的分支机构和从事生产、经营的场所,个体工商户和从事生产、经营的事业单位(以下统称从事生产、经营的纳税人),向生产、经营所在地税务机关申报办理税务登记:

(一)从事生产、经营的纳税人领取工商营业执照的,应当自领取工商营业执照之日起30日内申报办理税务登记,税务机关发放税务登记证及副本;

(二)从事生产、经营的纳税人未办理工商营业执照但经有关部门批准设立的,应当自有关部门批准设立之日起30日内申报办理税务登记,税务机关发放税务登记证及副本;

(三)从事生产、经营的纳税人未办理工商营业执照也未经有关部门批准设立的,应当自纳税义务发生之日起30日内申报办理税务登记,税务机关发放临时税务登记证及副本;

(四)有独立的生产经营权、在财务上独立核算并定期向发包人或者出租人上交承包费或租金的承包承租人,应当自承包承租合同签订之日起30日内,向其承包承租业务发生地税务机关申报办理税务登记,税务机关发放临时税务登记证及副本;

(五)境外企业在中国境内承包建筑、安装、装配、勘探工程和提供劳务的,应当自项目合同或协议签订之日起30日内,向项目所在地税务机关申报办理税务登记,税务机关发放临时税务登记证及副本。

第九条 本办法第八条规定以外的其他纳税人,除国家机关、个人和无固定生产、经营场所的流动性农村小商贩外,均应当自纳税义务发生之日起30日内,向纳税义务发生地税务机关申报办理税务登记,税务机关发放税务登记证及副本。

第十条 税务机关对纳税人税务登记地点发生争议的,由其共同的上级税务机关指定管辖。

第十一条 纳税人在申报办理税务登记时,应当根据不同情况向税务机关如实提供以下证件和资料:

(一)工商营业执照或其他核准执业证件;

(二)有关合同、章程、协议书;

(三)组织机构统一代码证书;

(四)法定代表人或负责人或业主的居民身份证、护照或者其他合法证件。

其他需要提供的有关证件、资料,由省、自治区、直辖市税务机关确定。

第十二条 纳税人在申报办理税务登记时,应当如实填写税务登记表。

税务登记表的主要内容包括:

(一)单位名称、法定代表人或者业主姓名及其居民身份证、护照或者其他合法证件的号码;

(二)住所、经营地点;

(三)登记类型;

(四)核算方式;

(五)生产经营方式;

(六)生产经营范围;

(七)注册资金(资本)、投资总额;

(八)生产经营期限;

(九)财务负责人、联系电话;

(十)国家税务总局确定的其他有关事项。

第十三条 纳税人提交的证件和资料齐全且税务登记表的填写内容符合规定的,税务机关应当日办理并发放税务登记证件。纳税人提交的证件和资料不齐全或税务登记表的填写内容不符合规定的,税务机关应当场通知其补正或重新填报。

第十四条 税务登记证件的主要内容包括:纳税人名称、税务登记代码、法定代表人或负责人、生产经营地址、登记类型、核算方式、生产经营范围(主营、兼营)、发证日期、证件有效期等。

第十五条 已办理税务登记的扣缴义务人应当自扣缴义务发生之日起30日内,向税务登记地税务机关申报办理扣缴税款登记。税务机关在其税务登记证件上登记扣缴税款事项,税务机关不再发放扣缴税款登记证件。

根据税收法律、行政法规的规定可不办理税务登记的扣缴义务人,应当自扣缴义务发生之日起30日内,向机构所在地税务机关申报办理扣缴税款登记。税务机关发放扣缴税款登记证件。

第三章 变更登记

第十六条 纳税人税务登记内容发生变化的,应当向原税务登记机关申报办理变更税务登记。

第十七条 纳税人已在工商行政管理机关办理变更登记的,应当自工商行政管理机关变更登记之日起30日内,向原税务登记机关如实提供下列证件、资料,申报办理变更税务登记:

(一)工商登记变更表;

(二)纳税人变更登记内容的有关证明文件;

(三)税务机关发放的原税务登记证件(登记证正、副本和登记表等);

(四)其他有关资料。

第十八条 纳税人按照规定不需要在工商行政管理机关办理变更登记,或者其变更登记的内容与工商登记内容无关的,应当自税务登记内容实际发生变化之日起30日内,或者自有关机关批准或者宣布变更之日起30日内,持下列证件到原税务登记机关申报办理变更税务登记:

(一)纳税人变更登记内容的有关证明文件;

(二)税务机关发放的原税务登记证件(登记证正、副本和税务登记表等);

(三)其他有关资料。

第十九条 纳税人提交的有关变更登记的证件、资料齐全的,应如实填写税务登记变更表,符合规定的,税务机关应当日办理;不符合规定的,税务机关应通知其补正。

第二十条 税务机关应当于受理当日办理变更税务登记。纳税人税务登记表和税务登记证中的内容都发生变更的,税务机关按变更后的内容重新发放税务登记证件;纳税人税务登记表的内容发生变更而税务登记证中的内容未发生变更的,税务机关不重新发放税务登记证件。

第四章 停业、复业登记

第二十一条 实行定期定额征收方式的个体工商户需要停业的，应当在停业前向税务机关申报办理停业登记。纳税人的停业期限不得超过一年。

第二十二条 纳税人在申报办理停业登记时，应如实填写停业复业报告书，说明停业理由、停业期限、停业前的纳税情况和发票的领、用、存情况，并结清应纳税款、滞纳金、罚款。税务机关应收存其税务登记证件及副本、发票领购簿、未使用完的发票和其他税务证件。

第二十三条 纳税人在停业期间发生纳税义务的，应当按照税收法律、行政法规的规定申报缴纳税款。

第二十四条 纳税人应当于恢复生产经营之前，向税务机关申报办理复业登记，如实填写《停业复业报告书》，领回并启用税务登记证件、发票领购簿及其停业前领购的发票。

第二十五条 纳税人停业期满不能及时恢复生产经营的，应当在停业期满前到税务机关办理延长停业登记，并如实填写《停业复业报告书》。

第五章 注销登记

第二十六条 纳税人发生解散、破产、撤销以及其他情形，依法终止纳税义务的，应当在向工商行政管理机关或者其他机关办理注销登记前，持有关证件和资料向原税务登记机关申报办理注销税务登记；按规定不需要在工商行政管理机关或者其他机关办理注册登记的，应当自有关机关批准或者宣告终止之日起 15 日内，持有关证件和资料向原税务登记机关申报办理注销税务登记。

纳税人被工商行政管理机关吊销营业执照或者被其他机关予以撤销登记的，应当自营业执照被吊销或者被撤销登记之日起 15 日内，向原税务登记机关申报办理注销税务登记。

第二十七条 纳税人因住所、经营地点变动，涉及改变税务登记机关的，应当在向工商行政管理机关或者其他机关申请办理变更、注销登记前，或者住所、经营地点变动前，持有关证件和资料，向原税务登记机关申报办理注销税务登记，并自注销税务登记之日起 30 日内向迁达地税务机关申报办理税务登记。

第二十八条 境外企业在中国境内承包建筑、安装、装配、勘探工程和提供劳务的，应当在项目完工、离开中国前15日内，持有关证件和资料，向原税务登记机关申报办理注销税务登记。

第二十九条 纳税人办理注销税务登记前，应当向税务机关提交相关证明文件和资料，结清应纳税款、多退（免）税款、滞纳金和罚款，缴销发票、税务登记证件和其他税务证件，经税务机关核准后，办理注销税务登记手续。

第六章 外出经营报验登记

第三十条 纳税人到外县（市）临时从事生产经营活动的，应当在外出生产经营以前，持税务登记证到主管税务机关开具《外出经营活动税收管理证明》（以下简称《外管证》）。

第三十一条 税务机关按照一地一证的原则，发放《外管证》，《外管证》的有效期限一般为30日，最长不得超过180天。

第三十二条 纳税人应当在《外管证》注明地进行生产经营前向当地税务机关报验登记，并提交下列证件、资料：

（一）税务登记证件副本；

（二）《外管证》。

纳税人在《外管证》注明地销售货物的，除提交以上证件、资料外，应如实填写《外出经营货物报验单》，申报查验货物。

第三十三条 纳税人外出经营活动结束，应当向经营地税务机关填报《外出经营活动情况申报表》，并结清税款、缴销发票。

第三十四条 纳税人应当在《外管证》有效期届满后10日内，持《外管证》回原税务登记地税务机关办理《外管证》缴销手续。

第七章 证照管理

第三十五条 税务机关应当加强税务登记证件的管理，采取实地调查、上门验证等方法进行税务登记证件的管理。

第三十六条 税务登记证式样改变，需统一换发税务登记证的，由国家税务总局确定。

第三十七条 纳税人、扣缴义务人遗失税务登记证件的，应当自遗失税务登记证件之日起15日内，书面报告主管税务机关，如实填写《税务登记证件遗失报告表》，并将纳税人的名称、税务登记证件名称、税务登记证件号码、税务登记证件有效期、发证机关名称在税务机关认可的报刊上作遗失声明，凭报刊上刊登的遗失声明到主管税务机关补办税务登记证件。

第八章 非正常户处理

第三十八条 已办理税务登记的纳税人未按照规定的期限申报纳税,在税务机关责令其限期改正后,逾期不改正的,税务机关应当派员实地检查,查无下落并且无法强制其履行纳税义务的,由检查人员制作非正常户认定书,存入纳税人档案,税务机关暂停其税务登记证件、发票领购簿和发票的使用。

第三十九条 纳税人被列入非正常户超过三个月的,税务机关可以宣布其税务登记证件失效,其应纳税款的追征仍按《税收征管法》及其《实施细则》的规定执行。

第九章 法律责任

第四十条 纳税人不办理税务登记的,税务机关应当自发现之日起3日内责令其限期改正;逾期不改正的,依照《税收征管法》第六十条第一款的规定处罚。

第四十一条 纳税人通过提供虚假的证明资料等手段,骗取税务登记证的,处2000元以下的罚款;情节严重的,处2000元以上10000元以下的罚款。纳税人涉嫌其他违法行为的,按有关法律、行政法规的规定处理。

第四十二条 扣缴义务人未按照规定办理扣缴税款登记的,税务机关应当自发现之日起3日内责令其限期改正,并可处以1000元以下的罚款。

第四十三条 纳税人、扣缴义务人违反本办法规定,拒不接受税务机关处理的,税务机关可以收缴其发票或者停止向其发售发票。

第四十四条 税务人员徇私舞弊或者玩忽职守,违反本办法规定为纳税人办理税务登记相关手续,或者滥用职权,故意刁难纳税人、扣缴义务人的,调离工作岗位,并依法给予行政处分。

第十章 附 则

第四十五条 本办法涉及的标识、戳记和文书式样,由国家税务总局确定。

第四十六条 本办法由国家税务总局负责解释。各省、自治区、直辖市和计划单列市税务局可根据本办法制定具体的实施办法。

第四十七条 本办法自2004年2月1日起施行。

自然资源部关于第一批废止和修改的部门规章的决定

（2019 年 7 月 24 日自然资源部令第 5 号公布　自公布之日起施行　国司备字[2019000634]）

一、废止下列规章

《划拨土地使用权管理暂行办法》(国家土地管理局令〔1992〕第 1 号)

《国有企业改革中划拨土地使用权管理暂行规定》(国家土地管理局令第 8 号)

《在京中央国家机关用地土地登记办法》(国土资源部令第 6 号)

《古生物化石管理办法》(国土资源部令第 13 号)

《重要地理信息数据审核公布管理规定》(国土资源部令第 19 号)

《耕地占补平衡考核办法》(国土资源部令第 33 号)

《测绘地理信息行政执法证管理办法》(国土资源部令第 58 号)

《土地利用总体规划管理办法》(国土资源部令第 72 号)

二、修改《土地调查条例实施办法》

(一)将第二条、第十九条、第二十五条中的"基本农田"修改为"永久基本农田";

(二)将第十条修改为:"承担国家级土地调查任务的单位,应当具备以下条件:

"(一)近三年内有累计合同额 1000 万元以上,经县级以上自然资源主管部门验收合格的土地调查项目;

"(二)有专门的质量检验机构和专职质量检验人员,有完善有效的土地调查成果质量保证制度;

"(三)近三年内无土地调查成果质量不良记录,并未被列入失信名单;

"(四)取得土地调查员工作证的技术人员不少于 20 名;

"(五)自然资源部规章、规范性文件规定的其他条件"。

(三)删去第十一条、第十二条、第十三条;

(四)将第三十三条中的"该单位五年内不得列入土地调查单位名录"修改为"并将该单位报送国家信用平台";

(五)将第三十四条中"并不再将该单位列入土地调查单位名录"修改为

“并将该单位报送国家信用平台”；

（六）将《土地调查条例实施办法》中的“国土资源部”修改为“自然资源部”；“国土资源行政主管部门”修改为“自然资源主管部门”；“行政处分”修改为“处分”。

三、修改《节约集约利用土地规定》

（一）将第三条第（二）项修改为：“坚持合理使用的原则，严控总量、盘活存量、优化结构、提高效率”；

（二）删去第四条中的“城乡规划”；

（三）将第十一条第二款修改为：“城市建设用地应当因地制宜采取组团式、串联式、卫星城式布局，避免占用优质耕地特别是永久基本农田”；

（四）将第十二条修改为：“市、县自然资源主管部门应当促进现有城镇用地内部结构调整优化，控制生产用地，保障生活用地，提高生态用地的比例，加大城镇建设使用存量用地的比例，促进城镇用地效率的提高”；

（五）将第十四条第一款修改为：“县级以上自然资源主管部门统筹制定土地综合开发用地政策，鼓励大型基础设施等建设项目综合开发利用土地，促进功能适度混合、整体设计、合理布局”；

将第二款修改为：“不同用途高度关联、需要整体规划建设、确实难以分割供应的综合用途建设项目，市、县自然资源主管部门可以确定主用途并按照一宗土地实行整体出让供应，综合确定出让底价；需要通过招标拍卖挂牌的方式出让的，整宗土地应当采用招标拍卖挂牌的方式出让”；

删去第三款；

（六）将第十九条第一款修改为：“自然资源部会同有关部门根据国家经济社会发展状况、宏观产业政策和土壤污染风险防控需求等，制定《禁止用地项目目录》和《限制用地项目目录》，促进土地节约集约利用”；

（七）将第二十一条第三款修改为：“国家根据需要，可以一定年期的国有土地使用权作价后授权给经国务院批准设立的国家控股公司、作为国家授权投资机构的国有独资公司和集团公司经营管理”；

（八）将第二十五条第一款改为：“符合节约集约用地要求、属于国家鼓励产业的用地，可以实行差别化的地价政策和建设用地管理政策”；

（九）将第二十六条修改为：“市、县自然资源主管部门供应工业用地，应当将投资强度、容积率、建筑系数、绿地率、非生产设施占地比例等控制性指标以及自然资源开发利用水平和生态保护要求纳入出让合同”；

（十）在第二十七条之后增加一条，作为第二十八条：“县级以上自然资源主管部门在分解下达新增建设用地计划时，应当与批而未供和闲置土地处置数量相挂钩,对批而未供、闲置土地数量较多和处置不力的地区,减少其新增建设用地计划安排。

“自然资源部和省级自然资源主管部门负责城镇低效用地再开发的政策制定。对于纳入低效用地再开发范围的项目,可以制定专项用地政策”;

(十一)将第二十八条修改为:“县级以上地方自然资源主管部门应当会同有关部门,依据相关规划,开展全域国土综合整治,对农用地、农村建设用地、工矿用地、灾害损毁土地等进行整理复垦,优化土地空间布局,提高土地利用效率和效益,促进土地节约集约利用”;

(十二)删去第三十条;

(十三)删去第三十七条第(四)项;

(十四)将《节约集约利用土地规定》中的“国土资源部”修改为“自然资源部”;“国土资源主管部门”修改为“自然资源主管部门”。

四、修改《不动产登记暂行条例实施细则》

(一)删去第四条第三款;

(二)在第一百零七条之后增加一条,作为第一百零八条:“自然资源部委托北京市规划和自然资源委员会直接办理在京中央国家机关的不动产登记。

“在京中央国家机关申请不动产登记时,应当提交《不动产登记暂行条例》及本实施细则规定的材料和有关机关事务管理局出具的不动产登记审核意见。不动产权属资料不齐全的,还应当提交由有关机关事务管理局确认盖章的不动产权属来源说明函。不动产权籍调查由有关机关事务管理局会同北京市规划和自然资源委员会组织进行的,还应当提交申请登记不动产单元的不动产权籍调查资料。

“北京市规划和自然资源委员会办理在京中央国家机关不动产登记时,应当使用自然资源部制发的‘自然资源部不动产登记专用章’”;

(三)将《不动产登记暂行条例实施细则》中的“国土资源部”修改为“自然资源部”。

五、修改《不动产登记资料查询暂行办法》

(一)将第十八条第二款修改为“依照本条规定查询不动产登记资料的,除提交本办法第八条规定的材料,还应当提交依法有权处分该不动产的材料”;

(二)将《不动产登记资料查询暂行办法》中的“国土资源主管部门”修改为“自然资源主管部门”。

六、修改《土地复垦条例实施办法》

(一)删去第三条第二款中的“城乡规划”;

（二）在第二十条增加一款作为第一款："采矿生产项目的土地复垦费用预存，统一纳入矿山地质环境治理恢复基金进行管理"；

（三）将《土地复垦条例实施办法》中的"国土资源主管部门"修改为"自然资源主管部门"；"国土资源部"修改为"自然资源部"。

七、修改《地质灾害危险性评估单位资质管理办法》

（一）删去第十三条第二款；

（二）删去第十四条第一款中的"在审批机关公告确定的受理时限内"，将第二款修改为："上述材料应当提供符合规定格式的电子文档一份"；

（三）将第二十条第二款修改为："有效期满需要继续从业的，应当于资质证书有效期届满三个月前，向原审批机关提出延续申请"；

（四）将第二十一条修改为："资质证书遗失的，可以向原审批机关申请补领"；

（五）将《地质灾害危险性评估单位资质管理办法》中的"国土资源部"修改为"自然资源部"；"国土资源管理部门"修改为"自然资源主管部门"；"行政处分"修改为"处分"。

八、修改《地质灾害治理工程勘查设计施工单位资质管理办法》

（一）删去第十二条第二款；

（二）删去第十三条第一款中的"在审批机关公告确定的受理时限内"和第九项，将第二款修改为："上述材料应当提供符合规定格式的电子文档一份"；

（三）将第十九条第二款修改为："有效期满需要继续从业的，应当于资质证书有效期届满三个月前，向原审批机关提出延续申请"；

（四）将第二十条修改为："资质证书遗失的，可以向原审批机关申请补领"；

（五）将《地质灾害治理工程勘查设计施工单位资质管理办法》中的"国土资源部"修改为"自然资源部"；"国土资源管理部门"修改为"自然资源主管部门"；"行政处分"修改为"处分"。

九、修改《地质灾害治理工程监理单位资质管理办法》

（一）删去第九条第二款；

（二）删去第十条第一款中的"在公告确定的受理时限内"和第八项，将第二款修改为："上述材料应当提供符合规定格式的电子文档一份"；

（三）将第十六条第二款修改为："有效期满需要继续从业的，应当于资质证书有效期届满三个月前，向原审批机关提出延续申请"；

（四）将第十七条修改为："资质证书遗失的，可以向原审批机关申请补领”；

（五）将《地质灾害治理工程监理单位资质管理办法》中的“国土资源部”修改为“自然资源部”；“国土资源管理部门”修改为“自然资源主管部门”；“行政处分”修改为“处分”。

十、修改《矿山地质环境保护规定》

（一）将第一条修改：“为保护矿山地质环境，减少矿产资源勘查开采活动造成的矿山地质环境破坏，保护人民生命和财产安全，促进矿产资源的合理开发利用和经济社会、资源环境的协调发展，根据《中华人民共和国矿产资源法》《地质灾害防治条例》《土地复垦条例》，制定本规定”；

（二）将第十二条修改为：“采矿权申请人申请办理采矿许可证时，应当编制矿山地质环境保护与土地复垦方案，报有批准权的自然资源主管部门批准。

“矿山地质环境保护与土地复垦方案应当包括下列内容：

“（一）矿山基本情况；

“（二）矿区基础信息；

“（三）矿山地质环境影响和土地损毁评估；

“（四）矿山地质环境治理与土地复垦可行性分析；

“（五）矿山地质环境治理与土地复垦工程；

“（六）矿山地质环境治理与土地复垦工作部署；

“（七）经费估算与进度安排；

“（八）保障措施与效益分析”；

（三）将第十三条、第十四条、第十五条中的“矿山地质环境保护与治理恢复方案”修改为“矿山地质环境保护与土地复垦方案”；

（四）将第十七条修改为：“采矿权人应当依照国家有关规定，计提矿山地质环境治理恢复基金。基金由企业自主使用，根据其矿山地质环境保护与土地复垦方案确定的经费预算、工程实施计划、进度安排等，统筹用于开展矿山地质环境治理恢复和土地复垦”；

（五）将第十八条修改为：“采矿权人应当按照矿山地质环境保护与土地复垦方案的要求履行矿山地质环境保护与土地复垦义务。

“采矿权人未履行矿山地质环境保护与土地复垦义务，或者未达到矿山地质环境保护与土地复垦方案要求，有关自然资源主管部门应当责令采矿权人限期履行矿山地质环境保护与土地复垦义务”；

（六）删去第十九条、二十条、二十一条；

（七）将第二十二条修改为：“矿山关闭前，采矿权人应当完成矿山地质环境保护与土地复垦义务。采矿权人在申请办理闭坑手续时，应当经自然资源主管部门验收合格，并提交验收合格文件”；

（八）将第二十三条、二十五条、二十七条中的“矿山地质环境保护与治理恢复”修改为“矿山地质环境保护与土地复垦”；

（九）第二十九条修改为：“违反本规定，应当编制矿山地质环境保护与土地复垦方案而未编制的，或者扩大开采规模、变更矿区范围或者开采方式，未重新编制矿山地质环境保护与土地复垦方案并经原审批机关批准的，责令限期改正，并列入矿业权人异常名录或严重违法名单；逾期不改正的，处3万元以下的罚款，不受理其申请新的采矿许可证或者申请采矿许可证延续、变更、注销”；

（十）将第三十条修改为：“违反本规定，未按照批准的矿山地质环境保护与土地复垦方案治理的，或者在矿山被批准关闭、闭坑前未完成治理恢复的，责令限期改正，并列入矿业权人异常名录或严重违法名单；逾期拒不改正的或整改不到位的，处3万元以下的罚款，不受理其申请新的采矿权许可证或者申请采矿权许可证延续、变更、注销”；

（十一）将第三十一条修改为：“违反本规定，未按规定计提矿山地质环境治理恢复基金的，由县级以上自然资源主管部门责令限期计提；逾期不计提的，处3万元以下的罚款。颁发采矿许可证的自然资源主管部门不得通过其采矿活动年度报告，不受理其采矿权延续变更申请”；

（十二）将第三十五条修改为：“本规定实施前已建和在建矿山，采矿权人应当依照本规定编制矿山地质环境保护与土地复垦方案，报原采矿许可证审批机关批准”；

（十三）将《矿山地质环境保护规定》中的“国土资源部”修改为“自然资源部”；“国土资源行政主管部门”修改为“自然资源主管部门”；“行政处分”修改为“处分”。

十一、修改《矿产资源规划编制实施办法》

（一）将第六条修改为：“矿产资源规划是国家规划体系的重要组成部分，应当依据国民经济和社会发展规划编制。涉及矿产资源开发活动的相关行业规划，应当与矿产资源规划做好衔接”；

（二）将第十五条修改为：“编制涉及战略性矿产资源的省级矿产资源专项规划应当经自然资源部同意。编制设区的市级、县级矿产资源专项规划，应当经省级自然资源主管部门同意”；

（三）删去第三十一条第三、四款；

（四）删去第三十二条；

（五）将《矿产资源规划编制实施办法》中的“国土资源部”修改为“自然

资源部”;“国土资源主管部门”修改为“自然资源主管部门”。

十二、修改《古生物化石保护条例实施办法》

(一)将第三十七条中的“未经批准,重点保护古生物化石不得流通”修改为“除收藏单位之间转让、交换、赠与其收藏的重点保护古生物化石外,重点保护古生物化石不得流通”;

(二)将第三十八条修改为:“收藏单位不得将收藏的重点保护古生物化石转让、交换、赠与给不符合收藏条件的单位和个人。收藏单位之间转让、交换、赠与其收藏的重点保护古生物化石的,应当签订转让、交换、赠与合同,并在转移重点保护古生物化石之日起20日内,由接收方将转让、交换、赠与合同以及古生物化石清单和照片报自然资源部备案”;

(三)删去第五十五条;

(四)删去第五十九条中的“重点保护古生物化石流通申请表”;

(五)将《古生物化石保护条例实施办法》中的“国土资源部”修改为“自然资源部”;“国土资源主管部门”修改为“自然资源主管部门”;“工商行政管理”修改为“市场监督管理”。

十三、修改《地质环境监测管理办法》

(一)删去第三条第(一)项;

(二)将第二十六条修改为:“国家鼓励地质环境监测机构对取得的地质环境监测资料进行开放共享、加工处理和应用性开发。”

(三)将《地质环境监测管理办法》中的“国土资源部”修改为“自然资源部”;“国土资源主管部门”修改为“自然资源主管部门”。

十四、修改《海洋观测站点管理办法》

(一)将第十五条修改为:“其他单位或者个人在近岸海域内设立、迁移海洋观测站点或者变更观测要素和规模的,应当报省、自治区、直辖市自然资源主管部门,并由省、自治区、直辖市自然资源主管部门报海区派出机构备案。

“其他单位或者个人在近岸海域外设立、迁移海洋观测站点或者变更观测要素和规模的,应当报海区派出机构,并由海区派出机构报国务院自然资源主管部门备案”;

(二)将第十六条修改为:“其他单位或者个人设立、迁移海洋观测站点或者变更观测要素和规模,应当在完成设立、迁移、变更后30日内提交备案报告。备案报告包括设立、迁移海洋观测站点或者变更的观测要素、规模、观测时限以及技术要求等内容”;

(三)删去第十七、第十八条;

(四)将第二十条修改为:“在海洋观测环境保护范围内新建、改建、扩建建设工程，建设单位应当征求原负责设立、调整该海洋观测站点的自然资源主管部门意见，并依法采取措施，避免对海洋观测站点及其设施、观测环境造成危害”；

（五）将第二十三条修改为：“违反本办法第十七条规定，在海洋观测环境保护范围内从事禁止活动的，依照《海洋观测预报管理条例》第三十二条的规定处罚”；

（六）删去第二十四条第（四）项；

（七）将《海洋观测站点管理办法》中的“海洋主管部门”修改为“自然资源主管部门”。

十五、修改《外国的组织或者个人来华测绘管理暂行办法》

（一）将第六条第二款修改为：“前款所称合资、合作的形式，是指依照外商投资的法律法规设立的合资、合作企业”；

（二）删去第八条第二款第（三）项中的“且外方投资者在合资企业中的出资比例，最终不得超过50%”；

（三）删去第九条第（二）项；

（四）将第十条修改为：“测绘资质许可依照下列程序办理：

“（一）提交申请：合资、合作企业应当向国务院自然资源主管部门提交申请材料；

“（二）受理：国务院自然资源主管部门在收到申请材料后依法作出是否受理的决定；

“（三）审查：国务院自然资源主管部门决定受理后10个工作日内送军队测绘主管部门会同审查，并在接到会同审查意见后10个工作日内作出审查决定；

“（四）发放证书：审查合格的，由国务院自然资源主管部门颁发相应等级的《测绘资质证书》；审查不合格的，由国务院自然资源主管部门作出不予许可的决定”；

（五）删去第十一条中的“一式三份”；

（六）将第十二条修改为：“一次性测绘应当依照下列程序取得国务院自然资源主管部门的批准文件：

“（一）提交申请：经国务院及其有关部门或者省、自治区、直辖市人民政府批准，外国的组织或者个人来华开展科技、文化、体育等活动时，需要进行一次性测绘活动的，应当向国务院自然资源主管部门提交申请材料；

“（二）受理：国务院自然资源主管部门在收到申请材料后依法作出是否受理的决定；

“（三）审查：国务院自然资源主管部门决定受理后10个工作日内送军队测绘主管部门会同审查，并在接到会同审查意见后10个工作日内作出审查决定；

“（四）批准：准予一次性测绘的，由国务院自然资源主管部门依法向申请人送达批准文件，并抄送测绘活动所在地的省、自治区、直辖市人民政府自然资源主管部门；不准予一次性测绘的，应当作出书面决定”；

（七）将《外国的组织或者个人来华测绘管理暂行办法》中的“测绘行政主管部门”修改为“自然资源主管部门”；“行政处分”修改为“处分”。

十六、修改《地图审核管理规定》

（一）将第二十六条修改为：“审图号由审图机构代号、通过审核的年份、序号等组成”；

（二）删去第二十七条中的“并向作出审核批准的测绘地理信息主管部门免费送交样本一式两份”；

（三）将《地图审核管理规定》中的“测绘地理信息主管部门”修改为“自然资源主管部门”。

本决定自颁布之日起施行。

上述规章根据本决定作相应修改并对条文序号作相应调整，重新公布。

土地调查条例实施办法

（2009年6月17日国土资源部令第45号公布　根据2016年1月8日《国土资源部关于修改和废止部分规章的决定》第一次修订　根据2019年7月24日《自然资源部关于第一批废止和修改的部门规章的决定》第二次修订）

第一章　总　　则

第一条　为保证土地调查的有效实施，根据《土地调查条例》（以下简称条例），制定本办法。

第二条　土地调查是指对土地的地类、位置、面积、分布等自然属性和土地权属等社会属性及其变化情况，以及永久基本农田状况进行的调查、监测、统计、分析的活动。

第三条　土地调查包括全国土地调查、土地变更调查和土地专项调查。

全国土地调查，是指国家根据国民经济和社会发展需要，对全国城乡各类土地进行的全面调查。

土地变更调查，是指在全国土地调查的基础上，根据城乡土地利用现状及权属变化情况，随时进行城镇和村庄地籍变更调查和土地利用变更调查，并定期进行汇总统计。

土地专项调查，是指根据自然资源管理需要，在特定范围、特定时间内对特定对象进行的专门调查，包括耕地后备资源调查、土地利用动态遥感监测和勘测定界等。

第四条 全国土地调查，由国务院全国土地调查领导小组统一组织，县级以上人民政府土地调查领导小组遵照要求实施。

土地变更调查，由自然资源部会同有关部门组织，县级以上自然资源主管部门会同有关部门实施。

土地专项调查，由县级以上自然资源主管部门组织实施。

第五条 县级以上地方自然资源主管部门应当配合同级财政部门，根据条例规定落实地方人民政府土地调查所需经费。必要时，可以与同级财政部门共同制定土地调查经费从新增建设用地土地有偿使用费、国有土地使用权有偿出让收入等土地收益中列支的管理办法。

第六条 在土地调查工作中作出突出贡献的单位和个人，由有关自然资源主管部门按照国家规定给予表彰或者奖励。

第二章 土地调查机构及人员

第七条 国务院全国土地调查领导小组办公室设在自然资源部，县级以上地方人民政府土地调查领导小组办公室设在同级自然资源主管部门。

县级以上自然资源主管部门应当明确专门机构和人员，具体负责土地变更调查和土地专项调查等工作。

第八条 土地调查人员包括县级以上自然资源政主管部门和相关部门的工作人员，有关事业单位的人员以及承担土地调查任务单位的人员。

第九条 土地调查人员应当经过省级以上自然资源主管部门组织的业务培训，通过全国统一的土地调查人员考核，领取土地调查员工作证。

已取得自然资源部、人力资源和社会保障部联合颁发的土地登记代理人资格证书的人员，可以直接申请取得土地调查员工作证。

土地调查员工作证由自然资源部统一制发，按照规定统一编号管理。

第十条 承担国家级土地调查任务的单位，应当具备以下条件：

（一）近三年内有累计合同额1000万元以上，经县级以上自然资源主管部门验收合格的土地调查项目；

（二）有专门的质量检验机构和专职质量检验人员，有完善有效的土地调查成果质量保证制度；

（三）近三年内无土地调查成果质量不良记录，并未被列入失信名单；

（四）取得土地调查员工作证的技术人员不少于20名；

（五）自然资源部规章、规范性文件规定的其他条件。

第三章　土地调查的组织实施

第十一条　开展全国土地调查，由自然资源部会同有关部门在开始前一年度拟订全国土地调查总体方案，报国务院批准后实施。

全国土地调查总体方案应当包括调查的主要任务、时间安排、经费落实、数据要求、成果公布等内容。

第十二条　县级以上地方自然资源主管部门应当会同同级有关部门，根据全国土地调查总体方案和上级土地调查实施方案的要求，拟定本行政区域的土地调查实施方案，报上一级人民政府自然资源主管部门备案。

第十三条　土地变更调查由自然资源部统一部署，以县级行政区为单位组织实施。

县级以上自然资源主管部门应当按照国家统一要求，组织实施土地变更调查，保持调查成果的现势性和准确性。

第十四条　土地变更调查中的城镇和村庄地籍变更调查，应当根据土地权属等变化情况，以宗地为单位，随时调查，及时变更地籍图件和数据库。

第十五条　土地变更调查中的土地利用变更调查，应当以全国土地调查和上一年度土地变更调查结果为基础，全面查清本年度本行政区域内土地利用状况变化情况，更新土地利用现状图件和土地利用数据库，逐级汇总上报各类土地利用变化数据。

土地利用变更调查的统一时点为每年12月31日。

第十六条　土地变更调查，包括下列内容：

（一）行政和权属界线变化状况；

（二）土地所有权和使用权变化情况；

（三）地类变化情况；

（四）永久基本农田位置、数量变化情况；

（五）自然资源部规定的其他内容。

第十七条 土地专项调查由县级以上自然资源主管部门组织实施，专项调查成果报上一级自然资源主管部门备案。

全国性的土地专项调查，由自然资源部组织实施。

第十八条 土地调查应当执行国家统一的土地利用现状分类标准、技术规程和自然资源部的有关规定，保证土地调查数据的统一性和准确性。

第十九条 上级自然资源主管部门应当加强对下级自然资源主管部门土地调查工作的指导，并定期组织人员进行监督检查，及时掌握土地调查进度，研究解决土地调查中的问题。

第二十条 县级以上自然资源主管部门应当建立土地调查进度的动态通报制度。

上级自然资源主管部门应当根据全国土地调查、土地变更调查和土地专项调查确定的工作时限，定期通报各地工作的完成情况，对工作进度缓慢的地区，进行重点督导和检查。

第二十一条 从事土地调查的单位和个人，应当遵守国家有关保密的法律法规和规定。

第四章 调查成果的公布和应用

第二十二条 土地调查成果包括数据成果、图件成果、文字成果和数据库成果。

土地调查数据成果，包括各类土地分类面积数据、不同权属性质面积数据、基本农田面积数据和耕地坡度分级面积数据等。

土地调查图件成果，包括土地利用现状图、地籍图、宗地图、永久基本农田分布图、耕地坡度分级专题图等。

土地调查文字成果，包括土地调查工作报告、技术报告、成果分析报告和其他专题报告等。

土地调查数据库成果，包括土地利用数据库和地籍数据库等。

第二十三条 县级以上自然资源主管部门应当按照要求和有关标准完成数据处理、文字报告编写等成果汇总统计工作。

第二十四条 土地调查成果实行逐级汇交制度。

县级以上地方自然资源主管部门应当将土地调查形成的数据成果、图件成果、文字成果和数据库成果汇交上一级自然资源主管部门汇总。

土地调查成果汇总的内容主要包括数据汇总、图件编制、文字报告编写和成果分析等。

第二十五条 全国土地调查成果的检查验收，由各级土地调查领导小组办公室按照下列程序进行：

（一）县级组织调查单位和相关部门，对调查成果进行全面自检，形成自检报告，报市（地）级复查；

（二）市（地）级复查合格后，向省级提出预检申请；

（三）省级对调查成果进行全面检查，验收合格后上报；

（四）全国土地调查领导小组办公室对成果进行核查，根据需要对重点区域、重点地类进行抽查，形成确认意见。

第二十六条 全国土地调查成果的公布，依照条例第二十五条规定进行。

土地变更调查成果，由各级自然资源主管部门报本级人民政府批准后，按照国家、省、市、县的顺序依次公布。

土地专项调查成果，由有关自然资源主管部门公布。

第二十七条 土地调查上报的成果质量实行分级负责制。县级以上自然资源主管部门应当对本级上报的调查成果认真核查，确保调查成果的真实、准确。

上级自然资源主管部门应当定期对下级自然资源主管部门的土地调查成果质量进行监督。

第二十八条 经依法公布的土地调查成果，是编制国民经济和社会发展规划、有关专项规划以及自然资源管理的基础和依据。

建设用地报批、土地整治项目立项以及其他需要使用土地基础数据与图件资料的活动，应当以国家确认的土地调查成果为基础依据。

各级土地利用总体规划修编，应当以经国家确定的土地调查成果为依据，校核规划修编基数。

第五章 法律责任

第二十九条 接受土地调查的单位和个人违反条例第十七条的规定，无正当理由不履行现场指界义务的，由县级以上人民政府自然资源主管部门责令限期改正，逾期不改正的，依照条例第三十二条的规定进行处罚。

第三十条 承担土地调查任务的单位有下列情形之一的，县级以上自然资源主管部门应当责令限期改正，逾期不改正的，终止土地调查任务，并将该单位报送国家信用平台：

（一）在土地调查工作中弄虚作假的；

（二）无正当理由，未按期完成土地调查任务的；

（三）土地调查成果有质量问题，造成严重后果的。

第三十一条 承担土地调查任务的单位不符合条例第十三条和本办法第十条规定的相关条件，弄虚作假，骗取土地调查任务的，县级以上自然资源主管部门应当终止该单位承担的土地调查任务，并不再将该单位列入土地调查单位名录。

第三十二条 土地调查人员违反条例第三十一条规定的，由自然资源部注销土地调查员工作证，不得再次参加土地调查人员考核。

第三十三条 自然资源主管部门工作人员在土地调查工作中玩忽职守、滥用职权、徇私舞弊，构成犯罪的，依法追究刑事责任；尚不构成犯罪的，依法给予处分。

第六章 附 则

第三十四条 本办法自公布之日起施行。

节约集约利用土地规定

（2014年5月22日国土资源部令第61号公布 根据2019年7月24日《自然资源部关于第一批废止和修改的部门规章的决定》修订）

第一章 总 则

第一条 为贯彻十分珍惜、合理利用土地和切实保护耕地的基本国策，落实最严格的耕地保护制度和最严格的节约集约用地制度，提升土地资源对经济社会发展的承载能力，促进生态文明建设，根据《中华人民共和国土地管理法》和《国务院关于促进节约集约用地的通知》，制定本规定。

第二条 本规定所称节约集约利用土地，是指通过规模引导、布局优化、标准控制、市场配置、盘活利用等手段，达到节约土地、减量用地、提升用地强度、促进低效废弃地再利用、优化土地利用结构和布局、提高土地利用效率的各项行为与活动。

第三条 土地管理和利用应当遵循下列原则：

（一）坚持节约优先的原则，各项建设少占地、不占或者少占耕地，珍惜和合理利用每一寸土地；

（二）坚持合理使用的原则，严控总量、盘活存量、优化结构、提高效率；

（三）坚持市场配置的原则，妥善处理好政府与市场的关系，充分发挥市场在土地资源配置中的决定性作用；

（四）坚持改革创新的原则，探索土地管理新机制，创新节约集约用地新模式。

第四条 县级以上地方自然资源主管部门应当加强与发展改革、财政、环境保护等部门的沟通协调，将土地节约集约利用的目标和政策措施纳入地方经济社会发展总体框架、相关规划和考核评价体系。

第五条 自然资源主管部门应当建立节约集约用地制度，开展节约集约用地活动，组织制定节地标准体系和相关标准规范，探索节约集约用地新机制，鼓励采用节约集约用地新技术和新模式，促进土地利用效率的提高。

第六条 在节约集约用地方面成效显著的市、县人民政府，由自然资源部按照有关规定给予表彰和奖励。

第二章 规模引导

第七条 国家通过土地利用总体规划，确定建设用地的规模、布局、结构和时序安排，对建设用地实行总量控制。

土地利用总体规划确定的约束性指标和分区管制规定不得突破。

下级土地利用总体规划不得突破上级土地利用总体规划确定的约束性指标。

第八条 土地利用总体规划对各区域、各行业发展用地规模和布局具有统筹作用。

产业发展、城乡建设、基础设施布局、生态环境建设等相关规划，应当与土地利用总体规划相衔接，所确定的建设用地规模和布局必须符合土地利用总体规划的安排。

相关规划超出土地利用总体规划确定的建设用地规模的，应当及时调整或者修改，核减用地规模，调整用地布局。

第九条 自然资源主管部门应当通过规划、计划、用地标准、市场引导等手段，有效控制特大城市新增建设用地规模，适度增加集约用地程度高、发展潜力大的地区和中小城市、县城建设用地供给，合理保障民生用地需求。

第三章　布局优化

第十条　城乡土地利用应当体现布局优化的原则。引导工业向开发区集中、人口向城镇集中、住宅向社区集中，推动农村人口向中心村、中心镇集聚，产业向功能区集中，耕地向适度规模经营集中。

禁止在土地利用总体规划和城乡规划确定的城镇建设用地范围之外设立各类城市新区、开发区和工业园区。

鼓励线性基础设施并线规划和建设，促进集约布局和节约用地。

第十一条　自然资源主管部门应当在土地利用总体规划中划定城市开发边界和禁止建设的边界，实行建设用地空间管制。

城市建设用地应当因地制宜采取组团式、串联式、卫星城式布局，避免占用优质耕地特别是永久基本农田。

第十二条　市、县自然资源主管部门应当促进现有城镇用地内部结构调整优化，控制生产用地，保障生活用地，提高生态用地的比例，加大城镇建设使用存量用地的比例，促进城镇用地效率的提高。

第十三条　鼓励建设项目用地优化设计、分层布局，鼓励充分利用地上、地下空间。

建设用地使用权在地上、地下分层设立的，其取得方式和使用年期参照在地表设立的建设用地使用权的相关规定。

出让分层设立的建设用地使用权，应当根据当地基准地价和不动产实际交易情况，评估确定分层出让的建设用地最低价标准。

第十四条　县级以上自然资源主管部门统筹制定土地综合开发用地政策，鼓励大型基础设施等建设项目综合开发利用土地，促进功能适度混合、整体设计、合理布局。

不同用途高度关联、需要整体规划建设、确实难以分割供应的综合用途建设项目，市、县自然资源主管部门可以确定主用途并按照一宗土地实行整体出让供应，综合确定出让底价；需要通过招标拍卖挂牌的方式出让的，整宗土地应当采用招标拍卖挂牌的方式出让。

第四章　标准控制

第十五条　国家实行建设项目用地标准控制制度。

自然资源部会同有关部门制定工程建设项目用地控制指标、工业项目建设用地控制指标、房地产开发用地宗地规模和容积率等建设项目用地控制标准。

地方自然资源主管部门可以根据本地实际,制定和实施更加节约集约的地方性建设项目用地控制标准。

第十六条 建设项目应当严格按照建设项目用地控制标准进行测算、设计和施工。

市、县自然资源主管部门应当加强对用地者和勘察设计单位落实建设项目用地控制标准的督促和指导。

第十七条 建设项目用地审查、供应和使用,应当符合建设项目用地控制标准和供地政策。

对违反建设项目用地控制标准和供地政策使用土地的,县级以上自然资源主管部门应当责令纠正,并依法予以处理。

第十八条 国家和地方尚未出台建设项目用地控制标准的建设项目,或者因安全生产、特殊工艺、地形地貌等原因,确实需要超标准建设的项目,县级以上自然资源主管部门应当组织开展建设项目用地评价,并将其作为建设用地供应的依据。

第十九条 自然资源部会同有关部门根据国家经济社会发展状况、宏观产业政策和土壤污染风险防控需求等,制定《禁止用地项目目录》和《限制用地项目目录》,促进土地节约集约利用。

自然资源主管部门为限制用地的建设项目办理建设用地供应手续必须符合规定的条件;不得为禁止用地的建设项目办理建设用地供应手续。

第五章 市场配置

第二十条 各类有偿使用的土地供应应当充分贯彻市场配置的原则,通过运用土地租金和价格杠杆,促进土地节约集约利用。

第二十一条 国家扩大国有土地有偿使用范围,减少非公益性用地划拨。除军事、保障性住房和涉及国家安全和公共秩序的特殊用地可以以划拨方式供应外,国家机关办公和交通、能源、水利等基础设施(产业)、城市基础设施以及各类社会事业用地中的经营性用地,实行有偿使用。

国家根据需要,可以一定年期的国有土地使用权作价后授权给经国务院批准设立的国家控股公司、作为国家授权投资机构的国有独资公司和集团公司经营管理。

第二十二条 经营性用地应当以招标拍卖挂牌的方式确定土地使用者和

土地价格。

各类有偿使用的土地供应不得低于国家规定的用地最低价标准。

禁止以土地换项目、先征后返、补贴、奖励等形式变相减免土地出让价款。

第二十三条 市、县自然资源主管部门可以采取先出租后出让、在法定最高年期内实行缩短出让年期等方式出让土地。

采取先出租后出让方式供应工业用地的，应当符合自然资源部规定的行业目录。

第二十四条 鼓励土地使用者在符合规划的前提下，通过厂房加层、厂区改造、内部用地整理等途径提高土地利用率。

在符合规划、不改变用途的前提下，现有工业用地提高土地利用率和增加容积率的，不再增收土地价款。

第二十五条 符合节约集约用地要求、属于国家鼓励产业的用地，可以实行差别化的地价政策和建设用地管理政策。

分期建设的大中型工业项目，可以预留规划范围，根据建设进度，实行分期供地。

具体办法由自然资源部另行规定。

第二十六条 市、县自然资源主管部门供应工业用地，应当将投资强度、容积率、建筑系数、绿地率、非生产设施占地比例等控制性指标以及自然资源开发利用水平和生态保护要求纳入出让合同。

第二十七条 市、县自然资源主管部门在有偿供应各类建设用地时，应当在建设用地使用权出让、出租合同中明确节约集约用地的规定。

在供应住宅用地时，应当将最低容积率限制、单位土地面积的住房建设套数和住宅建设套型等规划条件写入建设用地使用权出让合同。

第六章　盘活利用

第二十八条 县级以上自然资源主管部门在分解下达新增建设用地计划时，应当与批而未供和闲置土地处置数量相挂钩，对批而未供、闲置土地数量较多和处置不力的地区，减少其新增建设用地计划安排。

自然资源部和省级自然资源主管部门负责城镇低效用地再开发的政策制定。对于纳入低效用地再开发范围的项目，可以制定专项用地政策。

第二十九条 县级以上地方自然资源主管部门应当会同有关部门，依据相关规划，开展全域国土综合整治，对农用地、农村建设用地、工矿用地、灾害损毁土地等进行整理复垦，优化土地空间布局，提高土地利用效率和效益，促进土地节约集约利用。

第三十条 农用地整治应当促进耕地集中连片，增加有效耕地面积，提升耕地质量，改善生产条件和生态环境，优化用地结构和布局。

宜农未利用地开发，应当根据环境和资源承载能力，坚持有利于保护和改善生态环境的原则，因地制宜适度开展。

第三十一条 县级以上地方自然资源主管部门可以依据国家有关规定，统筹开展农村建设用地整治、历史遗留工矿废弃地和自然灾害毁损土地的整治，提高建设用地利用效率和效益，改善人民群众生产生活条件和生态环境。

第三十二条 县级以上地方自然资源主管部门在本级人民政府的领导下，会同有关部门建立城镇低效用地再开发、废弃地再利用的激励机制，对布局散乱、利用粗放、用途不合理、闲置浪费等低效用地进行再开发，对因采矿损毁、交通改线、居民点搬迁、产业调整形成的废弃地实行复垦再利用，促进土地优化利用。

鼓励社会资金参与城镇低效用地、废弃地再开发和利用。鼓励土地使用者自行开发或者合作开发。

第七章 监督考评

第三十三条 县级以上自然资源主管部门应当加强土地市场动态监测与监管，对建设用地批准和供应后的开发情况实行全程监管，定期在门户网站上公布土地供应、合同履行、欠缴土地价款等情况，接受社会监督。

第三十四条 省级自然资源主管部门应当对本行政区域内的节约集约用地情况进行监督，在用地审批、土地供应和土地使用等环节加强用地准入条件、功能分区、用地规模、用地标准、投入产出强度等方面的检查，依据法律法规对浪费土地的行为和责任主体予以处理并公开通报。

第三十五条 县级以上自然资源主管部门应当组织开展本行政区域内的建设用地利用情况普查，全面掌握建设用地开发利用和投入产出情况、集约利用程度、潜力规模与空间分布等情况，并将其作为土地管理和节约集约用地评价的基础。

第三十六条 县级以上自然资源主管部门应当根据建设用地利用情况普查，组织开展区域、城市和开发区节约集约用地评价，并将评价结果向社会公开。

第八章　法 律 责 任

第三十七条　县级以上自然资源主管部门及其工作人员违反本规定，有下列情形之一的，对有关责任人员依法给予处分；构成犯罪的，依法追究刑事责任：

（一）违反本规定第十七条规定，为不符合建设项目用地标准和供地政策的建设项目供地的；

（二）违反本规定第十九条规定，为禁止或者不符合限制用地条件的建设项目办理建设用地供应手续的；

（三）违反本规定第二十二条规定，低于国家规定的工业用地最低价标准供应工业用地的；

（四）其他徇私舞弊、滥用职权和玩忽职守的行为。

第九章　附　　则

第三十八条　本规定自 2014 年 9 月 1 日起实施。

不动产登记暂行条例实施细则

（2016 年 1 月 1 日国土资源部令第 63 号公布　根据 2019 年 7 月 24 日《自然资源部关于第一批废止和修改的部门规章的决定》修订）

第一章　总　　则

第一条　为规范不动产登记行为，细化不动产统一登记制度，方便人民群众办理不动产登记，保护权利人合法权益，根据《不动产登记暂行条例》（以下简称《条例》），制定本实施细则。

第二条　不动产登记应当依照当事人的申请进行，但法律、行政法规以及本实施细则另有规定的除外。

房屋等建筑物、构筑物和森林、林木等定着物应当与其所依附的土地、海域一并登记，保持权利主体一致。

第三条 不动产登记机构依照《条例》第七条第二款的规定，协商办理或者接受指定办理跨县级行政区域不动产登记的，应当在登记完毕后将不动产登记簿记载的不动产权利人以及不动产坐落、界址、面积、用途、权利类型等登记结果告知不动产所跨区域的其他不动产登记机构。

第四条 国务院确定的重点国有林区的森林、林木和林地，由自然资源部受理并会同有关部门办理，依法向权利人核发不动产权属证书。

国务院批准的项目用海、用岛的登记，由自然资源部受理，依法向权利人核发不动产权属证书。

第二章　不动产登记簿

第五条 《条例》第八条规定的不动产单元，是指权属界线封闭且具有独立使用价值的空间。

没有房屋等建筑物、构筑物以及森林、林木定着物的，以土地、海域权属界线封闭的空间为不动产单元。

有房屋等建筑物、构筑物以及森林、林木定着物的，以该房屋等建筑物、构筑物以及森林、林木定着物与土地、海域权属界线封闭的空间为不动产单元。

前款所称房屋，包括独立成幢、权属界线封闭的空间，以及区分套、层、间等可以独立使用、权属界线封闭的空间。

第六条 不动产登记簿以宗地或者宗海为单位编成，一宗地或者一宗海范围内的全部不动产单元编入一个不动产登记簿。

第七条 不动产登记机构应当配备专门的不动产登记电子存储设施，采取信息网络安全防护措施，保证电子数据安全。

任何单位和个人不得擅自复制或者篡改不动产登记簿信息。

第八条 承担不动产登记审核、登簿的不动产登记工作人员应当熟悉相关法律法规，具备与其岗位相适应的不动产登记等方面的专业知识。

自然资源部会同有关部门组织开展对承担不动产登记审核、登簿的不动产登记工作人员的考核培训。

第三章　登记程序

第九条 申请不动产登记的，申请人应当填写登记申请书，并提交身份证明以及相关申请材料。

申请材料应当提供原件。因特殊情况不能提供原件的，可以提供复印件，复印件应当与原件保持一致。

第十条 处分共有不动产申请登记的,应当经占份额三分之二以上的按份共有人或者全体共同共有人共同申请,但共有人另有约定的除外。

按份共有人转让其享有的不动产份额,应当与受让人共同申请转移登记。

建筑区划内依法属于全体业主共有的不动产申请登记,依照本实施细则第三十六条的规定办理。

第十一条 无民事行为能力人、限制民事行为能力人申请不动产登记的,应当由其监护人代为申请。

监护人代为申请登记的,应当提供监护人与被监护人的身份证或者户口簿、有关监护关系等材料;因处分不动产而申请登记的,还应当提供为被监护人利益的书面保证。

父母之外的监护人处分未成年人不动产的,有关监护关系材料可以是人民法院指定监护的法律文书、经过公证的对被监护人享有监护权的材料或者其他材料。

第十二条 当事人可以委托他人代为申请不动产登记。

代理申请不动产登记的,代理人应当向不动产登记机构提供被代理人签字或者盖章的授权委托书。

自然人处分不动产,委托代理人申请登记的,应当与代理人共同到不动产登记机构现场签订授权委托书,但授权委托书经公证的除外。

境外申请人委托他人办理处分不动产登记的,其授权委托书应当按照国家有关规定办理认证或者公证。

第十三条 申请登记的事项记载于不动产登记簿前,全体申请人提出撤回登记申请的,登记机构应当将登记申请书以及相关材料退还申请人。

第十四条 因继承、受遗赠取得不动产,当事人申请登记的,应当提交死亡证明材料、遗嘱或者全部法定继承人关于不动产分配的协议以及与被继承人的亲属关系材料等,也可以提交经公证的材料或者生效的法律文书。

第十五条 不动产登记机构受理不动产登记申请后,还应当对下列内容进行查验:

(一)申请人、委托代理人身份证明材料以及授权委托书与申请主体是否一致;

(二)权属来源材料或者登记原因文件与申请登记的内容是否一致;

(三)不动产界址、空间界限、面积等权籍调查成果是否完备,权属是否清楚、界址是否清晰、面积是否准确;

(四)法律、行政法规规定的完税或者缴费凭证是否齐全。

第十六条 不动产登记机构进行实地查看,重点查看下列情况:

(一)房屋等建筑物、构筑物所有权首次登记,查看房屋坐落及其建造完成等情况;

(二)在建建筑物抵押权登记,查看抵押的在建建筑物坐落及其建造等情况;

(三)因不动产灭失导致的注销登记,查看不动产灭失等情况。

第十七条 有下列情形之一的,不动产登记机构应当在登记事项记载于登记簿前进行公告,但涉及国家秘密的除外:

(一)政府组织的集体土地所有权登记;

(二)宅基地使用权及房屋所有权,集体建设用地使用权及建筑物、构筑物所有权,土地承包经营权等不动产权利的首次登记;

(三)依职权更正登记;

(四)依职权注销登记;

(五)法律、行政法规规定的其他情形。

公告应当在不动产登记机构门户网站以及不动产所在地等指定场所进行,公告期不少于15个工作日。公告所需时间不计算在登记办理期限内。公告期满无异议或者异议不成立的,应当及时记载于不动产登记簿。

第十八条 不动产登记公告的主要内容包括:

(一)拟予登记的不动产权利人的姓名或者名称;

(二)拟予登记的不动产坐落、面积、用途、权利类型等;

(三)提出异议的期限、方式和受理机构;

(四)需要公告的其他事项。

第十九条 当事人可以持人民法院、仲裁委员会的生效法律文书或者人民政府的生效决定单方申请不动产登记。

有下列情形之一的,不动产登记机构直接办理不动产登记:

(一)人民法院持生效法律文书和协助执行通知书要求不动产登记机构办理登记的;

(二)人民检察院、公安机关依据法律规定持协助查封通知书要求办理查封登记的;

(三)人民政府依法做出征收或者收回不动产权利决定生效后,要求不动产登记机构办理注销登记的;

(四)法律、行政法规规定的其他情形。

不动产登记机构认为登记事项存在异议的,应当依法向有关机关提出审查建议。

第二十条 不动产登记机构应当根据不动产登记簿，填写并核发不动产权属证书或者不动产登记证明。

除办理抵押权登记、地役权登记和预告登记、异议登记，向申请人核发不动产登记证明外，不动产登记机构应当依法向权利人核发不动产权属证书。

不动产权属证书和不动产登记证明，应当加盖不动产登记机构登记专用章。

不动产权属证书和不动产登记证明样式，由自然资源部统一规定。

第二十一条 申请共有不动产登记的，不动产登记机构向全体共有人合并发放一本不动产权属证书；共有人申请分别持证的，可以为共有人分别发放不动产权属证书。

共有不动产权属证书应当注明共有情况，并列明全体共有人。

第二十二条 不动产权属证书或者不动产登记证明污损、破损的，当事人可以向不动产登记机构申请换发。符合换发条件的，不动产登记机构应当予以换发，并收回原不动产权属证书或者不动产登记证明。

不动产权属证书或者不动产登记证明遗失、灭失，不动产权利人申请补发的，由不动产登记机构在其门户网站上刊发不动产权利人的遗失、灭失声明15个工作日后，予以补发。

不动产登记机构补发不动产权属证书或者不动产登记证明的，应当将补发不动产权属证书或者不动产登记证明的事项记载于不动产登记簿，并在不动产权属证书或者不动产登记证明上注明“补发”字样。

第二十三条 因不动产权利灭失等情形，不动产登记机构需要收回不动产权属证书或者不动产登记证明的，应当在不动产登记簿上将收回不动产权属证书或者不动产登记证明的事项予以注明；确实无法收回的，应当在不动产登记机构门户网站或者当地公开发行的报刊上公告作废。

第四章 不动产权利登记

第一节 一般规定

第二十四条 不动产首次登记，是指不动产权利第一次登记。

未办理不动产首次登记的，不得办理不动产其他类型登记，但法律、行政法规另有规定的除外。

第二十五条 市、县人民政府可以根据情况对本行政区域内未登记的不动产，组织开展集体土地所有权、宅基地使用权、集体建设用地使用权、土地承包经营权的首次登记。

依照前款规定办理首次登记所需的权属来源、调查等登记材料，由人民政府有关部门组织获取。

第二十六条 下列情形之一的，不动产权利人可以向不动产登记机构申请变更登记：

（一）权利人的姓名、名称、身份证明类型或者身份证明号码发生变更的；

（二）不动产的坐落、界址、用途、面积等状况变更的；

（三）不动产权利期限、来源等状况发生变化的；

（四）同一权利人分割或者合并不动产的；

（五）抵押担保的范围、主债权数额、债务履行期限、抵押权顺位发生变化的；

（六）最高额抵押担保的债权范围、最高债权额、债权确定期间等发生变化的；

（七）地役权的利用目的、方法等发生变化的；

（八）共有性质发生变更的；

（九）法律、行政法规规定的其他不涉及不动产权利转移的变更情形。

第二十七条 因下列情形导致不动产权利转移的，当事人可以向不动产登记机构申请转移登记：

（一）买卖、互换、赠与不动产的；

（二）以不动产作价出资（入股）的；

（三）法人或者其他组织因合并、分立等原因致使不动产权利发生转移的；

（四）不动产分割、合并导致权利发生转移的；

（五）继承、受遗赠导致权利发生转移的；

（六）共有人增加或者减少以及共有不动产份额变化的；

（七）因人民法院、仲裁委员会的生效法律文书导致不动产权利发生转移的；

（八）因主债权转移引起不动产抵押权转移的；

（九）因需役地不动产权利转移引起地役权转移的；

（十）法律、行政法规规定的其他不动产权利转移情形。

第二十八条 有下列情形之一的，当事人可以申请办理注销登记：

（一）不动产灭失的；

（二）权利人放弃不动产权利的；

（三）不动产被依法没收、征收或者收回的；

（四）人民法院、仲裁委员会的生效法律文书导致不动产权利消灭的；

（五）法律、行政法规规定的其他情形。

不动产上已经设立抵押权、地役权或者已经办理预告登记，所有权人、使用权人因放弃权利申请注销登记的，申请人应当提供抵押权人、地役权人、预告登记权利人同意的书面材料。

第二节 集体土地所有权登记

第二十九条 集体土地所有权登记，依照下列规定提出申请：

（一）土地属于村农民集体所有的，由村集体经济组织代为申请，没有集体经济组织的，由村民委员会代为申请；

（二）土地分别属于村内两个以上农民集体所有的，由村内各集体经济组织代为申请，没有集体经济组织的，由村民小组代为申请；

（三）土地属于乡（镇）农民集体所有的，由乡（镇）集体经济组织代为申请。

第三十条 申请集体土地所有权首次登记的，应当提交下列材料：

（一）土地权属来源材料；

（二）权籍调查表、宗地图以及宗地界址点坐标；

（三）其他必要材料。

第三十一条 农民集体因互换、土地调整等原因导致集体土地所有权转移，申请集体土地所有权转移登记的，应当提交下列材料：

（一）不动产权属证书；

（二）互换、调整协议等集体土地所有权转移的材料；

（三）本集体经济组织三分之二以上成员或者三分之二以上村民代表同意的材料；

（四）其他必要材料。

第三十二条 申请集体土地所有权变更、注销登记的，应当提交下列材料：

（一）不动产权属证书；

（二）集体土地所有权变更、消灭的材料；

（三）其他必要材料。

第三节 国有建设用地使用权及房屋所有权登记

第三十三条 依法取得国有建设用地使用权，可以单独申请国有建设用地使用权登记。

依法利用国有建设用地建造房屋的，可以申请国有建设用地使用权及房屋所有权登记。

第三十四条 申请国有建设用地使用权首次登记,应当提交下列材料:

(一)土地权属来源材料;

(二)权籍调查表、宗地图以及宗地界址点坐标;

(三)土地出让价款、土地租金、相关税费等缴纳凭证;

(四)其他必要材料。

前款规定的土地权属来源材料,根据权利取得方式的不同,包括国有建设用地划拨决定书、国有建设用地使用权出让合同、国有建设用地使用权租赁合同以及国有建设用地使用权作价出资(入股)、授权经营批准文件。

申请在地上或者地下单独设立国有建设用地使用权登记的,按照本条规定办理。

第三十五条 申请国有建设用地使用权及房屋所有权首次登记的,应当提交下列材料:

(一)不动产权属证书或者土地权属来源材料;

(二)建设工程符合规划的材料;

(三)房屋已经竣工的材料;

(四)房地产调查或者测绘报告;

(五)相关税费缴纳凭证;

(六)其他必要材料。

第三十六条 办理房屋所有权首次登记时,申请人应当将建筑区划内依法属于业主共有的道路、绿地、其他公共场所、公用设施和物业服务用房及其占用范围内的建设用地使用权一并申请登记为业主共有。业主转让房屋所有权的,其对共有部分享有的权利依法一并转让。

第三十七条 申请国有建设用地使用权及房屋所有权变更登记的,应当根据不同情况,提交下列材料:

(一)不动产权属证书;

(二)发生变更的材料;

(三)有批准权的人民政府或者主管部门的批准文件;

(四)国有建设用地使用权出让合同或者补充协议;

(五)国有建设用地使用权出让价款、税费等缴纳凭证;

(六)其他必要材料。

第三十八条 申请国有建设用地使用权及房屋所有权转移登记的,应当根据不同情况,提交下列材料:

(一)不动产权属证书;

（二）买卖、互换、赠与合同；

（三）继承或者受遗赠的材料；

（四）分割、合并协议；

（五）人民法院或者仲裁委员会生效的法律文书；

（六）有批准权的人民政府或者主管部门的批准文件；

（七）相关税费缴纳凭证；

（八）其他必要材料。

不动产买卖合同依法应当备案的，申请人申请登记时须提交经备案的买卖合同。

第三十九条 具有独立利用价值的特定空间以及码头、油库等其他建筑物、构筑物所有权的登记，按照本实施细则中房屋所有权登记有关规定办理。

第四节 宅基地使用权及房屋所有权登记

第四十条 依法取得宅基地使用权，可以单独申请宅基地使用权登记。

依法利用宅基地建造住房及其附属设施的，可以申请宅基地使用权及房屋所有权登记。

第四十一条 申请宅基地使用权及房屋所有权首次登记的，应当根据不同情况，提交下列材料：

（一）申请人身份证和户口簿；

（二）不动产权属证书或者有批准权的人民政府批准用地的文件等权属来源材料；

（三）房屋符合规划或者建设的相关材料；

（四）权籍调查表、宗地图、房屋平面图以及宗地界址点坐标等有关不动产界址、面积等材料；

（五）其他必要材料。

第四十二条 因依法继承、分家析产、集体经济组织内部互换房屋等导致宅基地使用权及房屋所有权发生转移申请登记的，申请人应当根据不同情况，提交下列材料：

（一）不动产权属证书或者其他权属来源材料；

（二）依法继承的材料；

（三）分家析产的协议或者材料；

（四）集体经济组织内部互换房屋的协议；

（五）其他必要材料。

第四十三条 申请宅基地等集体土地上的建筑物区分所有权登记的，参照国有建设用地使用权及建筑物区分所有权的规定办理登记。

第五节 集体建设用地使用权及建筑物、构筑物所有权登记

第四十四条 依法取得集体建设用地使用权,可以单独申请集体建设用地使用权登记。

依法利用集体建设用地兴办企业,建设公共设施,从事公益事业等的,可以申请集体建设用地使用权及地上建筑物、构筑物所有权登记。

第四十五条 申请集体建设用地使用权及建筑物、构筑物所有权首次登记的,申请人应当根据不同情况,提交下列材料:

(一)有批准权的人民政府批准用地的文件等土地权属来源材料;

(二)建设工程符合规划的材料;

(三)权籍调查表、宗地图、房屋平面图以及宗地界址点坐标等有关不动产界址、面积等材料;

(四)建设工程已竣工的材料;

(五)其他必要材料。

集体建设用地使用权首次登记完成后,申请人申请建筑物、构筑物所有权首次登记的,应当提交享有集体建设用地使用权的不动产权属证书。

第四十六条 申请集体建设用地使用权及建筑物、构筑物所有权变更登记、转移登记、注销登记的,申请人应当根据不同情况,提交下列材料:

(一)不动产权属证书;

(二)集体建设用地使用权及建筑物、构筑物所有权变更、转移、消灭的材料;

(三)其他必要材料。

因企业兼并、破产等原因致使集体建设用地使用权及建筑物、构筑物所有权发生转移的,申请人应当持相关协议及有关部门的批准文件等相关材料,申请不动产转移登记。

第六节 土地承包经营权登记

第四十七条 承包农民集体所有的耕地、林地、草地、水域、滩涂以及荒山、荒沟、荒丘、荒滩等农用地,或者国家所有依法由农民集体使用的农用地从事种植业、林业、畜牧业、渔业等农业生产的,可以申请土地承包经营权登记;地上有森林、林木的,应当在申请土地承包经营权登记时一并申请登记。

第四十八条 依法以承包方式在土地上从事种植业或者养殖业生产活动

的，可以申请土地承包经营权的首次登记。

以家庭承包方式取得的土地承包经营权的首次登记，由发包方持土地承包经营合同等材料申请。

以招标、拍卖、公开协商等方式承包农村土地的，由承包方持土地承包经营合同申请土地承包经营权首次登记。

第四十九条 已经登记的土地承包经营权有下列情形之一的，承包方应当持原不动产权属证书以及其他证实发生变更事实的材料，申请土地承包经营权变更登记：

（一）权利人的姓名或者名称等事项发生变化的；

（二）承包土地的坐落、名称、面积发生变化的；

（三）承包期限依法变更的；

（四）承包期限届满，土地承包经营权人按照国家有关规定继续承包的；

（五）退耕还林、退耕还湖、退耕还草导致土地用途改变的；

（六）森林、林木的种类等发生变化的；

（七）法律、行政法规规定的其他情形。

第五十条 已经登记的土地承包经营权发生下列情形之一的，当事人双方应当持互换协议、转让合同等材料，申请土地承包经营权的转移登记：

（一）互换；

（二）转让；

（三）因家庭关系、婚姻关系变化等原因导致土地承包经营权分割或者合并的；

（四）依法导致土地承包经营权转移的其他情形。

以家庭承包方式取得的土地承包经营权，采取转让方式流转的，还应当提供发包方同意的材料。

第五十一条 已经登记的土地承包经营权发生下列情形之一的，承包方应当持不动产权属证书、证实灭失的材料等，申请注销登记：

（一）承包经营的土地灭失的；

（二）承包经营的土地被依法转为建设用地的；

（三）承包经营权人丧失承包经营资格或者放弃承包经营权的；

（四）法律、行政法规规定的其他情形。

第五十二条 以承包经营以外的合法方式使用国有农用地的国有农场、草场，以及使用国家所有的水域、滩涂等农用地进行农业生产，申请国有农用地的使用权登记的，参照本实施细则有关规定办理。

国有农场、草场申请国有未利用地登记的，依照前款规定办理。

第五十三条 国有林地使用权登记,应当提交有批准权的人民政府或者主管部门的批准文件,地上森林、林木一并登记。

第七节 海域使用权登记

第五十四条 依法取得海域使用权,可以单独申请海域使用权登记。

依法使用海域,在海域上建造建筑物、构筑物的,应当申请海域使用权及建筑物、构筑物所有权登记。

申请无居民海岛登记的,参照海域使用权登记有关规定办理。

第五十五条 申请海域使用权首次登记的,应当提交下列材料:

(一)项目用海批准文件或者海域使用权出让合同;

(二)宗海图以及界址点坐标;

(三)海域使用金缴纳或者减免凭证;

(四)其他必要材料。

第五十六条 有下列情形之一的,申请人应当持不动产权属证书、海域使用权变更的文件等材料,申请海域使用权变更登记:

(一)海域使用权人姓名或者名称改变的;

(二)海域坐落、名称发生变化的;

(三)改变海域使用位置、面积或者期限的;

(四)海域使用权续期的;

(五)共有性质变更的;

(六)法律、行政法规规定的其他情形。

第五十七条 有下列情形之一的,申请人可以申请海域使用权转移登记:

(一)因企业合并、分立或者与他人合资、合作经营、作价入股导致海域使用权转移的;

(二)依法转让、赠与、继承、受遗赠海域使用权的;

(三)因人民法院、仲裁委员会生效法律文书导致海域使用权转移的;

(四)法律、行政法规规定的其他情形。

第五十八条 申请海域使用权转移登记的,申请人应当提交下列材料:

(一)不动产权属证书;

(二)海域使用权转让合同、继承材料、生效法律文书等材料;

(三)转让批准取得的海域使用权,应当提交原批准用海的海洋行政主管部门批准转让的文件;

(四)依法需要补交海域使用金的,应当提交海域使用金缴纳的凭证;

(五)其他必要材料。

第五十九条 申请海域使用权注销登记的,申请人应当提交下列材料:

(一)原不动产权属证书;

(二)海域使用权消灭的材料;

(三)其他必要材料。

因围填海造地等导致海域灭失的,申请人应当在围填海造地等工程竣工后,依照本实施细则规定申请国有土地使用权登记,并办理海域使用权注销登记。

第八节 地役权登记

第六十条 按照约定设定地役权,当事人可以持需役地和供役地的不动产权属证书、地役权合同以及其他必要文件,申请地役权首次登记。

第六十一条 经依法登记的地役权发生下列情形之一的,当事人应当持地役权合同、不动产登记证明和证实变更的材料等必要材料,申请地役权变更登记:

(一)地役权当事人的姓名或者名称等发生变化;

(二)共有性质变更的;

(三)需役地或者供役地自然状况发生变化;

(四)地役权内容变更的;

(五)法律、行政法规规定的其他情形。

供役地分割转让办理登记,转让部分涉及地役权的,应当由受让人与地役权人一并申请地役权变更登记。

第六十二条 已经登记的地役权因土地承包经营权、建设用地使用权转让发生转移的,当事人应当持不动产登记证明、地役权转移合同等必要材料,申请地役权转移登记。

申请需役地转移登记的,或者需役地分割转让,转让部分涉及已登记的地役权的,当事人应当一并申请地役权转移登记,但当事人另有约定的除外。当事人拒绝一并申请地役权转移登记的,应当出具书面材料。不动产登记机构办理转移登记时,应当同时办理地役权注销登记。

第六十三条 已经登记的地役权,有下列情形之一的,当事人可以持不动产登记证明、证实地役权发生消灭的材料等必要材料,申请地役权注销登记:

(一)地役权期限届满;

(二)供役地、需役地归于同一人;

(三)供役地或者需役地灭失;

(四)人民法院、仲裁委员会的生效法律文书导致地役权消灭;

（五）依法解除地役权合同；

（六）其他导致地役权消灭的事由。

第六十四条 地役权登记，不动产登记机构应当将登记事项分别记载于需役地和供役地登记簿。

供役地、需役地分属不同不动产登记机构管辖的，当事人应当向供役地所在地的不动产登记机构申请地役权登记。供役地所在地不动产登记机构完成登记后，应当将相关事项通知需役地所在地不动产登记机构，并由其记载于需役地登记簿。

地役权设立后，办理首次登记前发生变更、转移的，当事人应当提交相关材料，就已经变更或者转移的地役权，直接申请首次登记。

第九节 抵押权登记

第六十五条 对下列财产进行抵押的，可以申请办理不动产抵押登记：

（一）建设用地使用权；

（二）建筑物和其他土地附着物；

（三）海域使用权；

（四）以招标、拍卖、公开协商等方式取得的荒地等土地承包经营权；

（五）正在建造的建筑物；

（六）法律、行政法规未禁止抵押的其他不动产。

以建设用地使用权、海域使用权抵押的，该土地、海域上的建筑物、构筑物一并抵押；以建筑物、构筑物抵押的，该建筑物、构筑物占用范围内的建设用地使用权、海域使用权一并抵押。

第六十六条 自然人、法人或者其他组织为保障其债权的实现，依法以不动产设定抵押的，可以由当事人持不动产权属证书、抵押合同与主债权合同等必要材料，共同申请办理抵押登记。

抵押合同可以是单独订立的书面合同，也可以是主债权合同中的抵押条款。

第六十七条 同一不动产上设立多个抵押权的，不动产登记机构应当按照受理时间的先后顺序依次办理登记，并记载于不动产登记簿。当事人对抵押权顺位另有约定的，从其规定办理登记。

第六十八条 有下列情形之一的，当事人应当持不动产权属证书、不动产登记证明、抵押权变更等必要材料，申请抵押权变更登记：

（一）抵押人、抵押权人的姓名或者名称变更的；

（二）被担保的主债权数额变更的；

(三)债务履行期限变更的;

(四)抵押权顺位变更的;

(五)法律、行政法规规定的其他情形。

因被担保债权主债权的种类及数额、担保范围、债务履行期限、抵押权顺位发生变更申请抵押权变更登记时,如果该抵押权的变更将对其他抵押权人产生不利影响的,还应当提交其他抵押权人书面同意的材料与身份证或者户口簿等材料。

第六十九条 因主债权转让导致抵押权转让的,当事人可以持不动产权属证书、不动产登记证明、被担保主债权的转让协议、债权人已经通知债务人的材料等相关材料,申请抵押权的转移登记。

第七十条 有下列情形之一的,当事人可以持不动产登记证明、抵押权消灭的材料等必要材料,申请抵押权注销登记:

(一)主债权消灭;

(二)抵押权已经实现;

(三)抵押权人放弃抵押权;

(四)法律、行政法规规定抵押权消灭的其他情形。

第七十一条 设立最高额抵押权的,当事人应当持不动产权属证书、最高额抵押合同与一定期间内将要连续发生的债权的合同或者其他登记原因材料等必要材料,申请最高额抵押权首次登记。

当事人申请最高额抵押权首次登记时,同意将最高额抵押权设立前已经存在的债权转入最高额抵押担保的债权范围的,还应当提交已存在债权的合同以及当事人同意将该债权纳入最高额抵押权担保范围的书面材料。

第七十二条 有下列情形之一的,当事人应当持不动产登记证明、最高额抵押权发生变更的材料等必要材料,申请最高额抵押权变更登记:

(一)抵押人、抵押权人的姓名或者名称变更的;

(二)债权范围变更的;

(三)最高债权额变更的;

(四)债权确定的期间变更的;

(五)抵押权顺位变更的;

(六)法律、行政法规规定的其他情形。

因最高债权额、债权范围、债务履行期限、债权确定的期间发生变更申请最高额抵押权变更登记时,如果该变更将对其他抵押权人产生不利影响的,当事人还应当提交其他抵押权人的书面同意文件与身份证或者户口簿等。

第七十三条 当发生导致最高额抵押权担保的债权被确定的事由,从而使最高额抵押权转变为一般抵押权时,当事人应当持不动产登记证明、最高额抵押权担保的债权已确定的材料等必要材料,申请办理确定最高额抵押权的登记。

第七十四条 最高额抵押权发生转移的,应当持不动产登记证明、部分债权转移的材料、当事人约定最高额抵押权随同部分债权的转让而转移的材料等必要材料,申请办理最高额抵押权转移登记。

债权人转让部分债权,当事人约定最高额抵押权随同部分债权的转让而转移的,应当分别申请下列登记:

(一)当事人约定原抵押权人与受让人共同享有最高额抵押权的,应当申请最高额抵押权的转移登记;

(二)当事人约定受让人享有一般抵押权、原抵押权人就扣减已转移的债权数额后继续享有最高额抵押权的,应当申请一般抵押权的首次登记以及最高额抵押权的变更登记;

(三)当事人约定原抵押权人不再享有最高额抵押权的,应当一并申请最高额抵押权确定登记以及一般抵押权转移登记。

最高额抵押权担保的债权确定前,债权人转让部分债权的,除当事人另有约定外,不动产登记机构不得办理最高额抵押权转移登记。

第七十五条 以建设用地使用权以及全部或者部分在建建筑物设定抵押的,应当一并申请建设用地使用权以及在建建筑物抵押权的首次登记。

当事人申请在建建筑物抵押权首次登记时,抵押财产不包括已经办理预告登记的预购商品房和已经办理预售备案的商品房。

前款规定的在建建筑物,是指正在建造、尚未办理所有权首次登记的房屋等建筑物。

第七十六条 申请在建建筑物抵押权首次登记的,当事人应当提交下列材料:

(一)抵押合同与主债权合同;

(二)享有建设用地使用权的不动产权属证书;

(三)建设工程规划许可证;

(四)其他必要材料。

第七十七条 在建建筑物抵押权变更、转移或者消灭的,当事人应当提交下列材料,申请变更登记、转移登记、注销登记:

(一)不动产登记证明;

(二)在建建筑物抵押权发生变更、转移或者消灭的材料;

(三)其他必要材料。

在建建筑物竣工,办理建筑物所有权首次登记时,当事人应当申请将在建建筑物抵押权登记转为建筑物抵押权登记。

第七十八条 申请预购商品房抵押登记,应当提交下列材料:

(一)抵押合同与主债权合同;

(二)预购商品房预告登记材料;

(三)其他必要材料。

预购商品房办理房屋所有权登记后,当事人应当申请将预购商品房抵押预告登记转为商品房抵押权首次登记。

第五章 其他登记

第一节 更正登记

第七十九条 权利人、利害关系人认为不动产登记簿记载的事项有错误,可以申请更正登记。

权利人申请更正登记的,应当提交下列材料:

(一)不动产权属证书;

(二)证实登记确有错误的材料;

(三)其他必要材料。

利害关系人申请更正登记的,应当提交利害关系材料、证实不动产登记簿记载错误的材料以及其他必要材料。

第八十条 不动产权利人或者利害关系人申请更正登记,不动产登记机构认为不动产登记簿记载确有错误的,应当予以更正;但在错误登记之后已经办理了涉及不动产权利处分的登记、预告登记和查封登记的除外。

不动产权属证书或者不动产登记证明填制错误以及不动产登记机构在办理更正登记中,需要更正不动产权属证书或者不动产登记证明内容的,应当书面通知权利人换发,并把换发不动产权属证书或者不动产登记证明的事项记载于登记簿。

不动产登记簿记载无误的,不动产登记机构不予更正,并书面通知申请人。

第八十一条 不动产登记机构发现不动产登记簿记载的事项错误,应当通知当事人在30个工作日内办理更正登记。当事人逾期不办理的,不动产登记机构应当在公告15个工作日后,依法予以更正;但在错误登记之后已经办理了涉及不动产权利处分的登记、预告登记和查封登记的除外。

第二节　异议登记

第八十二条　利害关系人认为不动产登记簿记载的事项错误，权利人不同意更正的，利害关系人可以申请异议登记。

利害关系人申请异议登记的，应当提交下列材料：

（一）证实对登记的不动产权利有利害关系的材料；

（二）证实不动产登记簿记载的事项错误的材料；

（三）其他必要材料。

第八十三条　不动产登记机构受理异议登记申请的，应当将异议事项记载于不动产登记簿，并向申请人出具异议登记证明。

异议登记申请人应当在异议登记之日起 15 日内，提交人民法院受理通知书、仲裁委员会受理通知书等提起诉讼、申请仲裁的材料；逾期不提交的，异议登记失效。

异议登记失效后，申请人就同一事项以同一理由再次申请异议登记的，不动产登记机构不予受理。

第八十四条　异议登记期间，不动产登记簿上记载的权利人以及第三人因处分权利申请登记的，不动产登记机构应当书面告知申请人该权利已经存在异议登记的有关事项。申请人申请继续办理的，应当予以办理，但申请人应当提供知悉异议登记存在并自担风险的书面承诺。

第三节　预告登记

第八十五条　有下列情形之一的，当事人可以按照约定申请不动产预告登记：

（一）商品房等不动产预售的；

（二）不动产买卖、抵押的；

（三）以预购商品房设定抵押权的；

（四）法律、行政法规规定的其他情形。

预告登记生效期间，未经预告登记的权利人书面同意，处分该不动产权利申请登记的，不动产登记机构应当不予办理。

预告登记后，债权未消灭且自能够进行相应的不动产登记之日起 3 个月内，当事人申请不动产登记的，不动产登记机构应当按照预告登记事项办理相应的登记。

第八十六条　申请预购商品房的预告登记，应当提交下列材料：

（一）已备案的商品房预售合同；

（二）当事人关于预告登记的约定；
（三）其他必要材料。

预售人和预购人订立商品房买卖合同后，预售人未按照约定与预购人申请预告登记，预购人可以单方申请预告登记。

预购人单方申请预购商品房预告登记，预售人与预购人在商品房预售合同中对预告登记附有条件和期限的，预购人应当提交相应材料。

申请预告登记的商品房已经办理在建建筑物抵押权首次登记的，当事人应当一并申请在建建筑物抵押权注销登记，并提交不动产权属转移材料、不动产登记证明。不动产登记机构应当先办理在建建筑物抵押权注销登记，再办理预告登记。

第八十七条 申请不动产转移预告登记的，当事人应当提交下列材料：
（一）不动产转让合同；
（二）转让方的不动产权属证书；
（三）当事人关于预告登记的约定；
（四）其他必要材料。

第八十八条 抵押不动产，申请预告登记的，当事人应当提交下列材料：
（一）抵押合同与主债权合同；
（二）不动产权属证书；
（三）当事人关于预告登记的约定；
（四）其他必要材料。

第八十九条 预告登记未到期，有下列情形之一的，当事人可以持不动产登记证明、债权消灭或者权利人放弃预告登记的材料，以及法律、行政法规规定的其他必要材料申请注销预告登记：
（一）预告登记的权利人放弃预告登记的；
（二）债权消灭的；
（三）法律、行政法规规定的其他情形。

第四节　查封登记

第九十条 人民法院要求不动产登记机构办理查封登记的，应当提交下列材料：
（一）人民法院工作人员的工作证；
（二）协助执行通知书；
（三）其他必要材料。

第九十一条 两个以上人民法院查封同一不动产的，不动产登记机构应当为先送达协助执行通知书的人民法院办理查封登记,对后送达协助执行通知书的人民法院办理轮候查封登记。

轮候查封登记的顺序按照人民法院协助执行通知书送达不动产登记机构的时间先后进行排列。

第九十二条 查封期间,人民法院解除查封的,不动产登记机构应当及时根据人民法院协助执行通知书注销查封登记。

不动产查封期限届满,人民法院未续封的,查封登记失效。

第九十三条 人民检察院等其他国家有权机关依法要求不动产登记机构办理查封登记的,参照本节规定办理。

第六章 不动产登记资料的查询、保护和利用

第九十四条 不动产登记资料包括:

(一)不动产登记簿等不动产登记结果;

(二)不动产登记原始资料,包括不动产登记申请书、申请人身份材料、不动产权属来源、登记原因、不动产权籍调查成果等材料以及不动产登记机构审核材料。

不动产登记资料由不动产登记机构管理。不动产登记机构应当建立不动产登记资料管理制度以及信息安全保密制度,建设符合不动产登记资料安全保护标准的不动产登记资料存放场所。

不动产登记资料中属于归档范围的,按照相关法律、行政法规的规定进行归档管理,具体办法由自然资源部会同国家档案主管部门另行制定。

第九十五条 不动产登记机构应当加强不动产登记信息化建设,按照统一的不动产登记信息管理基础平台建设要求和技术标准,做好数据整合、系统建设和信息服务等工作,加强不动产登记信息产品开发和技术创新,提高不动产登记的社会综合效益。

各级不动产登记机构应当采取措施保障不动产登记信息安全。任何单位和个人不得泄露不动产登记信息。

第九十六条 不动产登记机构、不动产交易机构建立不动产登记信息与交易信息互联共享机制,确保不动产登记与交易有序衔接。

不动产交易机构应当将不动产交易信息及时提供给不动产登记机构。不动产登记机构完成登记后,应当将登记信息及时提供给不动产交易机构。

第九十七条 国家实行不动产登记资料依法查询制度。

权利人、利害关系人按照《条例》第二十七条规定依法查询、复制不动产

登记资料的，应当到具体办理不动产登记的不动产登记机构申请。

权利人可以查询、复制其不动产登记资料。

因不动产交易、继承、诉讼等涉及的利害关系人可以查询、复制不动产自然状况、权利人及其不动产查封、抵押、预告登记、异议登记等状况。

人民法院、人民检察院、国家安全机关、监察机关等可以依法查询、复制与调查和处理事项有关的不动产登记资料。

其他有关国家机关执行公务依法查询、复制不动产登记资料的，依照本条规定办理。

涉及国家秘密的不动产登记资料的查询，按照保守国家秘密法的有关规定执行。

第九十八条 权利人、利害关系人申请查询、复制不动产登记资料应当提交下列材料：

（一）查询申请书；

（二）查询目的的说明；

（三）申请人的身份材料；

（四）利害关系人查询的，提交证实存在利害关系的材料。

权利人、利害关系人委托他人代为查询的，还应当提交代理人的身份证明材料、授权委托书。权利人查询其不动产登记资料无需提供查询目的的说明。

有关国家机关查询的，应当提供本单位出具的协助查询材料、工作人员的工作证。

第九十九条 有下列情形之一的，不动产登记机构不予查询，并书面告知理由：

（一）申请查询的不动产不属于不动产登记机构管辖范围的；

（二）查询人提交的申请材料不符合规定的；

（三）申请查询的主体或者查询事项不符合规定的；

（四）申请查询的目的不合法的；

（五）法律、行政法规规定的其他情形。

第一百条 对符合本实施细则规定的查询申请，不动产登记机构应当当场提供查询；因情况特殊，不能当场提供查询的，应当在5个工作日内提供查询。

第一百零一条 查询人查询不动产登记资料，应当在不动产登记机构设定的场所进行。

不动产登记原始资料不得带离设定的场所。

查询人在查询时应当保持不动产登记资料的完好，严禁遗失、拆散、调换、抽取、污损登记资料,也不得损坏查询设备。

第一百零二条 查询人可以查阅、抄录不动产登记资料。查询人要求复制不动产登记资料的,不动产登记机构应当提供复制。

查询人要求出具查询结果证明的,不动产登记机构应当出具查询结果证明。查询结果证明应注明查询目的及日期,并加盖不动产登记机构查询专用章。

第七章 法律责任

第一百零三条 不动产登记机构工作人员违反本实施细则规定,有下列行为之一,依法给予处分;构成犯罪的,依法追究刑事责任:

(一)对符合登记条件的登记申请不予登记,对不符合登记条件的登记申请予以登记;

(二)擅自复制、篡改、毁损、伪造不动产登记簿;

(三)泄露不动产登记资料、登记信息;

(四)无正当理由拒绝申请人查询、复制登记资料;

(五)强制要求权利人更换新的权属证书。

第一百零四条 当事人违反本实施细则规定,有下列行为之一,构成违反治安管理行为的,依法给予治安管理处罚;给他人造成损失的,依法承担赔偿责任;构成犯罪的,依法追究刑事责任:

(一)采用提供虚假材料等欺骗手段申请登记;

(二)采用欺骗手段申请查询、复制登记资料;

(三)违反国家规定,泄露不动产登记资料、登记信息;

(四)查询人遗失、拆散、调换、抽取、污损登记资料的;

(五)擅自将不动产登记资料带离查询场所、损坏查询设备的。

第八章 附 则

第一百零五条 本实施细则施行前,依法核发的各类不动产权属证书继续有效。不动产权利未发生变更、转移的,不动产登记机构不得强制要求不动产权利人更换不动产权属证书。

不动产登记过渡期内,农业部会同自然资源部等部门负责指导农村土地承包经营权的统一登记工作,按照农业部有关规定办理耕地的土地承包经营权登记。不动产登记过渡期后,由自然资源部负责指导农村土地承包经营权登记工作。

第一百零六条 不动产信托依法需要登记的，由自然资源部会同有关部门另行规定。

第一百零七条 军队不动产登记，其申请材料经军队不动产主管部门审核后，按照本实施细则规定办理。

第一百零八条 自然资源部委托北京市规划和自然资源委员会直接办理在京中央国家机关的不动产登记。

在京中央国家机关申请不动产登记时，应当提交《不动产登记暂行条例》及本实施细则规定的材料和有关机关事务管理局出具的不动产登记审核意见。不动产权属资料不齐全的，还应当提交由有关机关事务管理局确认盖章的不动产权属来源说明函。不动产权籍调查由有关机关事务管理局会同北京市规划和自然资源委员会组织进行的，还应当提交申请登记不动产单元的不动产权籍调查资料。

北京市规划和自然资源委员会办理在京中央国家机关不动产登记时，应当使用自然资源部制发的"自然资源部不动产登记专用章"。

第一百零九条 本实施细则自公布之日起施行。

不动产登记资料查询暂行办法

（2018年3月2日国土资源部令第80号公布 根据2019年7月24日《自然资源部关于第一批废止和修改的部门规章的决定》修订）

第一章 总 则

第一条 为了规范不动产登记资料查询活动，加强不动产登记资料管理、保护和利用，维护不动产交易安全，保护不动产权利人的合法权益，根据《中华人民共和国物权法》《不动产登记暂行条例》等法律法规，制定本办法。

第二条 本办法所称不动产登记资料，包括：

（一）不动产登记簿等不动产登记结果；

（二）不动产登记原始资料，包括不动产登记申请书、申请人身份材料、不动产权属来源、登记原因、不动产权籍调查成果等材料以及不动产登记机构审核材料。

不动产登记资料由不动产登记机构负责保存和管理。

第三条 县级以上人民政府不动产登记机构负责不动产登记资料查询管理工作。

第四条 不动产权利人、利害关系人可以依照本办法的规定,查询、复制不动产登记资料。

不动产权利人、利害关系人可以委托律师或者其他代理人查询、复制不动产登记资料。

第五条 不动产登记资料查询,遵循依法、便民、高效的原则。

第六条 不动产登记机构应当加强不动产登记信息化建设,以不动产登记信息管理基础平台为基础,通过运用互联网技术、设置自助查询终端、在相关场所设置登记信息查询端口等方式,为查询人提供便利。

第二章 一般规定

第七条 查询不动产登记资料,应当在不动产所在地的市、县人民政府不动产登记机构进行,但法律法规另有规定的除外。

查询人到非不动产所在地的不动产登记机构申请查询的,该机构应当告知其到相应的机构查询。

不动产登记机构应当提供必要的查询场地,并安排专门人员负责不动产登记资料的查询、复制和出具查询结果证明等工作。

申请查询不动产登记原始资料,应当优先调取数字化成果,确有需求和必要,可以调取纸质不动产登记原始资料。

第八条 不动产权利人、利害关系人申请查询不动产登记资料,应当提交查询申请书以及不动产权利人、利害关系人的身份证明材料。

查询申请书应当包括下列内容:

(一)查询主体;

(二)查询目的;

(三)查询内容;

(四)查询结果要求;

(五)提交的申请材料清单。

第九条 不动产权利人、利害关系人委托代理人代为申请查询不动产登记资料的,被委托人应当提交双方身份证明原件和授权委托书。

授权委托书中应当注明双方姓名或者名称、公民身份号码或者统一社会信用代码、委托事项、委托时限、法律义务、委托日期等内容,双方签字或者盖章。

代理人受委托查询、复制不动产登记资料的,其查询、复制范围由授权委托书确定。

第十条 符合查询条件,查询人需要出具不动产登记资料查询结果证明或者复制不动产登记资料的,不动产登记机构应当当场提供。因特殊原因不能当场提供的,应当在5个工作日内向查询人提供。

查询结果证明应当注明出具的时间,并加盖不动产登记机构查询专用章。

第十一条 有下列情形之一的,不动产登记机构不予查询,并出具不予查询告知书:

(一)查询人提交的申请材料不符合本办法规定的;

(二)申请查询的主体或者查询事项不符合本办法规定的;

(三)申请查询的目的不符合法律法规规定的;

(四)法律、行政法规规定的其他情形。

查询人对不动产登记机构出具的不予查询告知书不服的,可以依法申请行政复议或者提起行政诉讼。

第十二条 申请查询的不动产登记资料涉及国家秘密的,不动产登记机构应当按照保守国家秘密法等有关规定执行。

第十三条 不动产登记机构应当建立查询记录簿,做好查询记录工作,记录查询人、查询目的或者用途、查询时间以及复制不动产登记资料的种类、出具的查询结果证明情况等。

第三章 权利人查询

第十四条 不动产登记簿上记载的权利人可以查询本不动产登记结果和本不动产登记原始资料。

第十五条 不动产权利人可以申请以下列索引信息查询不动产登记资料,但法律法规另有规定的除外:

(一)权利人的姓名或者名称、公民身份号码或者统一社会信用代码等特定主体身份信息;

(二)不动产具体坐落位置信息;

(三)不动产权属证书号;

(四)不动产单元号。

第十六条 不动产登记机构可以设置自助查询终端,为不动产权利人提供不动产登记结果查询服务。

自助查询终端应当具备验证相关身份证明以及出具查询结果证明的

功能。

第十七条 继承人、受遗赠人因继承和受遗赠取得不动产权利的,适用本章关于不动产权利人查询的规定。

前款规定的继承人、受遗赠人查询不动产登记资料的,除提交本办法第八条规定的材料外,还应当提交被继承人或者遗赠人死亡证明、遗嘱或者遗赠抚养协议等可以证明继承或者遗赠行为发生的材料。

第十八条 清算组、破产管理人、财产代管人、监护人等依法有权管理和处分不动产权利的主体,参照本章规定查询相关不动产权利人的不动产登记资料。

依照本条规定查询不动产登记资料的,除提交本办法第八条规定的材料,还应当提交依法有权处分该不动产的材料。

第四章 利害关系人查询

第十九条 符合下列条件的利害关系人可以申请查询有利害关系的不动产登记结果:

(一)因买卖、互换、赠与、租赁、抵押不动产构成利害关系的;

(二)因不动产存在民事纠纷且已经提起诉讼、仲裁而构成利害关系的;

(三)法律法规规定的其他情形。

第二十条 不动产的利害关系人申请查询不动产登记结果的,除提交本办法第八条规定的材料外,还应当提交下列利害关系证明材料:

(一)因买卖、互换、赠与、租赁、抵押不动产构成利害关系的,提交买卖合同、互换合同、赠与合同、租赁合同、抵押合同;

(二)因不动产存在相关民事纠纷且已经提起诉讼或者仲裁而构成利害关系的,提交受理案件通知书、仲裁受理通知书。

第二十一条 有买卖、租赁、抵押不动产意向,或者拟就不动产提起诉讼或者仲裁等,但不能提供本办法第二十条规定的利害关系证明材料的,可以提交本办法第八条规定材料,查询相关不动产登记簿记载的下列信息:

(一)不动产的自然状况;

(二)不动产是否存在共有情形;

(三)不动产是否存在抵押权登记、预告登记或者异议登记情形;

(四)不动产是否存在查封登记或者其他限制处分的情形。

第二十二条 受本办法第二十一条规定的当事人委托的律师,还可以申请查询相关不动产登记簿记载的下列信息:

（一）申请验证所提供的被查询不动产权利主体名称与登记簿的记载是否一致；

（二）不动产的共有形式；

（三）要求办理查封登记或者限制处分机关的名称。

第二十三条 律师受当事人委托申请查询不动产登记资料的，除提交本办法第八条、第九条规定的材料外，还应当提交律师证和律师事务所出具的证明材料。

律师持人民法院的调查令申请查询不动产登记资料的，除提交本办法第八条规定的材料外，还应当提交律师证、律师事务所出具的证明材料以及人民法院的调查令。

第二十四条 不动产的利害关系人可以申请以下列索引信息查询不动产登记资料：

（一）不动产具体坐落位置；

（二）不动产权属证书号；

（三）不动产单元号。

每份申请书只能申请查询一个不动产登记单元。

第二十五条 不动产利害关系人及其委托代理人，按照本办法申请查询的，应当承诺不将查询获得的不动产登记资料、登记信息用于其他目的，不泄露查询获得的不动产登记资料、登记信息，并承担由此产生的法律后果。

第五章　登记资料保护

第二十六条 查询人查询、复制不动产登记资料的，不得将不动产登记资料带离指定场所，不得拆散、调换、抽取、撕毁、污损不动产登记资料，也不得损坏查询设备。

查询人有前款行为的，不动产登记机构有权禁止该查询人继续查询不动产登记资料，并可以拒绝为其出具查询结果证明。

第二十七条 已有电子介质，且符合下列情形之一的纸质不动产登记原始资料可以销毁：

（一）抵押权登记、地役权登记已经注销且自注销之日起满五年的；

（二）查封登记、预告登记、异议登记已经注销且自注销之日起满五年的。

第二十八条 符合本办法第二十七条规定销毁条件的不动产登记资料应当在不动产登记机构指定的场所销毁。

不动产登记机构应当建立纸质不动产登记资料销毁清册，详细记录被销毁的纸质不动产登记资料的名称、数量、时间、地点,负责销毁以及监督销毁的人员应当在清册上签名。

第六章　罚　　则

第二十九条　不动产登记机构及其工作人员违反本办法规定,有下列行为之一,对有关责任人员依法给予处分;涉嫌构成犯罪的,移送有关机关依法追究刑事责任:

(一)对符合查询、复制不动产登记资料条件的申请不予查询、复制,对不符合查询、复制不动产登记资料条件的申请予以查询、复制的;

(二)擅自查询、复制不动产登记资料或者出具查询结果证明的;

(三)泄露不动产登记资料、登记信息的;

(四)利用不动产登记资料进行不正当活动的;

(五)未履行对不动产登记资料的安全保护义务,导致不动产登记资料、登记信息毁损、灭失或者被他人篡改,造成严重后果的。

第三十条　查询人违反本办法规定,有下列行为之一,构成违反治安管理行为的,移送公安机关依法给予治安管理处罚;涉嫌构成犯罪的,移送有关机关依法追究刑事责任:

(一)采用提供虚假材料等欺骗手段申请查询、复制不动产登记资料的;

(二)泄露不动产登记资料、登记信息的;

(三)遗失、拆散、调换、抽取、污损、撕毁不动产登记资料的;

(四)擅自将不动产登记资料带离查询场所、损坏查询设备的;

(五)因扰乱查询、复制秩序导致不动产登记机构受损失的;

(六)滥用查询结果证明的。

第七章　附　　则

第三十一条　有关国家机关查询复制不动产登记资料以及国家机关之间共享不动产登记信息的具体办法另行规定。

第三十二条　《不动产登记暂行条例》实施前已经形成的土地、房屋、森林、林木、海域等登记资料,属于不动产登记资料。不动产登记机构应当依照本办法的规定提供查询。

第三十三条　公民、法人或者其他组织依据《中华人民共和国政府信息公开条例》,以申请政府信息公开的方式申请查询不动产登记资料的,有关自然资源主管部门应当告知其按照本办法的规定申请不动产登记资料查询。

第三十四条 本办法自公布之日起施行。2002 年 12 月 4 日国土资源部公布的《土地登记资料公开查询办法》(国土资源部令第 14 号)同时废止。

土地复垦条例实施办法

(2012 年 12 月 27 日国土资源部令第 56 号公布 根据 2019 年 7 月 24 日《自然资源部关于第一批废止和修改的部门规章的决定》修订)

第一章 总 则

第一条 为保证土地复垦的有效实施,根据《土地复垦条例》(以下简称条例),制定本办法。

第二条 土地复垦应当综合考虑复垦后土地利用的社会效益、经济效益和生态效益。

生产建设活动造成耕地损毁的,能够复垦为耕地的,应当优先复垦为耕地。

第三条 县级以上自然资源主管部门应当明确专门机构并配备专职人员负责土地复垦监督管理工作。

县级以上自然资源主管部门应当加强与发展改革、财政、铁路、交通、水利、环保、农业、林业等部门的协同配合和行业指导监督。

上级自然资源主管部门应当加强对下级自然资源主管部门土地复垦工作的监督和指导。

第四条 除条例第六条规定外,开展土地复垦调查评价、编制土地复垦规划设计、确定土地复垦工程建设和造价、实施土地复垦工程质量控制、进行土地复垦评价等活动,也应当遵守有关国家标准和土地管理行业标准。

省级自然资源主管部门可以结合本地实际情况,补充制定本行政区域内土地复垦工程建设和造价等标准。

第五条 县级以上自然资源主管部门应当建立土地复垦信息管理系统,利用国土资源综合监管平台,对土地复垦情况进行动态监测,及时收集、汇总、分析和发布本行政区域内土地损毁、土地复垦等数据信息。

第二章　生产建设活动损毁土地的复垦

第六条　属于条例第十条规定的生产建设项目，土地复垦义务人应当在办理建设用地申请或者采矿权申请手续时，依据自然资源部《土地复垦方案编制规程》的要求，组织编制土地复垦方案，随有关报批材料报送有关自然资源主管部门审查。

具体承担相应建设用地审查和采矿权审批的自然资源主管部门负责对土地复垦义务人报送的土地复垦方案进行审查。

第七条　条例施行前已经办理建设用地手续或者领取采矿许可证，条例施行后继续从事生产建设活动造成土地损毁的，土地复垦义务人应当在本办法实施之日起一年内完成土地复垦方案的补充编制工作，报有关自然资源主管部门审查。

第八条　土地复垦方案分为土地复垦方案报告书和土地复垦方案报告表。

依法由省级以上人民政府审批建设用地的建设项目，以及由省级以上自然资源主管部门审批登记的采矿项目，应当编制土地复垦方案报告书。其他项目可以编制土地复垦方案报告表。

第九条　生产建设周期长、需要分阶段实施土地复垦的生产建设项目，土地复垦方案应当包含阶段土地复垦计划和年度实施计划。

跨县(市、区)域的生产建设项目，应当在土地复垦方案中附具以县(市、区)为单位的土地复垦实施方案。

阶段土地复垦计划和以县(市、区)为单位的土地复垦实施方案应当明确土地复垦的目标、任务、位置、主要措施、投资概算、工程规划设计等。

第十条　有关自然资源主管部门受理土地复垦方案审查申请后，应当组织专家进行论证。

根据论证所需专业知识结构，从土地复垦专家库中选取专家。专家与土地复垦方案申请人或者申请项目有利害关系的，应当主动要求回避。土地复垦方案申请人也可以向有关自然资源主管部门申请专家回避。

土地复垦方案申请人或者相关利害关系人可以按照《政府信息公开条例》的规定，向有关自然资源主管部门申请查询专家意见。有关自然资源主管部门应当依法提供查询结果。

第十一条　土地复垦方案经专家论证通过后，由有关自然资源主管部门进行最终审查。符合下列条件的，方可通过审查：

（一）土地利用现状明确；

（二）损毁土地的分析预测科学；

（三）土地复垦目标、任务和利用方向合理，措施可行；

（四）土地复垦费用测算合理，预存与使用计划清晰并符合本办法规定要求；

（五）土地复垦计划安排科学、保障措施可行；

（六）土地复垦方案已经征求意见并采纳合理建议。

第十二条 土地复垦方案通过审查的，有关自然资源主管部门应当向土地复垦义务人出具土地复垦方案审查意见书。土地复垦方案审查意见书应当包含本办法第十一条规定的有关内容。

土地复垦方案未通过审查的，有关自然资源主管部门应当书面告知土地复垦义务人补正。逾期不补正的，不予办理建设用地或者采矿审批相关手续。

第十三条 土地复垦义务人因生产建设项目的用地位置、规模等发生变化，或者采矿项目发生扩大变更矿区范围等重大内容变化的，应当在三个月内对原土地复垦方案进行修改，报原审查的自然资源主管部门审查。

第十四条 土地复垦义务人不按照本办法第七条、第十三条规定补充编制或者修改土地复垦方案的，依照条例第二十条规定处理。

第十五条 土地复垦义务人在实施土地复垦工程前，应当依据审查通过的土地复垦方案进行土地复垦规划设计，将土地复垦方案和土地复垦规划设计一并报所在地县级自然资源主管部门备案。

第十六条 土地复垦义务人应当按照条例第十五条规定的要求，与损毁土地所在地县级自然资源主管部门在双方约定的银行建立土地复垦费用专门账户，按照土地复垦方案确定的资金数额，在土地复垦费用专门账户中足额预存土地复垦费用。

预存的土地复垦费用遵循“土地复垦义务人所有，自然资源主管部门监管，专户储存专款使用”的原则。

第十七条 土地复垦义务人应当与损毁土地所在地县级自然资源主管部门、银行共同签订土地复垦费用使用监管协议，按照本办法规定的原则明确土地复垦费用预存和使用的时间、数额、程序、条件和违约责任等。

土地复垦费用使用监管协议对当事人具有法律效力。

第十八条 土地复垦义务人应当在项目动工前一个月内预存土地复垦费用。

土地复垦义务人按照本办法第七条规定补充编制土地复垦方案的，应当在土地复垦方案通过审查后一个月内预存土地复垦费用。

土地复垦义务人按照本办法第十三条规定修改土地复垦方案后，已经预存的土地复垦费用不足的，应当在土地复垦方案通过审查后一个月内补齐差额费用。

第十九条 土地复垦费用预存实行一次性预存和分期预存两种方式。

生产建设周期在三年以下的项目，应当一次性全额预存土地复垦费用。

生产建设周期在三年以上的项目，可以分期预存土地复垦费用，但第一次预存的数额不得少于土地复垦费用总金额的百分之二十。余额按照土地复垦方案确定的土地复垦费用预存计划预存，在生产建设活动结束前一年预存完毕。

第二十条 采矿生产项目的土地复垦费用预存，统一纳入矿山地质环境治理恢复基金进行管理。

条例实施前，采矿生产项目按照有关规定向自然资源主管部门缴存的矿山地质环境治理恢复保证金中已经包含了土地复垦费用的，土地复垦义务人可以向所在地自然资源主管部门提出申请，经审核属实的，可以不再预存相应数额的土地复垦费用。

第二十一条 土地复垦义务人应当按照土地复垦方案确定的工作计划和土地复垦费用使用计划，向损毁土地所在地县级自然资源主管部门申请出具土地复垦费用支取通知书。县级自然资源主管部门应当在七日内出具土地复垦费用支取通知书。

土地复垦义务人凭土地复垦费用支取通知书，从土地复垦费用专门账户中支取土地复垦费用，专项用于土地复垦。

第二十二条 土地复垦义务人应当按照条例第十七条规定于每年12月31日前向所在地县级自然资源主管部门报告当年土地复垦义务履行情况，包括下列内容：

（一）年度土地损毁情况，包括土地损毁方式、地类、位置、权属、面积、程度等；

（二）年度土地复垦费用预存、使用和管理等情况；

（三）年度土地复垦实施情况，包括复垦地类、位置、面积、权属、主要复垦措施、工程量等；

（四）自然资源主管部门规定的其他年度报告内容。

县级自然资源主管部门应当加强对土地复垦义务人报告事项履行情况的监督核实，并可以根据情况将土地复垦义务履行情况年度报告在门户网站上公开。

第二十三条 县级自然资源主管部门应当加强对土地复垦义务人使用土

地复垦费用的监督管理,发现有不按照规定使用土地复垦费用的,可以按照土地复垦费用使用监管协议的约定依法追究土地复垦义务人的违约责任。

第二十四条 土地复垦义务人在生产建设活动中应当遵循“保护、预防和控制为主,生产建设与复垦相结合”的原则,采取下列预防控制措施:

(一)对可能被损毁的耕地、林地、草地等,应当进行表土剥离,分层存放,分层回填,优先用于复垦土地的土壤改良。表土剥离厚度应当依据相关技术标准,根据实际情况确定。表土剥离应当在生产工艺和施工建设前进行或者同步进行;

(二)露天采矿、烧制砖瓦、挖沙取土、采石,修建铁路、公路、水利工程等,应当合理确定取土的位置、范围、深度和堆放的位置、高度等;

(三)地下采矿或者疏干抽排地下水等施工,对易造成地面塌陷或者地面沉降等特殊地段应当采取充填、设置保护支柱等工程技术方法以及限制、禁止开采地下水等措施;

(四)禁止不按照规定排放废气、废水、废渣、粉灰、废油等。

第二十五条 土地复垦义务人应当对生产建设活动损毁土地的规模、程度和复垦过程中土地复垦工程质量、土地复垦效果等实施全程控制,并对验收合格后的复垦土地采取管护措施,保证土地复垦效果。

第二十六条 土地复垦义务人依法转让采矿权或者土地使用权的,土地复垦义务同时转移。但原土地复垦义务人应当完成的土地复垦义务未履行完成的除外。

原土地复垦义务人已经预存的土地复垦费用以及未履行完成的土地复垦义务,由原土地复垦义务人与新的土地复垦义务人在转让合同中约定。

新的土地复垦义务人应当重新与损毁土地所在地自然资源主管部门、银行签订土地复垦费用使用监管协议。

第三章 历史遗留损毁土地和自然灾害损毁土地的复垦

第二十七条 历史遗留损毁土地和自然灾害损毁土地调查评价,应当包括下列内容:

(一)损毁土地现状调查,包括地类、位置、面积、权属、损毁类型、损毁特征、损毁原因、损毁时间、污染情况、自然条件、社会经济条件等;

(二)损毁土地复垦适宜性评价,包括损毁程度、复垦潜力、利用方向及生态环境影响等;

（三）土地复垦效益分析，包括社会、经济、生态等效益。

第二十八条 符合下列条件的土地，所在地的县级自然资源主管部门应当认定为历史遗留损毁土地：

（一）土地复垦义务人灭失的生产建设活动损毁的土地；

（二）《土地复垦规定》实施以前生产建设活动损毁的土地。

第二十九条 县级自然资源主管部门应当将历史遗留损毁土地认定结果予以公告，公告期间不少于三十日。土地复垦义务人对认定结果有异议的，可以向县级自然资源主管部门申请复核。

县级自然资源主管部门应当自收到复核申请之日起三十日内做出答复。土地复垦义务人不服的，可以向上一级自然资源主管部门申请裁定。

上一级自然资源主管部门发现县级自然资源主管部门做出的认定结果不符合规定的，可以责令县级自然资源主管部门重新认定。

第三十条 土地复垦专项规划应当包括下列内容：

（一）土地复垦潜力分析；

（二）土地复垦的原则、目标、任务和计划安排；

（三）土地复垦重点区域和复垦土地利用方向；

（四）土地复垦项目的划定，复垦土地的利用布局和工程布局；

（五）土地复垦资金的测算，资金筹措方式和资金安排；

（六）预期经济、社会和生态等效益；

（七）土地复垦的实施保障措施。

土地复垦专项规划可以根据实际情况纳入土地整治规划。

土地复垦专项规划的修改应当按照条例第二十二条的规定报本级人民政府批准。

第三十一条 县级以上地方自然资源主管部门应当依据土地复垦专项规划制定土地复垦年度计划，分年度、有步骤地组织开展土地复垦工作。

第三十二条 条例第二十三条规定的历史遗留损毁土地和自然灾害损毁土地的复垦资金来源包括下列资金：

（一）土地复垦费；

（二）耕地开垦费；

（三）新增建设用地土地有偿使用费；

（四）用于农业开发的土地出让收入；

（五）可以用于土地复垦的耕地占用税地方留成部分；

（六）其他可以用于土地复垦的资金。

第四章 土地复垦验收

第三十三条 土地复垦义务人完成土地复垦任务后，应当组织自查，向项目所在地县级自然资源主管部门提出验收书面申请，并提供下列材料：

（一）验收调查报告及相关图件；

（二）规划设计执行报告；

（三）质量评估报告；

（四）检测等其他报告。

第三十四条 生产建设周期五年以上的项目，土地复垦义务人可以分阶段提出验收申请，负责组织验收的自然资源主管部门实行分级验收。

阶段验收由项目所在地县级自然资源主管部门负责组织，总体验收由审查通过土地复垦方案的自然资源主管部门负责组织或者委托有关自然资源主管部门组织。

第三十五条 负责组织验收的自然资源主管部门应当会同同级农业、林业、环境保护等有关部门，组织邀请有关专家和农村集体经济组织代表，依据土地复垦方案、阶段土地复垦计划，对下列内容进行验收：

（一）土地复垦计划目标与任务完成情况；

（二）规划设计执行情况；

（三）复垦工程质量和耕地质量等级；

（四）土地权属管理、档案资料管理情况；

（五）工程管护措施。

第三十六条 土地复垦阶段验收和总体验收形成初步验收结果后，负责组织验收的自然资源主管部门应当在项目所在地公告，听取相关权利人的意见。公告时间不少于三十日。

相关土地权利人对验收结果有异议的，可以在公告期内向负责组织验收的自然资源主管部门书面提出。

自然资源主管部门应当在接到书面异议之日起十五日内，会同同级农业、林业、环境保护等有关部门核查，形成核查结论反馈相关土地权利人。异议情况属实的，还应当向土地复垦义务人提出整改意见，限期整改。

第三十七条 土地复垦工程经阶段验收或者总体验收合格的，负责验收的自然资源主管部门应当依照条例第二十九条规定出具阶段或者总体验收合格确认书。验收合格确认书应当载明下列事项：

（一）土地复垦工程概况；

（二）损毁土地情况；

（三）土地复垦完成情况；

（四）土地复垦中存在的问题和整改建议、处理意见；

（五）验收结论。

第三十八条 土地复垦义务人在申请新的建设用地、申请新的采矿许可证或者申请采矿许可证延续、变更、注销时，应当一并提供按照本办法规定到期完工土地复垦项目的验收合格确认书或者土地复垦费缴费凭据。未提供相关材料的，按照条例第二十条规定，有关自然资源主管部门不得通过审查和办理相关手续。

第三十九条 政府投资的土地复垦项目竣工后，由负责组织实施土地复垦项目的自然资源主管部门进行初步验收，验收程序和要求除依照本办法规定外，按照资金来源渠道及相应的项目管理办法执行。

初步验收完成后，依照条例第三十条规定进行最终验收，并依照本办法第三十七条规定出具验收合格确认书。

自然资源主管部门代复垦的项目竣工后，依照本条规定进行验收。

第四十条 土地权利人自行复垦或者社会投资进行复垦的土地复垦项目竣工后，由项目所在地县级自然资源主管部门进行验收，验收程序和要求依照本办法规定执行。

第五章 土地复垦激励措施

第四十一条 土地复垦义务人将生产建设活动损毁的耕地、林地、牧草地等农用地复垦恢复为原用途的，可以依照条例第三十二条规定，凭验收合格确认书向所在地县级自然资源主管部门提出出具退还耕地占用税意见的申请。

经审核属实的，县级自然资源主管部门应当在十五日内向土地复垦义务人出具意见。土地复垦义务人凭自然资源主管部门出具的意见向有关部门申请办理退还耕地占用税手续。

第四十二条 由社会投资将历史遗留损毁和自然灾害损毁土地复垦为耕地的，除依照条例第三十三条规定办理外，对属于将非耕地复垦为耕地的，经验收合格并报省级自然资源主管部门复核同意后，可以作为本省、自治区、直辖市的补充耕地指标，市、县政府可以出资购买指标。

第四十三条 由县级以上地方人民政府投资将历史遗留损毁和自然灾害损毁的建设用地复垦为耕地的，经验收合格并报省级自然资源主管部门复核同意后，依照条例第三十五条规定可以作为本省、自治区、直辖市的补充耕地指标。但使用新增建设用地有偿使用费复垦的耕地除外。

属于农民集体所有的土地,复垦后应当交给农民集体使用。

第六章 土地复垦监督管理

第四十四条 县级以上自然资源主管部门应当采取年度检查、专项核查、例行稽查、在线监管等形式,对本行政区域内的土地复垦活动进行监督检查,并可以采取下列措施:

(一)要求被检查当事人如实反映情况和提供相关的文件、资料和电子数据;

(二)要求被检查当事人就土地复垦有关问题做出说明;

(三)进入土地复垦现场进行勘查;

(四)责令被检查当事人停止违反条例的行为。

第四十五条 县级以上自然资源主管部门应当在门户网站上及时向社会公开本行政区域内的土地复垦管理规定、技术标准、土地复垦规划、土地复垦项目安排计划以及土地复垦方案审查结果、土地复垦工程验收结果等重大事项。

第四十六条 县级以上地方自然资源主管部门应当通过国土资源主干网等按年度将本行政区域内的土地损毁情况、土地复垦工作开展情况等逐级上报。

上级自然资源主管部门对下级自然资源主管部门落实土地复垦法律法规情况、土地复垦义务履行情况、土地复垦效果等进行绩效评价。

第四十七条 县级以上自然资源主管部门应当对土地复垦档案实行专门管理,将土地复垦方案、土地复垦资金使用监管协议、土地复垦验收有关材料和土地复垦项目计划书、土地复垦实施情况报告等资料和电子数据进行档案存储与管理。

第四十八条 复垦后的土地权属和用途发生变更的,应当依法办理土地登记相关手续。

第七章 法律责任

第四十九条 条例第三十六条第六项规定的其他徇私舞弊、滥用职权、玩忽职守行为,包括下列行为:

(一)违反本办法第二十一条规定,对不符合规定条件的土地复垦义务人

出具土地复垦费用支取通知书,或者对符合规定条件的土地复垦义务人无正当理由未在规定期限内出具土地复垦费用支取通知书的;

(二)违反本办法第四十一条规定,对不符合规定条件的申请人出具退还耕地占用税的意见,或者对符合规定条件的申请人无正当理由未在规定期限内出具退还耕地占用税的意见的;

(三)其他违反条例和本办法规定的行为。

第五十条 土地复垦义务人未按照本办法第十五条规定将土地复垦方案、土地复垦规划设计报所在地县级自然资源主管部门备案的,由县级以上地方自然资源主管部门责令限期改正;逾期不改正的,依照条例第四十一条规定处罚。

第五十一条 土地复垦义务人未按照本办法第十六条、第十七条、第十八条、第十九条规定预存土地复垦费用的,由县级以上自然资源主管部门责令限期改正;逾期不改正的,依照条例第三十八条规定处罚。

第五十二条 土地复垦义务人未按照本办法第二十五条规定开展土地复垦质量控制和采取管护措施的,由县级以上地方自然资源主管部门责令限期改正;逾期不改正的,依照条例第四十一条规定处罚。

第五十三条 铀矿等放射性采矿项目的土地复垦具体办法,由自然资源部另行制定。

第五十四条 本办法自 2013 年 3 月 1 日起施行。

地质灾害危险性评估单位资质管理办法

(2005 年 5 月 20 日国土资源部令第 29 号公布　根据 2015 年 5 月 11 日《国土资源部关于修改〈地质灾害危险性评估单位资质管理办法〉等 5 部规章的决定》第一次修订　根据 2019 年 7 月 24 日《自然资源部关于第一批废止和修改的部门规章的决定》第二次修订)

第一章　总　则

第一条 为加强地质灾害危险性评估单位资质管理,规范地质灾害危险性评估市场秩序,保证地质灾害危险性评估质量,根据《地质灾害防治条例》,制定本办法。

第二条 在中华人民共和国境内申请地质灾害危险性评估单位资质,实施对地质灾害危险性评估单位资质管理,适用本办法。

第三条 本办法所称地质灾害危险性评估,是指在地质灾害易发区内进行工程建设和编制城市总体规划、村庄和集镇规划时,对建设工程和规划区遭受山体崩塌、滑坡、泥石流、地面塌陷、地裂缝、地面沉降等地质灾害的可能性和工程建设中、建设后引发地质灾害的可能性做出评估,提出具体预防治理措施的活动。

第四条 地质灾害危险性评估单位资质,分为甲、乙、丙三个等级。

第五条 自然资源部负责甲级地质灾害危险性评估单位资质的审批和管理。

省、自治区、直辖市自然资源主管部门负责乙级和丙级地质灾害危险性评估单位资质的审批和管理。

第六条 从事地质灾害危险性评估的单位,按照本办法的规定取得相应的资质证书后,方可在资质证书许可范围内承担地质灾害危险性评估业务。

县级以上自然资源主管部门负责对本行政区域内从事地质灾害危险性评估活动的单位进行监督检查。

第二章 资质等级和业务范围

第七条 甲级地质灾害危险性评估单位资质,应当具备下列条件:

(一)具有工程地质、水文地质、环境地质、岩土工程等相关专业的技术人员不少于五十名,其中从事地质灾害调查或者地质灾害防治技术工作五年以上且具有高级技术职称的不少于十五名、中级技术职称的不少于三十名;

(二)近两年内独立承担过不少于十五项二级以上地质灾害危险性评估项目,有优良的工作业绩;

(三)具有配套的地质灾害野外调查、测量定位、监测、测试、物探、计算机成图等技术装备。

第八条 乙级地质灾害危险性评估单位资质,应当具备下列条件:

(一)具有工程地质、水文地质、环境地质和岩土工程等相关专业的技术人员不少于三十名,其中从事地质灾害调查或者地质灾害防治技术工作五年以上且具有高级技术职称的不少于八人、中级技术职称的不少于十五人;

(二)近两年内独立承担过十项以上地质灾害危险性评估项目,有良好的工作业绩;

(三)具有配套的地质灾害野外调查、测量定位、测试、物探、计算机成图等技术装备。

第九条 丙级地质灾害危险性评估单位资质，应当具备下列条件：

（一）具有工程地质、水文地质、环境地质和岩土工程等相关专业的技术人员不少于十名，其中从事地质灾害调查或者地质灾害防治技术工作五年以上且具有高级技术职称的不少于两名、中级技术职称的不少于五名；

（二）具有配套的地质灾害野外调查、测量定位、计算机成图等技术装备。

第十条 除本办法第七条、第八条和第九条规定的条件外，申请地质灾害危险性评估资质的单位，还应当具备以下条件：

（一）具有独立的法人资格；

（二）具有健全的质量管理监控体系；

（三）单位技术负责人应当具有工程地质、水文地质或者环境地质高级技术职称，技术人员中外聘人员不超过技术人员总数的百分之十。

第十一条 取得甲级地质灾害危险性评估资质的单位，可以承担一、二、三级地质灾害危险性评估项目；

取得乙级地质灾害危险性评估资质的单位，可以承担二、三级地质灾害危险性评估项目；

取得丙级地质灾害危险性评估资质的单位，可以承担三级地质灾害危险性评估项目。

第十二条 地质灾害危险性评估项目分为一级、二级和三级三个级别。

（一）从事下列活动之一的，其地质灾害危险性评估的项目级别属于一级：

1. 进行重要建设项目建设；

2. 在地质环境条件复杂地区进行较重要建设项目建设；

3. 编制城市总体规划、村庄和集镇规划。

（二）从事下列活动之一的，其地质灾害危险性评估的项目级别属于二级：

1. 在地质环境条件中等复杂地区进行较重要建设项目建设；

2. 在地质环境条件复杂地区进行一般建设项目建设。

除上述属于一、二级地质灾害危险性评估项目外，其他建设项目地质灾害危险性评估的项目级别属于三级。

建设项目重要性和地质环境条件复杂程度的分类，按照国家有关规定执行。

第三章　申请和审批

第十三条 地质灾害危险性评估单位资质的审批机关为自然资源部和

省、自治区、直辖市自然资源主管部门。

第十四条　申请地质灾害危险性评估资质的单位，应当向审批机关提出申请，并提交以下材料：

（一）资质申报表；

（二）单位法人资格证明文件、设立单位的批准文件；

（三）在当地工商部门注册或者有关部门登记的证明文件；

（四）法定代表人和技术负责人简历以及任命、聘用文件；

（五）资质申报表中所列技术人员的专业技术职称证书、毕业证书、身份证；

（六）承担地质灾害危险性评估工作的主要业绩以及有关证明文件；高级职称技术人员从事地质灾害危险性评估的业绩以及有关证明文件；

（七）管理水平与质量监控体系说明及其证明文件；

（八）技术设备清单。

上述材料应当提供符合规定格式的电子文档一份。

资质申报表可以从自然资源部的门户网站上下载。

第十五条　申请地质灾害危险性评估资质的单位，应当如实提供有关材料，并对申请材料的真实性负责。

资质单位在申请时弄虚作假的，资质证书自始无效。

第十六条　申请甲级地质灾害危险性评估单位资质的，向自然资源部申请；申请乙级和丙级地质灾害危险性评估单位资质的，向单位所在地的省、自治区、直辖市自然资源主管部门申请。

第十七条　审批机关应当自受理资质申请之日起二十日内完成资质审批工作。逾期不能完成的，经审批机关负责人批准，可以延长十日。

省、自治区、直辖市自然资源主管部门对乙级和丙级地质灾害危险性评估单位资质的审批结果，应当在批准后六十日内报自然资源部备案。

第十八条　审批机关在受理资质申请材料后，应当组织专家进行评审。专家评审所需时间不计算在审批时限内。

对经过评审后拟批准的资质单位，审批机关应当在媒体上进行公示，公示时间不得少于七日。

公示期满，对公示无异议的，审批机关应当予以批准，并颁发资质证书。对公示有异议的，审批机关应当对申请材料予以复核。

审批机关应当将审批结果在媒体上公告。

第十九条　地质灾害危险性评估单位资质证书分为正本和副本，正本和副本具有同等法律效力。

地质灾害危险性评估单位资质证书，由自然资源部统一监制。

第二十条 地质灾害危险性评估单位资质证书有效期为三年。

有效期届满，需要继续从事地质灾害危险性评估活动的，应当于资质证书有效期届满三个月前，向原审批机关提出延续申请。

审批机关应当对申请延续的资质单位的评估活动进行审核。符合原资质等级条件的，由审批机关换发新的资质证书。有效期从换发之日起计算。经审核达不到原定资质等级的，不予办理延续手续。

符合上一级资质条件的资质单位，可以在获得资质证书两年后或者在申请延续的同时申请升级。

第二十一条 资质证书遗失的，可以向原审批机关申请补领。

第二十二条 资质单位发生合并或者分立的，应当及时到原审批机关办理资质证书注销手续。需要继续从业的，应当重新申请。

资质单位名称、地址、法定代表人、技术负责人等事项发生变更的，应当在变更后三十日内，到原审批机关办理资质证书变更手续。

资质单位破产、歇业或者因其他原因终止业务活动的，应当在办理营业执照注销手续后十五日内，到原审批机关办理资质证书注销手续。

第四章　监督管理

第二十三条 自然资源主管部门对本行政区域内地质灾害危险性评估活动进行监督检查时，被检查单位应当配合，并如实提供相关材料。

县级以上自然资源主管部门在检查中发现资质单位的条件不符合其资质等级的，应当报原审批机关对其资质进行重新核定。

第二十四条 资质单位应当建立地质灾害危险性评估业务档案管理制度、技术成果和技术人员管理制度、跟踪检查和后续服务制度，按要求如实填写地质灾害危险性评估业务手册，如实记载其工作业绩和存在的主要问题。

第二十五条 资质单位应当建立严格的技术成果和资质图章管理制度。资质证书的等级编号，应当在地质灾害危险性评估的有关技术文件上注明。

第二十六条 资质单位承担的地质灾害危险性评估项目发生重大质量事故的，资质单位应当停止从业活动，由原审批机关对其资质等级进行重新核定。

第二十七条 资质单位应当在签订地质灾害危险性评估项目合同后十日内，到项目所在地的县级自然资源主管部门进行资质和项目备案。

评估项目跨行政区域的，资质单位应当向项目所跨行政区域共同的上一级自然资源主管部门备案。

第二十八条 资质单位的技术负责人和其他评估技术人员应当定期参加地质灾害危险性评估业务培训。

第五章 法律责任

第二十九条 资质单位违反本办法第二十二条的规定，不及时办理资质证书变更、注销手续的，由县级以上自然资源主管部门责令限期改正；逾期不改的，可以处五千元以下罚款。

第三十条 资质单位违反本办法第二十七条的规定，不按时进行资质和项目备案的，由县级以上自然资源主管部门责令限期改正；逾期不改的，可以处一万元以下的罚款。

第三十一条 县级以上自然资源主管部门及其工作人员，在地质灾害危险性评估单位资质审批和管理过程中徇私舞弊、玩忽职守、滥用职权的，对直接负责的主管人员和其他直接责任人员依法给予处分；构成犯罪的，依法追究刑事责任。

第六章 附 则

第三十二条 本办法自2005年7月1日起施行。

地质灾害治理工程勘查设计施工单位资质管理办法

（2005年5月20日国土资源部令第30号公布 根据2015年5月11日《国土资源部关于修改〈地质灾害危险性评估单位资质管理办法〉等5部规章的决定》第一次修订 根据2019年7月24日《自然资源部关于第一批废止和修改的部门规章的决定》第二次修订）

第一章 总 则

第一条 为加强地质灾害治理工程勘查、设计和施工单位资质管理，保证地质灾害治理工程质量，有效减轻地质灾害造成的危害，保障人民生命和财产安全,根据《地质灾害防治条例》,制定本办法。

第二条 在中华人民共和国境内申请地质灾害治理工程勘查、设计和施工单位资质,实施对地质灾害治理工程勘查、设计和施工单位资质管理,适用本办法。

本办法所称地质灾害治理工程,是指对山体崩塌、滑坡、泥石流、地面塌陷、地裂缝、地面沉降等地质灾害或者地质灾害隐患,采取专项地质工程措施,控制或者减轻地质灾害的工程活动。

第三条 地质灾害治理工程勘查、设计和施工单位资质,均分为甲、乙、丙三个等级。

第四条 自然资源部负责甲级地质灾害治理工程勘查、设计和施工单位资质的审批和管理。

省、自治区、直辖市自然资源主管部门负责乙级和丙级地质灾害治理工程勘查、设计和施工单位资质的审批和管理。

第五条 从事地质灾害治理工程勘查、设计和施工活动的单位,应当按照本办法的规定取得相应的资质证书,在资质证书许可的范围内承担地质灾害治理工程项目。

县级以上自然资源主管部门负责对本行政区域内从事地质灾害治理工程勘查、设计和施工的单位进行监督检查。

第二章 资质等级与业务范围

第六条 地质灾害治理工程勘查单位的各等级资质条件如下:

(一)甲级资质

1. 技术人员总数不少于五十名,其中水文地质、工程地质、环境地质专业技术人员不少于三十名且具备高级职称的人员不少于十名;

2. 近三年内独立承担过五项以上中型地质灾害勘查项目,有优良的工作业绩;

3. 具有与承担大型地质灾害勘查项目相适应的钻探、物探、测量、测试、计算机等设备。

(二)乙级资质

1. 技术人员总数不少于三十名,其中水文地质、工程地质、环境地质专业技术人员不少于十五名且具备高级职称的人员不少于五名;

2. 近三年内独立承担过五项以上小型地质灾害勘查项目,有良好的工作业绩;

3. 具有与承担中型地质灾害勘查项目相适应的钻探、物探、测量、测试、计算机等设备。

(三)丙级资质

1. 单位技术人员总数不少于二十名,其中水文地质、工程地质、环境地质专业技术人员不少于十名且具备高级职称的人员不少于三名;

2. 具有与承担小型地质灾害勘查项目相适应的钻探、物探、测量、测试、计算机等设备。

第七条 地质灾害治理工程设计单位的各等级资质条件如下:

(一)甲级资质

1. 技术人员总数不少于三十名,其中岩土工程设计、结构设计、工程地质专业技术人员不少于十五名且具有高级职称的人员不少于八名;

2. 近三年内承担过五项以上中型地质灾害治理工程设计任务,有优良的工作业绩;

3. 具有与承担大型地质灾害防治工程设计相适应的设计、测试、制图与文档整理设备。

(二)乙级资质

1. 技术人员总数不少于二十名,其中岩土工程设计、结构设计、工程地质专业技术人员不少于十名且具有高级职称的人员不少于五名;

2. 近三年内承担过五项以上小型地质灾害治理工程设计任务,有良好的工作业绩;

3. 具有与承担中型地质灾害防治工程设计相适应的设计、测试、制图与文档整理设备。

(三)丙级资质

1. 技术人员总数不少于十名,其中岩土工程设计、结构设计、工程地质专业技术人员不少于五名且具有高级职称的人员不少于三名;

2. 具有与承担小型地质灾害防治工程设计相适应的设计、测试、制图与文档整理设备。

第八条 地质灾害治理工程施工单位的各等级资质条件如下:

(一)甲级资质

1. 岩土工程、工程地质、工程测量、工程预算专业技术人员和项目经理、施工员、安全员、质检员等管理人员总数不少于五十名;

2. 近三年内独立承担过五项以上中型地质灾害治理工程施工项目,有优良的工作业绩;

3. 具有与承担大型地质灾害防治工程施工相适应的施工机械、测量、测试与质量检测设备。

（二）乙级资质

1. 岩土工程、工程地质、工程测量、工程预算专业技术人员和项目经理、施工员、安全员、质检员等管理人员总数不少于三十名；

2. 近三年内独立承担过五项以上小型地质灾害治理工程施工项目，有良好的工作业绩；

3. 具有与承担中型地质灾害防治工程施工相适应的施工机械、测量、测试与质量检测设备。

（三）丙级资质

1. 岩土工程、工程地质、工程测量、工程预算专业技术人员和项目经理、施工员、安全员、质检员等管理人员总数不少于二十名；

2. 具有与承担小型地质灾害防治工程施工相适应的施工机械、测量、测试与质量检测设备。

第九条 除本办法第六条、第七条、第八条规定的资质条件外，申请地质灾害治理工程勘查、设计和施工资质的单位，还应当同时具备以下条件：

（一）有独立的法人资格，其中申请施工资质的单位必须具备企业法人资格；

（二）有健全的安全和质量管理监控体系，近五年内未发生过重大安全、质量事故；

（三）技术人员中外聘人员不超过百分之十。

第十条 甲级地质灾害治理工程勘查、设计和施工资质单位，可以相应承揽大、中、小型地质灾害治理工程的勘查、设计和施工业务。

乙级地质灾害治理工程勘查、设计和施工资质单位，可以相应承揽中、小型地质灾害治理工程的勘查、设计和施工业务。

丙级地质灾害治理工程勘查、设计和施工资质单位，可以相应承揽小型地质灾害治理工程的勘查、设计和施工业务。

第十一条 地质灾害治理工程分为大、中、小三个类型。

（一）符合下列条件之一的，为大型地质灾害治理工程：

1. 治理工程总投资在人民币二千万元以上，或者单独立项的地质灾害勘查项目，项目经费在人民币五十万元以上；

2. 治理工程所保护的人员在五百人以上；

3. 治理工程所保护的财产在人民币五千万元以上。

（二）符合下列条件之一的，为中型地质灾害治理工程：

1. 治理工程总投资在人民币五百万元以上、二千万元以下，或者单独立

项的地质灾害勘查项目,项目经费在人民币三十万元以上、五十万元以下;

2. 治理工程所保护的人员在一百人以上、五百人以下;

3. 治理工程所保护的财产在人民币五百万元以上、五千万元以下。

上述两种情况之外的,属于小型地质灾害治理工程。

第三章　申请和审批

第十二条　地质灾害治理工程勘查、设计和施工单位资质的审批机关为自然资源部和省、自治区、直辖市自然资源主管部门。

第十三条　申请地质灾害治理工程勘查、设计和施工资质的单位,应当向审批机关提出申请,并提交以下材料:

(一)资质申请表;

(二)单位法人资格证明文件和设立单位的批准文件;

(三)在当地工商部门注册或者有关部门登记的证明材料;

(四)法定代表人和主要技术负责人任命或者聘任文件;

(五)当年在职人员的统计表、中级职称以上的工程技术和经济管理人员名单、身份证明、职称证明;

(六)承担过的主要地质灾害治理工程项目有关证明材料,包括任务书、委托书或者合同,工程管理部门验收意见;

(七)单位主要机械设备清单;

(八)质量管理体系和安全管理的有关材料。

上述材料应当提供符合规定格式的电子文档一份。

资质申请表可以从自然资源部的门户网站上下载。

第十四条　申请地质灾害治理工程勘查、设计和施工资质的单位,应当如实提供有关材料,并对申请材料的真实性负责。

资质单位在申请资质时弄虚作假的,资质证书自始无效。

第十五条　申请甲级地质灾害治理工程勘查、设计和施工单位资质的,向自然资源部申请。

申请乙级和丙级地质灾害治理工程勘查、设计和施工单位资质的,向单位所在地的省、自治区、直辖市自然资源主管部门申请。

第十六条　审批机关应当在受理申请之日起二十日内完成审批工作。逾期不能完成的,经审批机关负责人批准,可以再延长十日。

第十七条　审批机关受理资质申请材料后,应当组织专家进行评审。专家评审所需时间不计算在审批时限内。

对经过评审后拟批准的资质单位，审批机关应当在媒体上进行公示。公示时间不得少于七日。

公示期满，对公示无异议的，审批机关应当予以批准，并颁发资质证书；对公示有异议的，审批机关应当对其申请材料予以复核。

审批机关应当将审批结果在媒体上予以公告。

省、自治区、直辖市自然资源主管部门审批的乙级和丙级资质，应当在批准后的六十日内报自然资源部备案。

第十八条 地质灾害治理工程勘查、设计和施工单位资质证书分为正本和副本，正本和副本具有同等的法律效力。

地质灾害治理工程勘查、设计和施工单位资质证书，由自然资源部统一监制。

第十九条 地质灾害治理工程勘查、设计和施工单位资质证书有效期为三年。

有效期届满需要继续从业的，应当于资质证书有效期届满三个月前，向原审批机关提出延续申请。

审批机关应当对申请延续的资质单位的从业活动进行审核。符合原资质条件的，换发新的资质证书，有效期从换发之日起计算。经审核，发现达不到原资质条件的，不予办理延续手续。

符合上一级资质条件的单位，可以在取得资质证书两年后或者在申请延续的同时，申请升级。经审核，符合本办法规定的上一级资质条件的，审批机关应当换发相应等级的资质证书。

第二十条 资质证书遗失的，可以向原审批机关申请补领。

第二十一条 资质单位发生合并或者分立的，应当及时到原审批机关办理资质证书注销手续。需要继续从业的，应当重新申请。

资质单位名称、地址、法定代表人、技术负责人等事项发生变更的，应当在变更后三十日内，到原审批机关办理资质证书变更手续。

资质单位破产、歇业或者因其他原因终止业务活动的，应当在办理营业执照注销手续后十五日内，到原审批机关办理资质证书注销手续。

第四章 监督管理

第二十二条 自然资源主管部门对本行政区域内的地质灾害治理工程勘查、设计和施工活动进行监督检查时，被检查的单位应当配合，并如实提供相关材料。

县级以上自然资源主管部门在检查中发现资质单位的资质条件与其资质等级不符的,应当报原审批机关对其资质进行重新核定。

第二十三条 地质灾害治理工程勘查、设计和施工单位,应当建立地质灾害治理工程勘查、设计和施工业务手册,如实记载其工作业绩和存在的主要问题。

第二十四条 地质灾害治理工程勘查、设计和施工单位,应当建立严格的技术成果和资质图章管理制度。资质证书的类别和等级编号,应当在地质灾害治理工程的有关技术文件上注明。

第二十五条 地质灾害治理工程勘查、设计和施工单位承担的地质灾害治理工程发生重大质量事故的,事故责任单位应当停止从业活动,并由原审批机关对其资质条件进行重新核定。

第二十六条 资质单位的技术负责人或者其他技术人员应当参加地质灾害治理工程勘查、设计和施工业务培训。

第二十七条 承担地质灾害治理工程项目的资质单位,应当在项目合同签订后十日内,到工程所在地的县级自然资源主管部门备案。

地质灾害治理工程项目跨行政区域的,资质单位应当向项目所跨行政区域共同的上一级自然资源主管部门备案。

第五章 法律责任

第二十八条 资质单位不按照本办法第二十一条的规定及时办理资质证书变更、注销手续的,由县级以上自然资源主管部门责令限期改正;逾期不改的,可以处五千元以下罚款。

第二十九条 资质单位不按照本办法第二十七条的规定进行备案的,由县级以上自然资源主管部门责令限期改正;逾期仍不改正的,可以处一万元以下罚款。

第三十条 审批机关或者负有监督管理职责的县级以上自然资源主管部门有下列情形之一的,对直接负责的主管人员和其他直接责任人员依法给予处分;构成犯罪的,依法追究刑事责任:

(一)对不符合法定条件的单位颁发资质证书的;

(二)对符合法定条件的单位不予颁发资质证书的;

(三)利用职务上的便利,收受他人财物或者其他好处的;

(四)不履行监督管理职责,或者发现违法行为不予查处的。

第六章 附 则

第三十一条 本办法实施前已经取得地质灾害防治工程勘查、设计和施工资质证书的单位，应当于本办法实施后六个月内，依照本办法的规定到审批机关申请换领新证。逾期没有申请领取新的资质证书的，原资质证书一律无效。

第三十二条 本办法自2005年7月1日起施行。

地质灾害治理工程监理单位资质管理办法

（2005年5月20日国土资源部令第31号公布　根据2015年5月11日《国土资源部关于修改〈地质灾害危险性评估单位资质管理办法〉等5部规章的决定》第一次修订　根据2019年7月24日《自然资源部关于第一批废止和修改的部门规章的决定》第二次修订）

第一章 总 则

第一条 为保证地质灾害治理工程质量，控制治理工程工期，充分发挥治理工程投资效益，加强对治理工程监理单位的资质管理，根据《地质灾害防治条例》，制定本办法。

第二条 在中华人民共和国境内申请地质灾害治理工程监理单位资质，实施对地质灾害治理工程监理单位资质管理，适用本办法。

第三条 从事地质灾害治理工程监理活动的单位，应当在取得相应等级的资质证书后，在其资质证书许可的范围内从事地质灾害治理工程监理活动。

第四条 地质灾害治理工程监理单位资质分为甲、乙、丙三个等级。

自然资源部负责甲级地质灾害治理工程监理单位资质的审批和管理。

省、自治区、直辖市自然资源主管部门负责乙级和丙级地质灾害治理工程监理单位资质的审批和管理。

第二章 资质等级和业务范围

第五条 地质灾害治理工程监理单位资质分级标准如下：

（一）甲级资质

1. 地质灾害治理工程监理技术人员总数不少于三十人，其中具有水文地质、工程地质、环境地质、岩土工程、工程预算等专业技术人员不少于二十人；

2. 近三年内独立承担过五项以上中型地质灾害治理工程的监理项目，有优良的工作业绩。

（二）乙级资质

1. 地质灾害治理工程监理技术人员总数不少于二十人，其中具有水文地质、工程地质、环境地质、岩土工程、工程预算等专业技术人员不少于十人；

2. 近三年内独立承担过五项以上小型地质灾害治理工程的监理项目，有良好的工作业绩。

（三）丙级资质

地质灾害治理工程监理技术人员总数不少于十人，其中具有水文地质、工程地质、环境地质、岩土工程、工程预算等专业技术人员不少于五人。

第六条 除本办法第五条规定的资质条件外，申请地质灾害治理工程监理资质的单位，还应当同时具备以下条件：

（一）具有独立的法人资格；

（二）具有健全的安全和质量管理监控体系，近五年内未发生过重大安全、质量事故；

（三）技术人员中外聘人员的数量不超过百分之十。

第七条 同一资质单位不能同时持有地质灾害治理工程监理资质和地质灾害治理工程施工资质。

第八条 甲级地质灾害治理工程监理资质单位，可以承揽大、中、小型地质灾害治理工程的监理业务。

乙级地质灾害治理工程监理资质单位，可以承揽中、小型地质灾害治理工程的监理业务。

丙级地质灾害治理工程监理资质单位，可以承揽小型地质灾害治理工程的监理业务。

第三章 审批和管理

第九条 地质灾害治理工程监理单位资质的审批机关为自然资源部和省、自治区、直辖市自然资源主管部门。

第十条 申请地质灾害治理工程监理资质的单位，应当向审批机关提出申请，并提交以下材料：

（一）资质申请表；

（二）法人资格证明或者有关部门登记的证明文件；

（三）法定代表人和主要技术负责人任命或者聘任文件；

（四）当年在职人员的统计表、中级职称以上工程技术和经济管理人员名单、身份证明、职称证明；

（五）承担过的主要地质灾害治理工程监理项目有关证明材料，包括任务书、委托书、合同，工程管理部门验收意见；

（六）单位主要监理设备清单；

（七）质量管理体系的有关材料。

上述材料应当提供符合规定格式的电子文档一份。

资质申请表可以从自然资源部门户网站上下载。

第十一条 申请地质灾害治理工程监理资质的单位，应当如实提供有关材料，并对申请材料的真实性负责。

资质单位在申请资质时弄虚作假的，资质证书自始无效。

第十二条 申请甲级地质灾害治理工程监理单位资质的，向自然资源部申请。

申请乙级和丙级地质灾害治理工程监理单位资质的，向单位所在地的省、自治区、直辖市自然资源主管部门申请。

第十三条 审批机关应当自受理资质申请之日起二十日内完成审批工作。逾期不能完成的，经审批机关负责人批准，可以延长十日。

第十四条 审批机关受理资质申请材料后，应当组织专家进行评审，专家评审所需时间不计算在审批时限内。

对经过评审后拟批准的资质单位，应当在媒体上进行公示。公示时间不得少于七日。

公示期满，对公示无异议的，审批机关应当予以审批，并颁发资质证书；对公示有异议的，审批机关应当对其申请材料予以复核。

审批机关应当将审批结果在媒体上予以公告。

省、自治区、直辖市自然资源主管部门审批的乙级和丙级资质，应当在批准后的六十日内报自然资源部备案。

第十五条 地质灾害治理工程监理单位资质证书分为正本和副本，正本和副本具有同等的法律效力。

地质灾害治理工程监理单位资质证书，由自然资源部统一监制。

第十六条 地质灾害治理工程监理单位资质证书有效期为三年。

有效期届满需要继续从业的，应当于资质证书有效期届满三个月前，向原审批机关提出延续申请。

审批机关应当对申请延续的资质单位的从业活动进行审核。符合原资质等级条件的，由审批机关换发新的监理资质证书，有效期从换发之日起计算。经审核，不符合原定资质条件的，不予办理延续手续。

符合上一级资质等级条件的资质单位，可以在获得资质证书两年后或者在申请延续的同时申请升级。符合本办法规定的资质条件的，审批机关应当重新审批，并颁发相应的资质证书。

第十七条 资质证书遗失的，可以向原审批机关申请补领。

第十八条 资质单位发生合并或者分立的，应当及时到原审批机关办理资质证书注销手续。需要继续从业的，重新申请。

第十九条 资质单位名称、地址、法定代表人、技术负责人等事项发生变更的，应当在变更后三十日内，到原审批机关办理资质证书变更手续。

第二十条 资质单位破产、歇业或者因其他原因终止业务活动的，应当在办理营业执照注销手续后十五日内，到原审批机关办理资质证书注销手续。

第四章 监督管理

第二十一条 县级以上自然资源主管部门负责对本行政区域内的地质灾害治理工程监理活动进行监督检查。被检查的单位应当配合，并如实提供相关材料。

第二十二条 地质灾害治理工程监理资质单位，应当建立监理业务手册，如实记载其工作业绩和存在的主要问题。

第二十三条 地质灾害治理工程监理资质单位，应当建立严格的技术成果和资质图章管理制度。资质证书的类别和等级编号，应当在地质灾害治理工程的有关监理技术文件上注明。

第二十四条 资质单位的技术负责人或者其他技术人员应当定期参加地质灾害治理工程监理业务培训。

第二十五条 地质灾害治理工程监理资质单位，对承担的监理项目，应当在监理合同签订后十日内，到工程所在地县级自然资源主管部门备案。

监理项目跨行政区域的，向项目所跨行政区域共同的上一级自然资源主管部门备案。

第五章 法律责任

第二十六条 资质单位不按照本办法第十八条、第十九条和第二十条的规定及时办理资质证书变更、注销手续的，由县级以上自然资源主管部门责令限期改正；逾期不改的，可以处五千元以下罚款。

第二十七条 资质单位不按照本办法第二十五条的规定进行备案的，由县级以上自然资源主管部门责令限期改正；逾期不改的，可以处一万元以下罚款。

第二十八条 县级以上自然资源主管部门在地质灾害治理工程监理单位资质审批及管理过程中徇私舞弊、玩忽职守、滥用职权，对直接负责的主管人员和其他直接责任人员依法给予处分；构成犯罪的，依法追究刑事责任。

第六章 附 则

第二十九条 本办法实施前已经取得地质灾害防治工程监理资质证书的单位，应当于本办法实施后六个月内，依照本办法的规定到审批机关申请领取新的资质证书。逾期不申领的，原资质证书一律无效。

第三十条 本办法中的地质灾害治理工程及其分级标准，依照《地质灾害治理工程勘查设计施工单位资质管理办法》的有关规定执行。

第三十一条 本办法自2005年7月1日起施行。

矿山地质环境保护规定

（2009年3月2日国土资源部令第44号公布 根据2015年5月11日《国土资源部关于修改〈地质灾害危险性评估单位资质管理办法〉等5部规章的决定》第一次修订 根据2016年1月8日《国土资源部关于修改和废止部分规章的决定》第二次修订 根据2019年7月24日《自然资源部关于第一批废止和修改的部门规章的决定》第三次修订）

第一章 总 则

第一条 为保护矿山地质环境，减少矿产资源勘查开采活动造成的矿山地质环境破坏，保护人民生命和财产安全，促进矿产资源的合理开发利用和经济社会、资源环境的协调发展，根据《中华人民共和国矿产资源法》《地质灾害防治条例》《土地复垦条例》，制定本规定。

第二条 因矿产资源勘查开采等活动造成矿区地面塌陷、地裂缝、崩塌、滑坡，含水层破坏，地形地貌景观破坏等的预防和治理恢复，适用本规定。

开采矿产资源涉及土地复垦的，依照国家有关土地复垦的法律法规执行。

第三条 矿山地质环境保护，坚持预防为主、防治结合，谁开发谁保护、谁破坏谁治理、谁投资谁受益的原则。

第四条 自然资源部负责全国矿山地质环境的保护工作。

县级以上地方自然资源主管部门负责本行政区的矿山地质环境保护工作。

第五条 国家鼓励开展矿山地质环境保护科学技术研究，普及相关科学技术知识，推广先进技术和方法，制定有关技术标准，提高矿山地质环境保护的科学技术水平。

第六条 国家鼓励企业、社会团体或者个人投资，对已关闭或者废弃矿山的地质环境进行治理恢复。

第七条 任何单位和个人对破坏矿山地质环境的违法行为都有权进行检举和控告。

第二章 规 划

第八条 自然资源部负责全国矿山地质环境的调查评价工作。

省、自治区、直辖市自然资源主管部门负责本行政区域内的矿山地质环境调查评价工作。

市、县自然资源主管部门根据本地区的实际情况，开展本行政区域的矿山地质环境调查评价工作。

第九条 自然资源部依据全国矿山地质环境调查评价结果，编制全国矿山地质环境保护规划。

省、自治区、直辖市自然资源主管部门依据全国矿山地质环境保护规划，结合本行政区域的矿山地质环境调查评价结果，编制省、自治区、直辖市的矿山地质环境保护规划，报省、自治区、直辖市人民政府批准实施。

市、县级矿山地质环境保护规划的编制和审批，由省、自治区、直辖市自然资源主管部门规定。

第十条 矿山地质环境保护规划应当包括下列内容：

（一）矿山地质环境现状和发展趋势；

（二）矿山地质环境保护的指导思想、原则和目标；

（三）矿山地质环境保护的主要任务；

（四）矿山地质环境保护的重点工程；

（五）规划实施保障措施。

第十一条　矿山地质环境保护规划应当符合矿产资源规划，并与土地利用总体规划、地质灾害防治规划等相协调。

第三章　治理恢复

第十二条　采矿权申请人申请办理采矿许可证时，应当编制矿山地质环境保护与土地复垦方案，报有批准权的自然资源主管部门批准。

矿山地质环境保护与土地复垦方案应当包括下列内容：

（一）矿山基本情况；

（二）矿区基础信息；

（三）矿山地质环境影响和土地损毁评估；

（四）矿山地质环境治理与土地复垦可行性分析；

（五）矿山地质环境治理与土地复垦工程；

（六）矿山地质环境治理与土地复垦工作部署；

（七）经费估算与进度安排；

（八）保障措施与效益分析。

第十三条　采矿权申请人未编制矿山地质环境保护与土地复垦方案，或者编制的矿山地质环境保护与土地复垦方案不符合要求的，有批准权的自然资源主管部门应当告知申请人补正；逾期不补正的，不予受理其采矿权申请。

第十四条　采矿权人扩大开采规模、变更矿区范围或者开采方式的，应当重新编制矿山地质环境保护与土地复垦方案，并报原批准机关批准。

第十五条　采矿权人应当严格执行经批准的矿山地质环境保护与土地复垦方案。

矿山地质环境保护与治理恢复工程的设计和施工，应当与矿产资源开采活动同步进行。

第十六条　开采矿产资源造成矿山地质环境破坏的，由采矿权人负责治理恢复，治理恢复费用列入生产成本。

矿山地质环境治理恢复责任人灭失的，由矿山所在地的市、县自然资源主管部门，使用经市、县人民政府批准设立的政府专项资金进行治理恢复。

自然资源部，省、自治区、直辖市自然资源主管部门依据矿山地质环境保护规划，按照矿山地质环境治理工程项目管理制度的要求，对市、县自然资源主管部门给予资金补助。

第十七条 采矿权人应当依照国家有关规定,计提矿山地质环境治理恢复基金。基金由企业自主使用,根据其矿山地质环境保护与土地复垦方案确定的经费预算、工程实施计划、进度安排等,统筹用于开展矿山地质环境治理恢复和土地复垦。

第十八条 采矿权人应当按照矿山地质环境保护与土地复垦方案的要求履行矿山地质环境保护与土地复垦义务。

采矿权人未履行矿山地质环境保护与土地复垦义务,或者未达到矿山地质环境保护与土地复垦方案要求,有关自然资源主管部门应当责令采矿权人限期履行矿山地质环境保护与土地复垦义务。

第十九条 矿山关闭前,采矿权人应当完成矿山地质环境保护与土地复垦义务。采矿权人在申请办理闭坑手续时,应当经自然资源主管部门验收合格,并提交验收合格文件。

第二十条 采矿权转让的,矿山地质环境保护与土地复垦的义务同时转让。采矿权受让人应当依照本规定,履行矿山地质环境保护与土地复垦的义务。

第二十一条 以槽探、坑探方式勘查矿产资源,探矿权人在矿产资源勘查活动结束后未申请采矿权的,应当采取相应的治理恢复措施,对其勘查矿产资源遗留的钻孔、探井、探槽、巷道进行回填、封闭,对形成的危岩、危坡等进行治理恢复,消除安全隐患。

第四章 监督管理

第二十二条 县级以上自然资源主管部门对采矿权人履行矿山地质环境保护与土地复垦义务的情况进行监督检查。

相关责任人应当配合县级以上自然资源主管部门的监督检查,并提供必要的资料,如实反映情况。

第二十三条 县级以上自然资源主管部门应当建立本行政区域内的矿山地质环境监测工作体系,健全监测网络,对矿山地质环境进行动态监测,指导、监督采矿权人开展矿山地质环境监测。

采矿权人应当定期向矿山所在地的县级自然资源主管部门报告矿山地质环境情况,如实提交监测资料。

县级自然资源主管部门应当定期将汇总的矿山地质环境监测资料报上一级自然资源主管部门。

第二十四条 县级以上自然资源主管部门在履行矿山地质环境保护的监

督检查职责时，有权对矿山地质环境与土地复垦方案确立的治理恢复措施落实情况和矿山地质环境监测情况进行现场检查，对违反本规定的行为有权制止并依法查处。

第二十五条 开采矿产资源等活动造成矿山地质环境突发事件的，有关责任人应当采取应急措施，并立即向当地人民政府报告。

第五章 法律责任

第二十六条 违反本规定，应当编制矿山地质环境保护与土地复垦方案而未编制的，或者扩大开采规模、变更矿区范围或者开采方式，未重新编制矿山地质环境保护与土地复垦方案并经原审批机关批准的，责令限期改正，并列入矿业权人异常名录或严重违法名单；逾期不改正的，处 3 万元以下的罚款，不受理其申请新的采矿许可证或者申请采矿许可证延续、变更、注销。

第二十七条 违反本规定，未按照批准的矿山地质环境保护与土地复垦方案治理的，或者在矿山被批准关闭、闭坑前未完成治理恢复的，责令限期改正，并列入矿业权人异常名录或严重违法名单；逾期拒不改正的或整改不到位的，处 3 万元以下的罚款，不受理其申请新的采矿权许可证或者申请采矿权许可证延续、变更、注销。

第二十八条 违反本规定，未按规定计提矿山地质环境治理恢复基金的，由县级以上自然资源主管部门责令限期计提；逾期不计提的，处 3 万元以下的罚款。颁发采矿许可证的自然资源主管部门不得通过其采矿活动年度报告，不受理其采矿权延续变更申请。

第二十九条 违反本规定第二十一条规定，探矿权人未采取治理恢复措施的，由县级以上自然资源主管部门责令限期改正；逾期拒不改正的，处 3 万元以下的罚款，5 年内不受理其新的探矿权、采矿权申请。

第三十条 违反本规定，扰乱、阻碍矿山地质环境保护与治理恢复工作，侵占、损坏、损毁矿山地质环境监测设施或者矿山地质环境保护与治理恢复设施的，由县级以上自然资源主管部门责令停止违法行为，限期恢复原状或者采取补救措施，并处 3 万元以下的罚款；构成犯罪的，依法追究刑事责任。

第三十一条 县级以上自然资源主管部门工作人员违反本规定，在矿山地质环境保护与治理恢复监督管理中玩忽职守、滥用职权、徇私舞弊的，对相关责任人依法给予处分；构成犯罪的，依法追究刑事责任。

第六章　附　　则

第三十二条　本规定实施前已建和在建矿山，采矿权人应当依照本规定编制矿山地质环境保护与土地复垦方案，报原采矿许可证审批机关批准。

第三十三条　本规定自2009年5月1日起施行。

矿产资源规划编制实施办法

（2012年10月12日国土资源部令第55号公布　根据2019年7月24日《自然资源部关于第一批废止和修改的部门规章的决定》修订）

第一章　总　　则

第一条　为了加强和规范矿产资源规划管理，统筹安排地质勘查、矿产资源开发利用和保护，促进我国矿业科学发展，根据《中华人民共和国矿产资源法》等法律法规，制定本办法。

第二条　矿产资源规划的编制和实施适用本办法。

第三条　本办法所称矿产资源规划，是指根据矿产资源禀赋条件、勘查开发利用现状和一定时期内国民经济和社会发展对矿产资源的需求，对地质勘查、矿产资源开发利用和保护等作出的总量、结构、布局和时序安排。

第四条　矿产资源规划是落实国家矿产资源战略、加强和改善矿产资源宏观管理的重要手段，是依法审批和监督管理地质勘查、矿产资源开发利用和保护活动的重要依据。

第五条　矿产资源规划的编制和实施，应当遵循市场经济规律和地质工作规律，体现地质勘查和矿产资源开发的区域性、差异性等特点，鼓励和引导社会资本进入风险勘查领域，推动矿产资源勘查开发。

第六条　矿产资源规划是国家规划体系的重要组成部分，应当依据国民经济和社会发展规划编制。涉及矿产资源开发活动的相关行业规划，应当与矿产资源规划做好衔接。

第七条　矿产资源规划包括矿产资源总体规划和矿产资源专项规划。

第八条　矿产资源总体规划包括国家级矿产资源总体规划、省级矿产资源总体规划、设区的市级矿产资源总体规划和县级矿产资源总体规划。

国家级矿产资源总体规划应当对全国地质勘查、矿产资源开发利用和保护进行战略性总体布局和统筹安排。省级矿产资源总体规划应当对国家级矿产资源总体规划的目标任务在本行政区域内进行细化和落实。设区的市级、县级矿产资源总体规划应当对依法审批管理和上级自然资源主管部门授权审批管理矿种的勘查、开发利用和保护活动作出具体安排。

下级矿产资源总体规划应当服从上级矿产资源总体规划。

第九条 自然资源部应当依据国家级矿产资源总体规划和一定时期国家关于矿产资源勘查开发的重大部署编制矿产资源专项规划。地方各级自然资源主管部门应当依据矿产资源总体规划和本办法的有关规定编制同级矿产资源专项规划。

矿产资源专项规划应当对地质勘查、矿产资源开发利用和保护、矿山地质环境保护与治理恢复、矿区土地复垦等特定领域,或者重要矿种、重点区域的地质勘查、矿产资源开发利用和保护及其相关活动作出具体安排。

国家规划矿区、对国民经济具有重要价值的矿区、大型规模以上矿产地和对国家或者本地区有重要价值的矿种,应当编制矿产资源专项规划。

第十条 自然资源部负责全国的矿产资源规划管理和监督工作。

地方各级自然资源主管部门负责本行政区域内的矿产资源规划管理和监督工作。

第十一条 省级自然资源主管部门应当建立矿产资源规划实施管理的领导责任制,将矿产资源规划实施情况纳入目标管理体系,作为对下级自然资源主管部门负责人业绩考核的重要依据。

第十二条 各级自然资源主管部门应当在矿产资源规划管理和监督中推广应用空间数据库等现代信息技术和方法。

第十三条 各级自然资源主管部门应当将矿产资源规划管理和监督的经费纳入年度预算,保障矿产资源规划的编制和实施。

第二章　编　　制

第十四条 自然资源部负责组织编制国家级矿产资源总体规划和矿产资源专项规划。

省级自然资源主管部门负责组织编制本行政区域的矿产资源总体规划和矿产资源专项规划。

设区的市级、县级自然资源主管部门根据省级人民政府的要求或者本行政区域内矿产资源管理需要，负责组织编制本行政区域的矿产资源总体规划和矿产资源专项规划。

第十五条 编制涉及战略性矿产资源的省级矿产资源专项规划应当经自然资源部同意。编制设区的市级、县级矿产资源专项规划，应当经省级自然资源主管部门同意。

第十六条 承担矿产资源规划编制工作的单位，应当符合下列条件：

（一）具有法人资格；

（二）具备与编制矿产资源规划相应的工作业绩或者能力；

（三）具有完善的技术和质量管理制度；

（四）主要编制人员应当具备中级以上相关专业技术职称，经过矿产资源规划业务培训。

有关自然资源主管部门应当依法采用招标等方式择优选择矿产资源规划编制单位，加强对矿产资源规划编制单位的指导和监督管理。

第十七条 编制矿产资源总体规划，应当做好下列基础工作：

（一）对现行矿产资源总体规划实施情况和主要目标任务完成情况进行评估，对存在的问题提出对策建议；

（二）开展基础调查，对矿产资源勘查开发利用现状、矿业经济发展情况、资源赋存特点和分布规律、资源储量和潜力、矿山地质环境现状、矿区土地复垦潜力和适宜性等进行调查评价和研究；

（三）开展矿产资源形势分析、潜力评价和可供性分析，研究资源战略和宏观调控政策，对资源环境承载能力等重大问题和重点项目进行专题研究论证。

编制矿产资源专项规划，应当根据需要做好相应的调查评价和专题研究等基础工作。

第十八条 编制矿产资源规划应当依照国家、行业标准和规程。

自然资源部负责制定省级矿产资源规划编制规程和设区的市级、县级矿产资源规划编制指导意见。省级自然资源主管部门负责制定本行政区域内设区的市级、县级矿产资源规划编制技术要求。

第十九条 各级自然资源主管部门应当根据矿产资源规划编制规程和技术要求，集成矿产资源规划编制成果，组织建设并维护矿产资源规划数据库。

矿产资源规划数据库的建设标准由自然资源部另行制定。

第二十条 编制矿产资源规划，应当拟定矿产资源规划编制工作方案。

矿产资源规划编制工作方案应当包括下列内容：

（一）指导思想、基本思路和工作原则；

（二）主要工作任务和时间安排；

（三）重大专题设置；

（四）经费预算；

（五）组织保障。

第二十一条 编制矿产资源规划，应当遵循下列原则：

（一）贯彻节约资源和保护环境的基本国策，正确处理保障发展和保护资源的关系；

（二）符合法律法规和国家产业政策的规定；

（三）符合经济社会发展实际情况和矿产资源禀赋条件，切实可行；

（四）体现系统规划、合理布局、优化配置、整装勘查、集约开发、综合利用和发展绿色矿业的要求。

第二十二条 矿产资源总体规划的期限为5年至10年。

矿产资源专项规划的期限根据需要确定。

第二十三条 设区的市级以上自然资源主管部门对其组织编制的矿产资源规划，应当依据《规划环境影响评价条例》的有关规定，进行矿产资源规划环境影响评价。

第二十四条 矿产资源总体规划应当包括下列内容：

（一）背景与形势分析，矿产资源供需变化趋势预测；

（二）地质勘查、矿产资源开发利用和保护的主要目标与指标；

（三）地质勘查总体安排；

（四）矿产资源开发利用方向和总量调控；

（五）矿产资源勘查、开发、保护与储备的规划分区和结构调整；

（六）矿产资源节约与综合利用的目标、安排和措施；

（七）矿山地质环境保护与治理恢复、矿区土地复垦的总体安排；

（八）重大工程；

（九）政策措施。

矿产资源专项规划的内容根据需要确定。

第二十五条 对矿产资源规划编制中的重大问题，应当向社会公众征询意见。直接涉及单位或者个人合法权益的矿产资源规划内容，应当依据《国土资源听证规定》组织听证。

第二十六条 各级自然资源主管部门在编制矿产资源规划过程中，应当组织专家对主要目标与指标、重大工程、规划分区方案等进行论证，广泛征求相关部门、行业的意见。

第三章　实　　施

第二十七条　下列矿产资源规划,由自然资源部批准:

(一)国家级矿产资源专项规划;

(二)省级矿产资源总体规划和矿产资源专项规划;

(三)依照法律法规或者国务院规定,应当由自然资源部批准的其他矿产资源规划。

省级矿产资源总体规划经省级人民政府审核后,由自然资源部会同有关部门按规定程序审批。

设区的市级、县级矿产资源规划的审批,按照各省、自治区、直辖市的有关规定办理。

第二十八条　矿产资源规划审查报批时,应当提交下列材料:

(一)规划文本及说明;

(二)规划图件;

(三)专题研究报告;

(四)规划成果数据库;

(五)其他材料,包括征求意见、论证听证情况等。

第二十九条　自然资源部或者省级自然资源主管部门应当依据本办法的有关规定对矿产资源规划进行审查,并组织专家进行论证。涉及同级人民政府有关部门的,应当征求同级人民政府有关部门的意见。发现存在重大问题的,应当退回原编制机关修改、补充和完善。对不符合法律法规规定和国家有关规程的,不得批准。

第三十条　矿产资源规划批准后,应当及时公布,但法律法规另有规定或者涉及国家秘密的内容除外。

第三十一条　矿产资源规划一经批准,必须严格执行。

地质勘查、矿产资源开发利用和保护、矿山地质环境保护与治理恢复、矿区土地复垦等活动,应当符合矿产资源规划。

第三十二条　矿产资源总体规划批准后,有关自然资源主管部门应当建立矿产资源总体规划的年度实施制度,对下列事项作出年度实施安排:

(一)对实行总量控制的矿种,提出年度调控要求和计划安排;

(二)对优化矿产资源开发利用布局和结构,提出调整措施和年度指标;

(三)引导探矿权合理设置,对重要矿种的采矿权投放作出年度安排;

(四)对本级财政出资安排的地质勘查、矿产资源开发利用和保护、矿山地质环境保护与治理恢复、矿区土地复垦等工作，提出支持重点和年度指标。

有关自然资源主管部门在实施矿产资源总体规划过程中，可以根据形势变化和管理需要，对前款第（二）项、第（三）项、第（四）项的有关安排作出动态调整。

省级自然资源主管部门应当在每年1月31日前将上一年度矿产资源总体规划实施情况及本年度实施安排报送自然资源部。设区的市级、县级自然资源主管部门应当根据省级自然资源主管部门的规定，报送上一年度矿产资源总体规划实施情况及本年度实施安排。

第三十三条 有关自然资源主管部门应当依据矿产资源规划鼓励和引导探矿权投放，在审批登记探矿权时对下列内容进行审查：

（一）是否符合矿产资源规划确定的矿种调控方向；

（二）是否符合矿产资源规划分区要求，有利于促进整装勘查、综合勘查、综合评价。

有关自然资源主管部门在审批登记采矿权时，应当依据矿产资源规划对下列内容进行审查：

（一）是否符合矿产资源规划确定的矿种调控方向；

（二）是否符合矿产资源规划分区要求，有利于开采布局的优化调整；

（三）是否符合矿产资源规划确定的开采总量调控、最低开采规模、节约与综合利用、资源保护、环境保护等条件和要求。

不符合矿产资源规划要求的，有关自然资源主管部门不得审批、颁发勘查许可证和采矿许可证，不得办理用地手续。

没有法定依据，下级自然资源主管部门不得以不符合本级矿产资源规划为由干扰上级自然资源主管部门审批发证工作。

第三十四条 各级自然资源主管部门应当严格按照矿产资源规划审查本级财政出资安排的地质勘查、矿产资源开发利用和保护、矿山地质环境保护与治理恢复、矿区土地复垦等项目，不符合矿产资源规划确定的重点方向、重点区域和重大工程范围的，不得批准立项。

第三十五条 探矿权、采矿权申请人在申请探矿权、采矿权前，可以向有关自然资源主管部门查询拟申请项目是否符合矿产资源规划，有关自然资源主管部门应当提供便利条件。

探矿权、采矿权申请人向有关自然资源主管部门申请查询拟申请项目是否符合矿产资源规划时，应当提交拟申请勘查、开采的矿种、区域等基本资料。

第三十六条 各级自然资源主管部门应当组织对矿产资源规划实施情况进行评估，在矿产资源规划期届满时，向同级人民政府和上级自然资源主管部门报送评估报告。

承担矿产资源规划实施情况评估的单位，应当符合本办法第十六条规定的条件。

第三十七条 矿产资源规划期届满前，经国务院或者自然资源部、省级自然资源主管部门统一部署，有关自然资源主管部门应当对矿产资源规划进行修编，依据本办法有关规定报原批准机关批准。

第三十八条 有下列情形之一的，可以对矿产资源规划进行调整：

（一）地质勘查有重大发现的；

（二）因市场条件、技术条件等发生重大变化，需要对矿产资源勘查、开发利用结构和布局等规划内容进行局部调整的；

（三）新立矿产资源勘查、开发重大专项和工程的；

（四）自然资源部和省级自然资源主管部门规定的其他情形。

矿产资源规划调整涉及其他主管部门的，应当征求其他主管部门的意见。

第三十九条 调整矿产资源规划，应当由原编制机关向原批准机关提交下列材料，经原批准机关同意后进行：

（一）调整矿产资源规划的理由及论证材料；

（二）调整矿产资源规划的方案、内容说明和相关图件；

（三）自然资源部和省级自然资源主管部门规定应当提交的其他材料。

上级矿产资源规划调整后，涉及调整下级矿产资源规划的，由上级自然资源主管部门通知下级自然资源主管部门作出相应调整，并逐级报原批准机关备案。

矿产资源总体规划调整后，涉及调整矿产资源专项规划的，有关自然资源主管部门应当及时作出相应调整。

第四章 法律责任

第四十条 各级自然资源主管部门应当加强对矿产资源规划实施情况的监督检查，发现地质勘查、矿产资源开发利用和保护、矿山地质环境保护与治理恢复、矿区土地复垦等活动不符合矿产资源规划的，应当及时予以纠正。

第四十一条 依据本办法有关规定，应当编制矿产资源规划而未编制的，上级自然资源主管部门应当责令有关自然资源主管部门限期编制。

未按本办法规定程序编制、审批、调整矿产资源规划的，或者规划内容违反国家法律法规、标准规程和上级规划要求的，上级自然资源主管部门应当责令有关自然资源主管部门限期改正。

第四十二条 有关自然资源主管部门违反本办法规定擅自修编、调整矿产资源规划的，上级自然资源主管部门应当及时予以纠正，并追究有关人员的责任。

第四十三条 违反矿产资源规划颁发勘查许可证、采矿许可证的，颁发勘查许可证、采矿许可证的自然资源主管部门或者上级自然资源主管部门应当及时予以纠正，并追究有关人员的责任；给当事人的合法权益造成损害的，当事人有权依法申请赔偿。

第五章 附 则

第四十四条 本办法自2012年12月1日起施行。

古生物化石保护条例实施办法

（2012年12月27日国土资源部令第57号公布 根据2015年5月11日《国土资源部关于修改〈地质灾害危险性评估单位资质管理办法〉等5部规章的决定》第一次修订 根据2016年1月8日《国土资源部关于修改和废止部分规章的决定》第二次修订 根据2019年7月24日《自然资源部关于第一批废止和修改的部门规章的决定》第三次修订）

第一章 总 则

第一条 依据《古生物化石保护条例》（以下简称《条例》），制定本办法。

第二条 自然资源部负责全国古生物化石保护的组织、协调、指导和监督管理，履行下列职责：

（一）依据法律、行政法规和国家有关规定，研究制定古生物化石保护的规章制度、方针政策以及有关技术标准和规范；

（二）组织成立国家古生物化石专家委员会，制定章程，保障国家古生物化石专家委员会依照《条例》的规定开展工作，发挥专家的专业指导和咨询作用；

（三）组织制定国家古生物化石分级标准，审查批准并分批公布重点保护古生物化石名录和重点保护古生物化石集中产地名录；

（四）依据《条例》规定的权限和程序，负责古生物化石发掘、流通、进出境等相关事项的审批；

（五）建立和管理全国的重点保护古生物化石档案和数据库；

（六）监督检查古生物化石保护和管理的法律、行政法规的实施，依法查处重大违法案件；

（七）组织开展古生物化石保护的科学研究、宣传教育和管理业务培训；

（八）法律、行政法规规定的其他职责。

第三条 省、自治区、直辖市人民政府自然资源主管部门负责本行政区域内古生物化石保护的组织、协调、指导和监督管理，履行下列职责：

（一）贯彻执行古生物化石保护的法律、法规、规章制度和方针政策；

（二）组织协调有关部门和单位支持国家古生物化石专家委员会依照《条例》的规定开展工作。通过成立省级古生物化石专家委员会等方式，发挥专家的专业指导和咨询作用；

（三）依据《条例》和省、自治区、直辖市有关规定确定的权限和程序，负责本行政区域内一般保护古生物化石发掘、进出境等相关事项的审批；

（四）建立和管理本行政区域的重点保护古生物化石档案和数据库；

（五）监督检查古生物化石保护和管理法律、法规、规章在本行政区域内的实施，依法查处违法案件；

（六）组织开展本行政区域内古生物化石保护的科学研究、宣传教育和管理业务培训；

（七）法律、法规以及自然资源部规定的其他职责。

第四条 设区的市、县级人民政府自然资源主管部门依据《条例》和省、自治区、直辖市的有关规定，负责本行政区域内古生物化石保护的管理和监督检查。

第五条 县级以上人民政府自然资源主管部门应当确定相应的机构和人员承担古生物化石保护的管理和监督检查工作。

第六条 国家古生物化石专家委员会负责为古生物化石保护和管理提供专业指导和咨询，主要承担下列工作：

（一）参与古生物化石保护和管理的法律、法规、规章制度和方针政策的制定；

（二）对重点保护古生物化石集中产地保护规划出具评审意见；

（三）拟定古生物化石保护和管理的有关技术标准和规范；

（四）拟定重点保护古生物化石名录和重点保护古生物化石集中产地名录；

（五）为建立国家级古生物化石自然保护区和涉及重点保护古生物化石的地质公园、博物馆等提供咨询服务；

（六）对古生物化石发掘申请出具评审意见；

（七）对申请进出境的重点保护古生物化石、涉嫌违法进出境的古生物化石、有关部门查获的古生物化石等出具鉴定意见；

（八）对古生物化石收藏单位进行评估定级；

（九）开展古生物化石保护和管理的专业培训；

（十）自然资源部规定的其他事项。

自然资源部成立国家古生物化石专家委员会办公室，负责国家古生物化石专家委员会的日常工作。

国家古生物化石专家委员会的章程由自然资源部另行制定。

省、自治区、直辖市人民政府自然资源主管部门可以根据实际工作需要，成立省级古生物化石专家委员会及办公室，具体办法由省、自治区、直辖市人民政府自然资源主管部门制定。省级古生物化石专家委员会接受国家古生物化石专家委员会的专业指导。

第七条 古生物化石分为重点保护古生物化石和一般保护古生物化石。按照科学价值重要程度、保存完整程度和稀少程度，将重点保护古生物化石划分为一级、二级和三级。

重点保护古生物化石分级标准和重点保护古生物化石名录由自然资源部另行制定。

第八条 重点保护古生物化石集中产地所在地设区的市、县级人民政府自然资源主管部门，应当组织编制重点保护古生物化石集中产地保护规划，针对当地古生物化石的分布、产出情况，分类采取保护措施，作出具体安排。重点保护古生物化石集中产地保护规划由所在地的省、自治区、直辖市人民政府自然资源主管部门初审，经国家古生物化石专家委员会评审通过，由所在地设区的市、县级人民政府批准后实施。

重点保护古生物化石集中产地保护规划经批准后，重点保护古生物化石集中产地所在地设区的市、县级人民政府自然资源主管部门应当在30个工作日内逐级上报自然资源部备案。

重点保护古生物化石集中产地名录由国家古生物化石专家委员会拟定，由自然资源部公布。

第九条 申请建立国家级古生物化石自然保护区和涉及重点保护古生物化石的地质公园、博物馆的，申请单位应当在向有关主管部门提出申请前征求国家古生物化石专家委员会的意见。

第十条 县级以上人民政府自然资源主管部门应当将古生物化石保护工作所需经费纳入年度预算，专款用于古生物化石保护管理、产地和标本保护、调查评价、规划编制、评审鉴定、咨询评估、科研科普、宣传培训等工作。

第十一条 单位或者个人有下列行为之一的，由县级以上人民政府自然资源主管部门给予奖励：

（一）严格执行国家有关法律法规，在古生物化石保护管理、科学研究、宣传教育等方面做出显著成绩的；

（二）举报或制止违法犯罪行为，使重点保护古生物化石得到保护的；

（三）将合法收藏的重点保护古生物化石捐赠给国有收藏单位的；

（四）发现重点保护古生物化石及时报告或者上交的；

（五）其他对古生物化石保护工作做出突出贡献的。

第十二条 国家鼓励单位或者个人通过捐赠等方式设立古生物化石保护基金，专门用于古生物化石保护，任何单位或者个人不得侵占、挪用。

第二章 古生物化石发掘

第十三条 在国家级古生物化石自然保护区内发掘古生物化石，或者在其他区域发掘古生物化石涉及重点保护古生物化石的，应当向自然资源部提出申请并取得批准。

除前款规定的情形外，其他申请发掘古生物化石的，应当向古生物化石所在地的省、自治区、直辖市人民政府自然资源主管部门提出申请并取得批准。

第十四条 申请发掘古生物化石的单位，应当提交下列材料：

（一）古生物化石发掘申请表；

（二）申请发掘古生物化石单位的证明材料；

（三）古生物化石发掘方案，包括发掘时间和地点、发掘对象、发掘地的地形地貌、区域地质条件、发掘面积、层位和工作量、发掘技术路线、发掘领队及参加人员情况等；

（四）古生物化石发掘标本保存方案，包括发掘的古生物化石可能的属种、古生物化石标本保存场所及其保存条件、防止化石标本风化、损毁的措施等；

（五）古生物化石发掘区自然生态条件恢复方案，包括发掘区自然生态条件现状、发掘后恢复自然生态条件的目标任务和措施、自然生态条件恢复工程量、自然生态条件恢复工程经费概算及筹措情况；

（六）法律、法规规定的其他材料。

第十五条　本办法第十四条第二项规定的证明材料包括：

(一)单位性质证明材料；

(二)3名以上技术人员的古生物专业或者相关专业的技术职称证书，及其3年以上古生物化石的发掘经历证明。发掘活动的领队除应当提供3年以上古生物化石的发掘经历证明以外，还应当提供古生物专业高级职称证书；

(三)符合古生物化石发掘需要的设施、设备的证明材料；

(四)古生物化石修复技术和保护工艺的证明材料；

(五)符合古生物化石安全保管的设施、设备和场所的证明材料。

同一单位两年内再次提出发掘申请的，可以不再提交以上材料，但应当提供发掘活动领队的证明材料。

第十六条　自然资源部应当自受理发掘申请之日起5个工作日内，向古生物化石所在地的省、自治区、直辖市人民政府自然资源主管部门发送征求意见函。省、自治区、直辖市人民政府自然资源主管部门应当听取古生物化石所在地设区的市、县级自然资源主管部门的意见，并在10个工作日内向自然资源部回复意见。

第十七条　自然资源部和省、自治区、直辖市人民政府自然资源主管部门批准发掘申请后，应当将批准文件抄送古生物化石所在地的县级以上地方人民政府自然资源主管部门。

第十八条　发掘古生物化石的单位，改变古生物化石发掘方案、发掘标本保存方案和发掘区自然生态条件恢复方案的，应当报原批准发掘的自然资源主管部门批准。

第十九条　依据《条例》的规定零星采集古生物化石标本的，不需要申请批准。零星采集活动的负责人应当在采集活动开始前向古生物化石所在地的省、自治区、直辖市人民政府自然资源主管部门提交零星采集古生物化石告知书。有关省、自治区、直辖市人民政府自然资源主管部门应当予以支持。

零星采集单位应当按照零星采集古生物化石告知书中的内容开展采集活动。确需改变零星采集计划的，采集活动的负责人应当将变更情况及时告知古生物化石所在地的省、自治区、直辖市人民政府自然资源主管部门。

第二十条　中外合作开展的科学研究项目，需要在中华人民共和国领域和中华人民共和国管辖的其他海域发掘古生物化石的，发掘申请由中方化石发掘单位向自然资源部提出，发掘领队由中方人员担任，发掘的古生物化石归中方所有。

第二十一条　建设工程选址，应当避开重点保护古生物化石赋存的区域；确实无法避开的，应当采取必要的保护措施，或者依据《条例》的有关规定由县级以上人民政府自然资源主管部门组织实施抢救性发掘。

第二十二条 发掘古生物化石给他人生产、生活造成损失的,发掘单位应当采取必要的补救措施,并承担相应的赔偿责任。

第三章 古生物化石收藏

第二十三条 古生物化石收藏单位可以通过下列方式合法收藏重点保护古生物化石:

(一)依法发掘;

(二)依法转让、交换、赠与;

(三)接受委托保管、展示;

(四)自然资源主管部门指定收藏;

(五)法律、法规规定的其他方式。

任何单位和个人不得收藏违法获得或者不能证明合法来源的古生物化石。

第二十四条 收藏古生物化石的收藏单位,应当符合《条例》规定的收藏条件,保障其收藏的古生物化石安全。

依据收藏条件,将古生物化石收藏单位分为甲、乙、丙三个级别。古生物化石收藏单位的级别,由国家古生物化石专家委员会评定,并定期开展评估。国家古生物化石专家委员会应当将级别评定结果和评估结果报自然资源部备案。

级别评定结果和评估结果应当定期公布,作为县级以上人民政府自然资源主管部门对收藏单位进行管理和监督检查的重要依据。

第二十五条 甲级古生物化石收藏单位应当符合下列条件:

(一)有固定的馆址、专用展室和保管场所;

(二)古生物化石收藏、修复、展示的场所及附属设施的面积不小于2000平方米;

(三)拥有相关研究成果的古生物专业或者相关专业的技术人员不少于20人;

(四)有防止古生物化石自然毁损的技术、工艺和完备的防火防盗等设施、设备;

(五)有完善的古生物化石档案和数据库系统;

(六)有完善的古生物化石收集、登记、入库、保管、使用、注销以及资产、安全防范等方面的管理制度;

(七)有稳定的经费来源,设立了年度保护专项经费。

第二十六条 乙级古生物化石收藏单位应当符合下列条件:

(一)有固定的馆址、专用展室和保管场所;

(二)古生物化石收藏、修复、展示的场所及附属设施的面积不小于1000平方米;

(三)拥有相关研究成果的古生物专业或者相关专业的技术人员不少于10人;

(四)有防止古生物化石自然毁损的技术、工艺和比较完备的防火防盗等设施、设备;

(五)有比较完善的古生物化石档案和数据库系统;

(六)有比较完善的古生物化石收集、登记、入库、保管、使用、注销以及资产、安全防范等方面的管理制度;

(七)有稳定的经费来源,能保障正常运转。

第二十七条 丙级古生物化石收藏单位应当符合下列条件:

(一)有固定的馆址、专用展室和保管场所;

(二)古生物化石收藏、展示的场所及附属设施的面积不小于300平方米;

(三)拥有相关研究成果的古生物专业或者相关专业的技术人员不少于3人;

(四)有防止古生物化石自然毁损的技术、工艺和防火防盗等设施、设备;

(五)建立了古生物化石档案和数据库;

(六)建立了古生物化石收集、登记、入库、保管、使用、注销以及资产、安全防范等方面的管理制度;

(七)有稳定的经费来源,能维持正常运转。

第二十八条 收藏古生物化石模式标本的单位,应当符合甲级古生物化石收藏单位的收藏条件。收藏模式标本以外的一级重点保护古生物化石的单位,应当符合乙级以上古生物化石收藏单位的收藏条件。收藏二级、三级重点保护古生物化石的单位,应当符合丙级以上古生物化石收藏单位的收藏条件。但是,有下列情形之一的除外:

(一)在古生物化石产地和地质公园内设立的博物馆(陈列馆),因科普宣传需要收藏本地发掘的古生物化石的;

(二)古生物化石科研机构、高等院校,因科学研究、教学的需要,在标本库中保存古生物化石的;

(三)自然资源部规定的其他情形。

前款规定的单位收藏和保存重点保护古生物化石的，应当采取必要的保护措施。

第二十九条 古生物化石收藏单位应当建立古生物化石档案，并将本单位收藏的重点保护古生物化石档案报所在地的县级以上人民政府自然资源主管部门备案。

古生物化石收藏单位应当在档案中如实对本单位收藏的古生物化石作出描述和标注，并根据收藏情况变化及时对档案作出变更。古生物化石收藏单位对本单位的古生物化石档案的真实性负责。

收藏单位的法定代表人变更时，应当办理本单位收藏的古生物化石档案的移交手续。

第三十条 自然资源部负责制定古生物化石档案和数据库建设标准，建立和管理全国的重点保护古生物化石档案和数据库。县级以上地方人民政府自然资源主管部门负责建立和管理本行政区域的重点保护古生物化石档案和数据库。

第三十一条 重点保护古生物化石失窃或者遗失的，收藏单位应当立即向当地公安机关报案，同时向所在地的县级以上人民政府自然资源主管部门报告。县级以上人民政府自然资源主管部门应当在 24 小时内逐级上报自然资源部。自然资源部应当立即通报海关总署，防止重点保护古生物化石流失境外。

第三十二条 国家古生物化石专家委员会每三年组织专家对古生物化石收藏单位进行一次评估，并根据评估结果，对收藏单位的级别进行调整。

收藏单位对级别评定结果和评估结果有异议的，可以申请国家古生物化石专家委员会另行组织专家重新评估。

第三十三条 古生物化石收藏单位应当在每年 1 月 31 日前向所在地设区的市、县级人民政府自然资源主管部门报送年度报告。年度报告应当包括本单位上一年度藏品、人员和机构的变动情况以及国内外展览、标本安全、科普教育、科学研究、财务管理等情况。

设区的市、县级人民政府自然资源主管部门应当在每年 2 月 28 日前，将上一年度本行政区域内古生物化石收藏单位年度报告逐级上报省、自治区、直辖市人民政府自然资源主管部门。省、自治区、直辖市人民政府自然资源主管部门应当在每年 3 月 31 日前汇总并报送自然资源部。

县级以上人民政府自然资源主管部门应当对古生物化石收藏单位进行实地抽查。

第三十四条 国家鼓励单位和个人将《条例》施行前收藏的重点保护古

生物化石，在规定期限内到所在地的省、自治区、直辖市人民政府自然资源主管部门进行登记。省、自治区、直辖市人民政府自然资源主管部门应当将登记结果纳入本行政区域的重点保护古生物化石档案和数据库。

第三十五条　国家鼓励单位或个人将其合法收藏的重点保护古生物化石委托符合条件的收藏单位代为保管或者展示。

第三十六条　自然资源部或者省、自治区、直辖市人民政府自然资源主管部门应当组织专家对公安、市场监管、海关等部门查获的有理由怀疑属于古生物化石的物品进行鉴定，出具是否属于古生物化石的证明文件。

公安、市场监督管理、海关等部门依法没收的古生物化石由同级自然资源主管部门负责接收。有关自然资源主管部门应当出具接收凭证，并将接收的古生物化石交符合条件的收藏单位收藏。

第四章　古生物化石流通

第三十七条　除收藏单位之间转让、交换、赠与其收藏的重点保护古生物化石外，重点保护古生物化石不得流通。国家鼓励单位和个人将其合法收藏的重点保护古生物化石捐赠给符合条件的收藏单位收藏。

第三十八条　收藏单位不得将收藏的重点保护古生物化石转让、交换、赠与给不符合收藏条件的单位和个人。收藏单位之间转让、交换、赠与其收藏的重点保护古生物化石的，应当签订转让、交换、赠与合同，并在转移重点保护古生物化石之日起20日内，由接收方将转让、交换、赠与合同以及古生物化石清单和照片报自然资源部备案。

第三十九条　买卖一般保护古生物化石的，应当依据省、自治区、直辖市人民政府的规定，在县级以上地方人民政府指定的场所进行。县级以上地方人民政府自然资源主管部门应当加强对本行政区域内一般保护古生物化石买卖的监督管理。

第四十条　收藏单位不再收藏的一般保护古生物化石，可以依法流通。

第五章　古生物化石进出境

第四十一条　自然资源部对全国的古生物化石出境活动进行统筹协调。省、自治区、直辖市人民政府自然资源主管部门，应当在每年12月31日前，将本行政区域内有关单位的下一年度古生物化石出境计划汇总上报自然资源部。

第四十二条 申请重点保护古生物化石出境的单位或者个人应当向自然资源部提交下列材料：

（一）古生物化石出境申请表；

（二）申请出境的古生物化石清单和照片。古生物化石清单内容包括标本编号、标本名称、重点保护级别、产地、发掘时间、发掘层位、标本尺寸和收藏单位等；

（三）外方合作单位的基本情况及资信证明；

（四）合作研究合同或者展览合同；

（五）出境古生物化石的保护措施；

（六）出境古生物化石的应急保护预案；

（七）出境古生物化石的保险证明；

（八）自然资源部规定的其他材料。

第四十三条 申请一般保护古生物化石出境的单位或者个人应当向所在地的省、自治区、直辖市人民政府自然资源主管部门提交下列材料：

（一）古生物化石出境申请表；

（二）申请出境的古生物化石清单和照片。古生物化石清单内容包括标本名称、产地、标本尺寸及数量等。

第四十四条 经批准出境的重点保护古生物化石进境的，申请人应当自办结进境海关手续之日起5日内向自然资源部申请进境核查，提交出境古生物化石进境核查申请表。

第四十五条 境外古生物化石临时进境的，境内的合作单位或者个人应当依据《条例》的规定向自然资源部申请核查、登记，提交下列材料：

（一）境外古生物化石临时进境核查申请表；

（二）合作合同；

（三）进境化石的清单和照片。古生物化石清单内容包括标本名称、属种、编号、尺寸、产地等；

（四）外方批准古生物化石合法出境的证明材料。

第四十六条 境外古生物化石在境内展览、合作研究或教学等活动结束后，由境内有关单位或者个人向自然资源部申请核查，提交下列材料：

（一）境外古生物化石复出境申请表；

（二）复出境古生物化石清单及照片。古生物化石清单内容包括标本名称、属种、编号、尺寸、产地等；

（三）自然资源部对该批古生物化石进境的核查、登记凭证。

第四十七条 对境外查获的有理由怀疑属于我国古生物化石的物品，自然资源部应当组织国家古生物化石专家委员会进行鉴定。对违法出境的古生物化石，自然资源部应当在国务院外交、公安、海关等部门的支持和配合下进行追索。追回的古生物化石，由自然资源部交符合相应条件的收藏单位收藏。

第四十八条 因科学研究、文化交流等原因合法出境的古生物化石，境外停留期限超过批准期限的，批准出境的自然资源主管部门应当责令境内申请人限期追回出境的古生物化石。逾期未追回的，参照本办法关于违法出境的古生物化石的有关规定处理。

第六章 法律责任

第四十九条 县级以上人民政府自然资源主管部门及其工作人员有下列行为之一的，由上级人民政府自然资源主管部门责令限期改正；逾期不改正的，对直接负责的主管人员和其他直接责任人员依法给予处分：

（一）未依照本办法的规定编制和实施重点保护古生物化石集中产地保护规划的；

（二）未依照本办法的规定建立和管理古生物化石档案和数据库的；

（三）未依照本办法的规定将重点保护古生物化石失窃或者遗失的情况报告自然资源部的；

（四）其他不依法履行监督管理职责的行为。

第五十条 未经批准发掘古生物化石或者未按照批准的发掘方案发掘古生物化石的，县级以上人民政府自然资源主管部门责令停止发掘，限期改正，没收发掘的古生物化石，并处罚款。在国家级古生物化石自然保护区、国家地质公园和重点保护古生物化石集中产地内违法发掘的，处30万元以上50万元以下罚款；在其他区域内违法发掘的，处20万元以上30万元以下罚款。

未经批准或者未按照批准的发掘方案发掘古生物化石，构成违反治安管理行为的，由公安机关依法给予治安管理处罚；构成犯罪的，依法追究刑事责任。

未按照批准的发掘方案发掘古生物化石，情节严重的，由批准古生物化石发掘的自然资源主管部门撤销批准发掘的决定。

第五十一条 单位或者个人在生产、建设活动中发现古生物化石不报告的，由县级以上人民政府自然资源主管部门对建设工程实施单位处1万元以下罚款；造成古生物化石损毁的，依法承担相应的法律责任。

第五十二条 古生物化石发掘单位未按照规定移交古生物化石的，由批准发掘的自然资源主管部门责令限期改正；逾期不改正，或者造成古生物化石损毁的，涉及一般保护古生物化石的，处10万元以上20万元以下罚款；涉及重点保护古生物化石的，处20万元以上50万元以下罚款；直接负责的主管人员和其他直接责任人员构成犯罪的，依法追究刑事责任。

第五十三条 收藏单位不符合本办法规定的收藏条件收藏古生物化石的，由县级以上人民政府自然资源主管部门责令限期改正；逾期不改正的，处5万元以上10万元以下的罚款；已严重影响其收藏的重点保护古生物化石安全的，由自然资源部指定符合本办法规定的收藏条件的收藏单位代为收藏，代为收藏的费用由原收藏单位承担。

第五十四条 单位或者个人违反本办法的规定，收藏违法获得或者不能证明合法来源的重点保护古生物化石的，由县级以上人民政府自然资源主管部门依法没收有关古生物化石，并处3万元以下罚款。

第五十五条 国有收藏单位将其收藏的重点保护古生物化石违法转让、交换、赠与给非国有收藏单位或者个人的，由县级以上人民政府自然资源主管部门责令限期改正；逾期不改正的，涉及三级重点保护古生物化石的，对国有收藏单位处20万元以上30万元以下罚款；涉及二级重点保护古生物化石的，对国有收藏单位处30万元以上40万元以下罚款；涉及一级重点保护古生物化石的，对国有收藏单位处40万元以上50万元以下罚款，对直接负责的主管人员和其他直接责任人员依法给予处分；构成犯罪的，依法追究刑事责任。

第五十六条 单位或者个人将其收藏的重点保护古生物化石转让、交换、赠与、质押给外国人或者外国组织的，由县级以上人民政府自然资源主管部门责令限期追回，涉及三级重点保护古生物化石的，对单位处10万元以上30万元以下罚款，对个人处2万元以上3万元以下罚款；涉及二级重点保护古生物化石的，对单位处30万元以上40万元以下罚款，对个人处3万元以上5万元以下罚款；涉及一级重点保护古生物化石的，对单位处40万元以上50万元以下罚款，对个人处5万元以上10万元以下罚款；有违法所得的，没收违法所得；构成犯罪的，依法追究刑事责任。

第五十七条 古生物化石专家违反法律法规和本办法的规定，开展评审、鉴定、评估等工作，违背职业道德、危害国家利益的，不得担任国家古生物化石专家委员会或者省级古生物化石专家委员会的委员；构成犯罪的，依法追究刑事责任。

第七章 附 则

第五十八条 本办法规定的古生物化石发掘申请表、零星采集古生物化石告知书、古生物化石出境申请表、出境古生物化石进境核查申请表、境外古生物化石临时进境核查申请表、境外古生物化石复出境申请表等申请材料的格式由自然资源部另行制定。

第五十九条 本办法自2013年3月1日起施行。

地质环境监测管理办法

（2014年4月29日国土资源部令第59号公布 根据2019年7月24日《自然资源部关于第一批废止和修改的部门规章的决定》修订）

第一条 为了加强地质环境监测管理，规范地质环境监测行为，保护人民生命和财产安全，根据《中华人民共和国矿产资源法》、《地质灾害防治条例》等有关法律法规，制定本办法。

第二条 本办法所称地质环境监测，是指对自然地质环境或者工程建设影响的地质环境及其变化，进行定期观察测量、采样测试、记录计算、分析评价和预警预报的活动。

第三条 下列地质环境监测活动及其监督管理适用本办法：

（一）地下水地质环境监测；

（二）矿山地质环境监测；

（三）地质遗迹监测；

（四）其他相关地质环境监测。

第四条 地质环境监测坚持政府主导、分级负责、科学规划、群专结合的原则。

第五条 自然地质环境监测由县级以上人民政府自然资源主管部门负责组织实施；工程建设影响的地质环境监测由相关责任单位负责组织实施。

第六条 自然资源部负责全国地质环境监测管理工作。

县级以上地方人民政府自然资源主管部门负责本行政区域内的地质环境监测管理工作。

第七条 县级以上人民政府自然资源主管部门应当将地质环境监测网络建设、运行、维护等所需经费纳入年度预算，保障地质环境监测工作的顺利开展。

第八条 国家鼓励和支持地质环境监测科学研究、技术创新与国际合作。

对在地质环境监测工作中作出突出贡献的单位和个人，由县级以上人民政府自然资源主管部门给予奖励。

第九条 县级以上人民政府自然资源主管部门应当编制地质环境监测规划。

自然资源部负责组织编制全国地质环境监测规划。

县级以上地方人民政府自然资源主管部门依据上级地质环境监测规划，结合本地区实际，组织编制本行政区域内的地质环境监测规划，并报同级人民政府和上一级人民政府自然资源主管部门备案。

第十条 地质环境监测规划应当包括地质环境监测现状、需求分析、规划目标、规划原则、监测网络布局、重点监测工程、经费预算和规划实施的保障措施等内容。

第十一条 地质环境监测规划应当符合国民经济和社会发展规划，并与其他相关规划相互衔接。

第十二条 自然资源部所属地质环境监测机构，承担国家地质环境监测工作，统筹规划和组织建设全国地质环境监测网络，开展全国地质环境状况分析评价和预警预报，对全国地质环境监测工作进行技术指导。

县级以上地方人民政府自然资源主管部门所属地质环境监测机构，承担本行政区域内的地质环境监测工作，并接受上级人民政府自然资源主管部门所属地质环境监测机构的技术指导。

第十三条 地质环境监测机构应当具备与其所承担的地质环境监测工作相适应的能力和条件，达到自然资源部制定的地质环境监测机构建设标准。

各级自然资源主管部门应当对从事地质环境监测活动的技术人员进行岗位培训。

第十四条 地质环境监测机构及其工作人员从事地质环境监测活动应当遵守国家和行业有关地质环境监测技术规范。

自然资源部负责制定国家和行业有关地质环境监测技术规范。

省、自治区、直辖市人民政府自然资源主管部门可以根据本地区实际，依据国家和行业有关地质环境监测技术规范，制定本行政区域内的地质环境监测技术规范。

第十五条 因工程建设活动对地质环境造成影响的，相关责任单位应当委托具备能力的地质环境监测机构开展相应的地质环境监测工作。

第十六条 地质环境监测网络由地质环境监测点、地质环境监测站和地质环境监测信息系统组成。

县级以上人民政府自然资源主管部门应当依据地质环境监测规划和技术

规范组织建设地质环境监测网络。

第十七条 地质环境监测点是获取地质环境监测数据的工作位置。

地质环境监测点的设置，应当依据地质环境监测规划，充分考虑地质环境条件和经济社会发展需求。

第十八条 地质环境监测站是为获取地质环境监测数据，在地质环境监测点建立的配置基础设施和相关设备的场所。

地质环境监测站的建设、运行和维护，应当符合布局合理、技术先进、运行稳定、维护方便、经济适用的要求。

地质环境监测站建设、运行和维护的标准由自然资源部制定。

第十九条 地质环境监测信息系统是由信息网络与数据处理设施、设备等组成，实现地质环境监测数据采集、传输、管理现代化功能的综合系统。

地质环境监测信息系统的建设、运行和维护，应当符合数据准确、传输及时、存储安全、管理高效、保障有力的要求。

地质环境监测信息系统建设、运行和维护的标准由自然资源部制定。

第二十条 国家保护地质环境监测设施。县级以上地方人民政府自然资源主管部门负责本行政区域内的地质环境监测设施保护工作。

地质环境监测设施应当按照自然资源部要求统一标识。

负责运行维护的地质环境监测机构对地质环境监测设施进行登记、造册，并及时将运行维护情况报送设施所在地的县级人民政府自然资源主管部门备案。

任何单位和个人不得侵占、损坏或者擅自移动地质环境监测设施，不得妨碍地质环境监测设施的正常使用。

第二十一条 地质环境监测设施损坏的，负责运行维护的地质环境监测机构或者相关责任单位应当及时维修，确保其正常运行。

第二十二条 因工程建设等原因确需拆除或者移动地质环境监测设施的，工程建设单位应当在项目可行性研究阶段向项目所在地的县级人民政府自然资源主管部门提出申请，由项目所在地的县级人民政府自然资源主管部门征得组织建设地质环境监测设施的自然资源主管部门同意后，进行拆除或者移动地质环境监测设施。

拆除或者移动地质环境监测设施的费用由工程建设单位承担。

第二十三条 县级以上人民政府自然资源主管部门应当建立地质环境监测信息发布制度，统一发布本行政区域内的地质环境监测信息，及时公布地质环境预警预报信息。

县级以上人民政府自然资源主管部门在公开地质环境监测信息前，应当依照《中华人民共和国保守国家秘密法》、《中华人民共和国政府信息公开条例》等法律法规和国家有关规定对拟公开的地质环境监测信息进行审查。

第二十四条 县级以上人民政府自然资源主管部门应当建立地质环境预警预报制度。

地质环境监测机构发现地质环境显著变化或者监测数据异常的，应当分析原因和可能产生的影响，及时向监测区所在地的县级人民政府自然资源主管部门报告。县级人民政府自然资源主管部门接到报告后，应当立即组织应急调查，向同级人民政府提出采取相关措施的建议；依照有关规定发布地质环境预警预报信息，并报告上级人民政府自然资源主管部门。

第二十五条 地质环境监测机构依据本办法取得的地质环境监测资料，应当依照《地质资料管理条例》等有关规定报送监测区所在地的县级地方人民政府自然资源主管部门，并由其逐级报送自然资源部。

县级以上人民政府自然资源主管部门负责对地质环境监测资料进行汇总和分析。

地质环境监测机构应当对地质环境监测数据的真实性和准确性负责。

第二十六条 国家鼓励地质环境监测机构对取得的地质环境监测资料进行开放共享、加工处理和应用性开发。

第二十七条 县级以上人民政府自然资源主管部门应当建立地质环境监测监督检查制度，负责对地质环境监测规划编制和实施、地质环境监测机构能力建设、地质环境监测设施保护和地质环境监测工作质量等有关情况进行监督检查。

第二十八条 县级以上人民政府自然资源主管部门及其工作人员违反本办法规定，给国家和人民生命财产造成损失，有下列情形之一的，对直接负责的主管人员和其他直接责任人员依法给予处分：

（一）未依照本办法的规定编制和实施地质环境监测规划的；

（二）未依照本办法的规定组织建设地质环境监测网络的；

（三）未依照本办法的规定对从事地质环境监测活动的技术人员进行岗位培训的；

（四）未依照本办法的规定及时组织地质环境应急调查或者公布地质环境预警预报信息的；

（五）其他不依法履行地质环境监测管理职责的行为。

第二十九条 地质环境监测机构及其工作人员有下列行为之一的，由县级以上人民政府自然资源主管部门责令限期改正；逾期不改正的，对直接负责的主管人员和直接责任人员依法给予处分：

（一）未达到本办法规定的地质环境监测机构建设标准从事地质环境监测活动的；

（二）未依照国家和行业有关地质环境监测技术规范从事地质环境监测活动的；

（三）伪造、篡改地质环境监测数据和资料的；

（四）发现地质环境监测数据出现异常或者显著变化，未及时报告地质环境预警信息的；

（五）违反本办法规定擅自公开地质环境监测信息的；

（六）未依照本办法规定报送地质环境监测资料的；

（七）其他违反本办法规定从事地质环境监测活动的。

第三十条　因工程建设活动对地质环境造成影响的，相关责任单位未依照本办法的规定履行地质环境监测义务的，由县级以上人民政府自然资源主管部门责令限期改正，并依法处以罚款。

第三十一条　单位或者个人违反本办法规定，侵占、损坏或者擅自移动地质环境监测设施的，由县级以上人民政府自然资源主管部门责令限期改正，并依法处以罚款；情节严重，尚未构成犯罪的，由公安机关依照《中华人民共和国治安管理处罚条例》等有关规定予以处罚；情节特别严重，构成犯罪的，依法追究刑事责任。

第三十二条　非法披露、提供和使用应当保密的地质环境监测信息的，依照《中华人民共和国保守国家秘密法》等法律法规的有关规定予以处罚。

第三十三条　本办法自 2014 年 7 月 1 日起施行。

海洋观测站点管理办法

（2017 年 6 月 7 日国土资源部令第 73 号公布　根据 2019 年 7 月 24 日《自然资源部关于第一批废止和修改的部门规章的决定》修订）

第一条　为了加强海洋观测站点管理，保护海洋观测设施和观测环境，服务经济建设、国防建设和社会发展，根据《海洋观测预报管理条例》，制定本办法。

第二条　在中华人民共和国领域和中华人民共和国管辖的其他海域设立、调整和保护海洋观测站点，适用本办法。

本办法所称海洋观测站点，包括海洋观测站、测点、浮标、潜标、雷达站、海上观测平台、海底观测站点等。

第三条 海洋观测站点分为基本海洋观测站点和其他单位或者个人海洋观测站点。

基本海洋观测站点，是指国务院自然资源主管部门或者省、自治区、直辖市自然资源主管部门根据海洋观测网规划统一设立的海洋观测站点，包括国家基本海洋观测站点和地方基本海洋观测站点。

第四条 国务院自然资源主管部门负责全国海洋观测站点的管理。

国务院自然资源主管部门的海区派出机构（以下简称海区派出机构），按照国务院自然资源主管部门规定的权限，负责所管辖海域内海洋观测站点的管理。

沿海省、自治区、直辖市自然资源主管部门负责本行政区近岸海域内地方基本海洋观测站点以及其他单位或者个人海洋观测站点的管理。

第五条 海洋观测站点的设立和调整应当符合海洋观测网规划，符合国家有关标准和技术要求。

海洋观测站点的调整，包括海洋观测站点的迁移、撤销以及观测要素和规模的变更。

第六条 设立国家基本海洋观测站点，由海区派出机构按照全国海洋观测网规划，组织专家根据国家有关标准进行论证，报经国务院自然资源主管部门同意后，按照国家固定资产投资项目建设程序设立。

第七条 符合下列条件之一的，可以申请迁移国家基本海洋观测站点：

（一）国家重点工程建设确需依法占用的；

（二）海洋观测环境遭到严重破坏，失去治理和恢复可能，或者不能确保海洋观测资料的代表性、准确性和连续性的；

（三）因自然灾害等因素无法正常开展海洋观测业务的；

（四）因海洋观测业务发展需要的；

（五）国务院自然资源主管部门规定的其他情形。

第八条 因本办法第七条第一项规定需要迁移国家基本海洋观测站点的，由站点所在地的省、自治区、直辖市自然资源主管部门向海区派出机构提出迁站申请。申请材料应当包括：

（一）申请表；

（二）国家重点工程建设批准文件；

（三）迁建工程计划。

海区派出机构应当在收到申请材料后的二十个工作日内进行初步核查，对符合条件的，组织开展迁站选址工作，并向国务院自然资源主管部门提交迁站选址报告。

因本办法第七条第二、三、四、五项需要迁移国家基本海洋观测站点的，由海区派出机构组织开展迁站选址工作，并向国务院自然资源主管部门提交迁站选址报告。

第九条 国务院自然资源主管部门收到海区派出机构提交的迁站申报材料后，应当在二十个工作日内组织专家进行技术审查和实地核查，并作出决定。符合下列条件的，国务院自然资源主管部门应当同意迁站，并在十个工作日内予以公告：

（一）符合本办法第七条规定；

（二）符合全国海洋观测网规划；

（三）新站选址合理；

（四）迁建工程计划可行。

第十条 国家基本海洋观测站点迁站申请经国务院自然资源主管部门同意后，海区派出机构应当根据迁建工程计划，在规定的时间内组织完成新站建设。

因本办法第七条第一项规定需要迁建国家基本海洋观测站点的，所需费用由站点所在地的省、自治区、直辖市自然资源主管部门向本级人民政府申请或者由国家重点工程建设单位承担。

第十一条 迁建的国家基本海洋观测站点建成后，由海区派出机构组织验收。符合下列条件的，海区派出机构应当予以验收：

（一）建设任务已经完成；

（二）建设内容和建筑物布局与申报材料一致；

（三）观测场所符合相关标准和要求；

（四）观测设施能够正常运行并已取得检定或者校准证书；

（五）配套工程及附属工程能够满足业务需求。

第十二条 迁建的国家基本海洋观测站点建成后，应当与旧站进行至少一年的对比观测。旧站因遭受严重自然灾害无法正常开展业务工作的，可以在原址设立临时观测站点，进行一个月的对比观测。

新站与旧站经过对比观测，实现观测资料的有效衔接后，由海区派出机构向国务院自然资源主管部门提出启用申请，经国务院自然资源主管部门同意后，正式启用新站。

新站正式启用前，应当严格保护旧站及观测环境和观测设施。新站正式启用后，才能改变旧站用途。

第十三条 符合下列条件之一的，可以申请撤销国家基本海洋观测站点：

（一）海洋观测环境已经不能确保海洋观测资料的代表性、准确性和连续性，且失去海洋观测服务的价值并无法恢复的；

（二）因自然灾害等因素，现址已经不具备设立条件，且无另选新址重建必要的。

第十四条 撤销国家基本海洋观测站点，由海区派出机构向国务院自然资源主管部门提出撤销申请，并提交撤销论证报告。

国务院自然资源主管部门收到撤销申请后，应当在二十个工作日内组织专家进行技术审查和实地核查，并作出决定。符合本办法第十三条规定的，国务院自然资源主管部门应当同意撤销，并在十个工作日内予以公告。

第十五条 其他单位或者个人在近岸海域内设立、迁移海洋观测站点或者变更观测要素和规模的，应当报省、自治区、直辖市自然资源主管部门，并由省、自治区、直辖市自然资源主管部门报海区派出机构备案。

其他单位或者个人在近岸海域外设立、迁移海洋观测站点或者变更观测要素和规模的，应当报海区派出机构，并由海区派出机构报国务院自然资源主管部门备案。

第十六条 其他单位或者个人设立、迁移海洋观测站点或者变更观测要素和规模，应当在完成设立、迁移、变更后三十日内提交备案报告。备案报告包括设立、迁移海洋观测站点或者变更的观测要素、规模、观测时限以及技术要求等内容。

第十七条 在依法划定的海洋观测环境保护范围内，禁止从事下列活动：

（一）建设房屋、围墙、堤坝等障碍物；

（二）设置影响潜标使用功能的水声干扰源和影响雷达站的强电磁干扰源。

第十八条 在海洋观测环境保护范围内新建、改建、扩建建设工程，建设单位应当征求原负责设立、调整该海洋观测站点的自然资源主管部门意见，并依法采取措施，避免对海洋观测站点及其设施、观测环境造成危害。

第十九条 沿海县级以上自然资源主管部门、海区派出机构应当加强对海洋观测站点设立、调整和保护工作的监督检查。

第二十条 沿海县级以上自然资源主管部门、海区派出机构应当建立海洋观测站点管理信息平台，开展海洋观测站点设立、调整、保护和检查应用管理系统建设，建立健全相关资料数据库动态更新机制，纳入海洋综合信息监管平台统一管理。

第二十一条 违反本办法第十七条规定，在海洋观测环境保护范围内从事禁止活动的，依照《海洋观测预报管理条例》第三十二条的规定处罚。

第二十二条 沿海县级以上自然资源主管部门、海区派出机构及其工作人员违反本办法规定，有下列行为之一的，依法给予处分：

（一）违反本办法第七条、第九条规定，同意迁移国家基本海洋观测站点的；

（二）违反本办法第十一条、第十二条规定，同意迁建的国家基本海洋观测站点通过验收和启用的；

（三）违反本办法第十三条规定，同意撤销国家基本海洋观测站点的。

第二十三条 设立、调整地方基本海洋观测站点应当符合全国海洋观测网规划和地方海洋观测网规划，避免与国家基本海洋观测站点重复建设。具体办法由沿海省、自治区、直辖市自然资源主管部门参照本办法的规定制定。

第二十四条 本办法自公布之日起施行。

外国的组织或者个人来华测绘管理暂行办法

（2007年1月19日国土资源部令第38号公布　根据2011年4月27日《国土资源部关于修改〈外国的组织或者个人来华测绘管理暂行办法〉的决定》第一次修订　根据2019年7月24日《自然资源部关于第一批废止和修改的部门规章的决定》第二次修订）

第一条 为加强对外国的组织或者个人在中华人民共和国领域和管辖的其他海域从事测绘活动的管理，维护国家安全和利益，促进中外经济、科技的交流与合作，根据《中华人民共和国测绘法》和其他有关法律、法规，制定本办法。

第二条 外国的组织或者个人在中华人民共和国领域和管辖的其他海域从事测绘活动（以下简称来华测绘），适用本办法。

第三条 来华测绘应当遵循以下原则：

（一）必须遵守中华人民共和国的法律、法规和国家有关规定；

（二）不得涉及中华人民共和国的国家秘密；

（三）不得危害中华人民共和国的国家安全。

第四条 国务院自然资源主管部门会同军队测绘主管部门负责来华测绘的审批。

县级以上各级人民政府自然资源主管部门依照法律、行政法规和规章的规定，对来华测绘履行监督管理职责。

第五条 来华测绘应当符合测绘管理工作国家秘密范围的规定。测绘活动中涉及国防和国家其他部门或者行业的国家秘密事项,从其主管部门的国家秘密范围规定。

第六条 外国的组织或者个人在中华人民共和国领域测绘,必须与中华人民共和国的有关部门或者单位依法采取合资、合作的形式(以下简称合资、合作测绘)。

前款所称合资、合作的形式,是指依照外商投资的法律法规设立的合资、合作企业。

经国务院及其有关部门或者省、自治区、直辖市人民政府批准,外国的组织或者个人来华开展科技、文化、体育等活动时,需要进行一次性测绘活动的(以下简称一次性测绘),可以不设立合资、合作企业,但是必须经国务院自然资源主管部门会同军队测绘主管部门批准,并与中华人民共和国的有关部门和单位的测绘人员共同进行。

第七条 合资、合作测绘不得从事下列活动:

(一)大地测量;

(二)测绘航空摄影;

(三)行政区域界线测绘;

(四)海洋测绘;

(五)地形图、世界政区地图、全国政区地图、省级及以下政区地图、全国性教学地图、地方性教学地图和真三维地图的编制;

(六)导航电子地图编制;

(七)国务院自然资源主管部门规定的其他测绘活动。

第八条 合资、合作测绘应当取得国务院自然资源主管部门颁发的《测绘资质证书》。

合资、合作企业申请测绘资质应当具备下列条件:

(一)符合《中华人民共和国测绘法》以及外商投资的法律法规的有关规定;

(二)符合《测绘资质管理规定》的有关要求;

(三)已经依法进行企业登记,并取得中华人民共和国法人资格。

第九条 合资、合作企业申请测绘资质应当提供下列材料:

(一)《测绘资质管理规定》中要求提供的申请材料;

(二)企业法人营业执照;

(三)国务院自然资源主管部门规定应当提供的其他材料。

第十条 测绘资质许可依照下列程序办理:

（一）提交申请：合资、合作企业应当向国务院自然资源主管部门提交申请材料；

（二）受理：国务院自然资源主管部门在收到申请材料后依法作出是否受理的决定；

（三）审查：国务院自然资源主管部门决定受理后10个工作日内送军队测绘主管部门会同审查，并在接到会同审查意见后10个工作日内作出审查决定；

（四）发放证书：审查合格的，由国务院自然资源主管部门颁发相应等级的《测绘资质证书》；审查不合格的，由国务院自然资源主管部门作出不予许可的决定。

第十一条 申请一次性测绘的，应当提交下列申请材料：

（一）申请表；

（二）国务院及其有关部门或者省、自治区、直辖市人民政府的批准文件；

（三）按照法律法规规定应当提交的有关部门的批准文件；

（四）外国的组织或者个人的身份证明和有关资信证明；

（五）测绘活动的范围、路线、测绘精度及测绘成果形式的说明；

（六）测绘活动时使用的测绘仪器、软件和设备的清单和情况说明；

（七）中华人民共和国现有测绘成果不能满足项目需要的说明。

第十二条 一次性测绘应当依照下列程序取得国务院自然资源主管部门的批准文件：

（一）提交申请：经国务院及其有关部门或者省、自治区、直辖市人民政府批准，外国的组织或者个人来华开展科技、文化、体育等活动时，需要进行一次性测绘活动的，应当向国务院自然资源主管部门提交申请材料；

（二）受理：国务院自然资源主管部门在收到申请材料后依法作出是否受理的决定；

（三）审查：国务院自然资源主管部门决定受理后10个工作日内送军队测绘主管部门会同审查，并在接到会同审查意见后10个工作日内作出审查决定；

（四）批准：准予一次性测绘的，由国务院自然资源主管部门依法向申请人送达批准文件，并抄送测绘活动所在地的省、自治区、直辖市人民政府自然资源主管部门；不准予一次性测绘的，应当作出书面决定。

第十三条 依法需要听证、检验、检测、鉴定和专家评审的，所需时间不计算在规定的期限内，但是应当将所需时间书面告知申请人。

第十四条 合资、合作企业应当在《测绘资质证书》载明的业务范围内从事测绘活动。一次性测绘应当按照国务院自然资源主管部门批准的内容进行。

合资、合作测绘或者一次性测绘的,应当保证中方测绘人员全程参与具体测绘活动。

第十五条 来华测绘成果的管理依照有关测绘成果管理法律法规的规定执行。

来华测绘成果归中方部门或者单位所有的,未经依法批准,不得以任何形式将测绘成果携带或者传输出境。

第十六条 县级以上地方人民政府自然资源主管部门,应当加强对本行政区域内来华测绘的监督管理,定期对下列内容进行检查:

(一)是否涉及国家安全和秘密;

(二)是否在《测绘资质证书》载明的业务范围内进行;

(三)是否按照国务院自然资源主管部门批准的内容进行;

(四)是否按照《中华人民共和国测绘成果管理条例》的有关规定汇交测绘成果副本或者目录;

(五)是否保证了中方测绘人员全程参与具体测绘活动。

第十七条 违反本办法规定,法律、法规已规定行政处罚的,从其规定。

违反本办法规定,来华测绘涉及中华人民共和国的国家秘密或者危害中华人民共和国的国家安全的行为的,依法追究其法律责任。

第十八条 违反本办法规定,有下列行为之一的,由国务院自然资源主管部门撤销批准文件,责令停止测绘活动,处3万元以下罚款。有关部门对中方负有直接责任的主管人员和其他直接责任人员,依法给予处分;构成犯罪的,依法追究刑事责任。对形成的测绘成果依法予以收缴:

(一)以伪造证明文件、提供虚假材料等手段,骗取一次性测绘批准文件的;

(二)超出一次性测绘批准文件的内容从事测绘活动的。

第十九条 违反本办法规定,未经依法批准将测绘成果携带或者传输出境的,由国务院自然资源主管部门处3万元以下罚款;构成犯罪的,依法追究刑事责任。

第二十条 来华测绘涉及其他法律法规规定的审批事项的,应当依法经相应主管部门批准。

第二十一条 香港特别行政区、澳门特别行政区、台湾地区的组织或者个人来内地从事测绘活动的,参照本办法进行管理。

第二十二条 本办法自2007年3月1日起施行。

地图审核管理规定

（2006年6月23日国土资源部令第34号公布　根据2017年11月28日国土资源部令第77号第一次修订　根据2019年7月24日《自然资源部关于第一批废止和修改的部门规章的决定》第二次修订）

第一条　为了加强地图审核管理，维护国家主权、安全和利益，根据《中华人民共和国测绘法》《地图管理条例》等法律、法规，制定本规定。

第二条　地图审核工作应当遵循维护国家主权、保守国家秘密、高效规范实施、提供优质服务的原则。

第三条　国务院自然资源主管部门负责全国地图审核工作的监督管理。

省、自治区、直辖市人民政府自然资源主管部门以及设区的市级人民政府自然资源主管部门负责本行政区域地图审核工作的监督管理。

第四条　实施地图审核所需经费列入相应自然资源主管部门的年度预算。

第五条　有下列情形之一的，申请人应当依照本规定向有审核权的自然资源主管部门提出地图审核申请：

（一）出版、展示、登载、生产、进口、出口地图或者附着地图图形的产品的；

（二）已审核批准的地图或者附着地图图形的产品，再次出版、展示、登载、生产、进口、出口且地图内容发生变化的；

（三）拟在境外出版、展示、登载的地图或者附着地图图形的产品的。

第六条　下列地图不需要审核：

（一）直接使用自然资源主管部门提供的具有审图号的公益性地图；

（二）景区地图、街区地图、公共交通线路图等内容简单的地图；

（三）法律法规明确应予公开且不涉及国界、边界、历史疆界、行政区域界线或者范围的地图。

第七条　国务院自然资源主管部门负责下列地图的审核：

（一）全国地图；

（二）主要表现地为两个以上省、自治区、直辖市行政区域的地图；

（三）香港特别行政区地图、澳门特别行政区地图以及台湾地区地图；

（四）世界地图以及主要表现地为国外的地图；

（五）历史地图。

第八条 省、自治区、直辖市人民政府自然资源主管部门负责审核主要表现地在本行政区域范围内的地图。其中，主要表现地在设区的市行政区域范围内不涉及国界线的地图，由设区的市级人民政府自然资源主管部门负责审核。

第九条 属于出版物的地图产品或者附着地图图形的产品，应当根据产品中地图主要表现地，依照本规定第七条、第八条的规定，由相应自然资源主管部门审核。

第十条 申请地图审核，应当提交下列材料：

（一）地图审核申请表；

（二）需要审核的地图最终样图或者样品。用于互联网服务等方面的地图产品，还应当提供地图内容审核软硬件条件；

（三）地图编制单位的测绘资质证书。

有下列情形之一的，可以不提供前款第三项规定的测绘资质证书：

（一）进口不属于出版物的地图和附着地图图形的产品；

（二）直接引用古地图；

（三）使用示意性世界地图、中国地图和地方地图；

（四）利用自然资源主管部门具有审图号的公益性地图且未对国界、行政区域界线或者范围、重要地理信息数据等进行编辑调整。

第十一条 利用涉及国家秘密的测绘成果编制的地图，应当提供省级以上自然资源主管部门进行保密技术处理的证明文件。

地图上表达的其他专业内容、信息、数据等，国家对其公开另有规定的，从其规定，并提供有关主管部门可以公开的相关文件。

第十二条 申请人应当如实提交有关材料，反映真实情况，并对申请材料的真实性负责。

第十三条 自然资源主管部门应当将地图审核的依据、程序、期限以及需要提交的全部材料的目录和地图审核申请表等示范文本，在办公场所、门户网站上公示。

申请人要求自然资源主管部门对公示内容予以说明、解释的，有关自然资源主管部门应当说明、解释，提供准确、可靠的信息。

第十四条 国务院自然资源主管部门可以在其法定职责范围内，委托省、自治区、直辖市人民政府自然资源主管部门实施部分地图审核职责。

国务院自然资源主管部门对省级自然资源主管部门实施的受委托地图审

核负责监督管理和业务指导培训。

第十五条 有审核权的自然资源主管部门受理的地图审核申请,认为需要其他自然资源主管部门协助审核的,应当商有关自然资源主管部门进行协助审核。负责协助审核的自然资源主管部门应当自收到协助审核材料之日起7个工作日内,完成审核工作。协商不一致的,报请共同的上一级自然资源主管部门决定。

第十六条 中小学教学地图的审核,依照《地图管理条例》第二十三条规定执行。

第十七条 自然资源主管部门对申请人提出的地图审核申请,应当根据下列情况分别作出处理:

(一)申请材料齐全并符合法定形式的,应当决定受理并发放受理通知书;

(二)申请材料不齐全或者不符合法定形式的,应当当场或者在5个工作日内一次告知申请人需要补正的全部内容,逾期不告知的,自收到申请材料之日起即为受理;经补正材料后申请材料仍不齐全或者不符合法定形式的,应当作出不予受理的决定;

(三)申请事项依法不需要进行地图审核的,应当即时告知申请人不予受理;申请事项依法不属于本自然资源主管部门职责范围的,应当即时作出不予受理的决定,并告知申请人向有关自然资源主管部门申请。

第十八条 自然资源主管部门受理地图审核申请后,应当对下列内容进行审查:

(一)地图表示内容中是否含有《地图管理条例》第八条规定的不得表示的内容;

(二)中华人民共和国国界、行政区域界线或者范围以及世界各国间边界、历史疆界在地图上的表示是否符合国家有关规定;

(三)重要地理信息数据、地名等在地图上的表示是否符合国家有关规定;

(四)主要表现地包含中华人民共和国疆域的地图,中华人民共和国疆域是否完整表示;

(五)地图内容表示是否符合地图使用目的和国家地图编制有关标准;

(六)法律、法规规定需要审查的其他内容。

第十九条 中华人民共和国国界、中国历史疆界、世界各国间边界、世界各国间历史疆界依照《地图管理条例》第十条有关规定进行审查。

县级以上行政区域界线或者范围,按照由国务院民政部门和国务院自然资源主管部门拟订并经国务院批准公布的行政区域界线标准画法图进行审查。

特别行政区界线或者范围，按照国务院批准公布的特别行政区行政区域图和国家其他有关规定进行审查。

第二十条 重要地理信息数据、地名以及有关专业内容在地图上的表示，按照自然资源主管部门制定的有关规定进行审查。

下级自然资源主管部门制定的具体审查内容和标准，应当报上一级自然资源主管部门备案并依法及时公开。

第二十一条 地图涉及专业内容且没有明确审核依据的，由有审核权的自然资源主管部门征求有关部门的意见。

第二十二条 有审核权的自然资源主管部门应当健全完善地图内容审查工作机构，配备地图内容审查专业人员。地图内容审查专业人员应当经省级以上自然资源主管部门培训并考核合格，方能从事地图内容审查工作。

第二十三条 自然资源主管部门应当依据地图内容审查工作机构提出的审查意见及相关申请材料，作出批准或者不予批准的书面决定并及时送达申请人。

予以批准的，核发地图审核批准文件和审图号。

不予批准的，核发地图审核不予批准文件并书面说明理由，告知申请人享有依法申请行政复议或者提起行政诉讼的权利。

第二十四条 自然资源主管部门应当自受理地图审核申请之日起20个工作日内作出审核决定。

时事宣传地图、发行频率高于一个月的图书和报刊等插附地图的，应当自受理地图审核申请之日起7个工作日内作出审核决定。

应急保障等特殊情况需要使用地图的，应当即送即审。

涉及专业内容且没有明确审核依据的地图，向有关部门征求意见时，征求意见时间不计算在地图审核的期限内。

第二十五条 自然资源主管部门应当在其门户网站等媒体上及时公布获得审核批准的地图名称、审图号等信息。

第二十六条 审图号由审图机构代号、通过审核的年份、序号等组成。

第二十七条 经审核批准的地图，申请人应当在地图或者附着地图图形的产品的适当位置显著标注审图号。属于出版物的，应当在版权页标注审图号；没有版权页的，应当在适当位置标注审图号。属于互联网地图服务的，应当在地图页面左下角标注审图号。

第二十八条 互联网地图服务审图号有效期为两年。审图号到期，应当重新送审。

审核通过的互联网地图服务,申请人应当每六个月将新增标注内容及核查校对情况向作出审核批准的自然资源主管部门备案。

第二十九条 上级自然资源主管部门应当加强对下级自然资源主管部门实施地图审核行为的监督检查,建立健全监督管理制度,及时纠正违反本规定的行为。

第三十条 自然资源主管部门应当建立和完善地图审核管理和监督系统,提升地图审核效率和监管能力,方便公众申请与查询。

第三十一条 互联网地图服务单位应当配备符合相关要求的地图安全审校人员,并强化内部安全审校核查工作。

第三十二条 最终向社会公开的地图与审核通过的地图内容及表现形式不一致,或者互联网地图服务审图号有效期届满未重新送审的,自然资源主管部门应当责令改正、给予警告,可以处3万元以下的罚款。

第三十三条 自然资源主管部门及其工作人员在地图审核工作中滥用职权、玩忽职守、徇私舞弊的,依法给予处分;涉嫌构成犯罪的,移送有关机关依法追究刑事责任。

第三十四条 本规定自2018年1月1日起施行。

食品安全抽样检验管理办法

(2019年8月8日国家市场监督管理总局令第15号公布 自2019年10月1日起施行 国司备字[2019000717])

第一章 总 则

第一条 为规范食品安全抽样检验工作,加强食品安全监督管理,保障公众身体健康和生命安全,根据《中华人民共和国食品安全法》等法律法规,制定本办法。

第二条 市场监督管理部门组织实施的食品安全监督抽检和风险监测的抽样检验工作,适用本办法。

第三条 国家市场监督管理总局负责组织开展全国性食品安全抽样检验工作,监督指导地方市场监督管理部门组织实施食品安全抽样检验工作。

县级以上地方市场监督管理部门负责组织开展本级食品安全抽样检验工作,并按照规定实施上级市场监督管理部门组织的食品安全抽样检验工作。

第四条 市场监督管理部门应当按照科学、公开、公平、公正的原则,以发现和查处食品安全问题为导向,依法对食品生产经营活动全过程组织开展食品安全抽样检验工作。

食品生产经营者是食品安全第一责任人,应当依法配合市场监督管理部门组织实施的食品安全抽样检验工作。

第五条 市场监督管理部门应当与承担食品安全抽样、检验任务的技术机构(以下简称承检机构)签订委托协议,明确双方权利和义务。

承检机构应当依照有关法律、法规规定取得资质认定后方可从事检验活动。承检机构进行检验,应当尊重科学,恪守职业道德,保证出具的检验数据和结论客观、公正,不得出具虚假检验报告。

市场监督管理部门应当对承检机构的抽样检验工作进行监督检查,发现存在检验能力缺陷或者有重大检验质量问题等情形的,应当按照有关规定及时处理。

第六条 国家市场监督管理总局建立国家食品安全抽样检验信息系统,定期分析食品安全抽样检验数据,加强食品安全风险预警,完善并督促落实相关监督管理制度。

县级以上地方市场监督管理部门应当按照规定通过国家食品安全抽样检验信息系统,及时报送并汇总分析食品安全抽样检验数据。

第七条 国家市场监督管理总局负责组织制定食品安全抽样检验指导规范。

开展食品安全抽样检验工作应当遵守食品安全抽样检验指导规范。

第二章　计　　划

第八条 国家市场监督管理总局根据食品安全监管工作的需要,制定全国性食品安全抽样检验年度计划。

县级以上地方市场监督管理部门应当根据上级市场监督管理部门制定的抽样检验年度计划并结合实际情况,制定本行政区域的食品安全抽样检验工作方案。

市场监督管理部门可以根据工作需要不定期开展食品安全抽样检验工作。

第九条 食品安全抽样检验工作计划和工作方案应当包括下列内容:

(一)抽样检验的食品品种;

(二)抽样环节、抽样方法、抽样数量等抽样工作要求;

（三）检验项目、检验方法、判定依据等检验工作要求；

（四）抽检结果及汇总分析的报送方式和时限；

（五）法律、法规、规章和食品安全标准规定的其他内容。

第十条 下列食品应当作为食品安全抽样检验工作计划的重点：

（一）风险程度高以及污染水平呈上升趋势的食品；

（二）流通范围广、消费量大、消费者投诉举报多的食品；

（三）风险监测、监督检查、专项整治、案件稽查、事故调查、应急处置等工作表明存在较大隐患的食品；

（四）专供婴幼儿和其他特定人群的主辅食品；

（五）学校和托幼机构食堂以及旅游景区餐饮服务单位、中央厨房、集体用餐配送单位经营的食品；

（六）有关部门公布的可能违法添加非食用物质的食品；

（七）已在境外造成健康危害并有证据表明可能在国内产生危害的食品；

（八）其他应当作为抽样检验工作重点的食品。

第三章 抽 样

第十一条 市场监督管理部门可以自行抽样或者委托承检机构抽样。食品安全抽样工作应当遵守随机选取抽样对象、随机确定抽样人员的要求。

县级以上地方市场监督管理部门应当按照上级市场监督管理部门的要求，配合做好食品安全抽样工作。

第十二条 食品安全抽样检验应当支付样品费用。

第十三条 抽样单位应当建立食品抽样管理制度，明确岗位职责、抽样流程和工作纪律，加强对抽样人员的培训和指导，保证抽样工作质量。

抽样人员应当熟悉食品安全法律、法规、规章和食品安全标准等的相关规定。

第十四条 抽样人员执行现场抽样任务时不得少于2人，并向被抽样食品生产经营者出示抽样检验告知书及有效身份证明文件。由承检机构执行抽样任务的，还应当出示任务委托书。

案件稽查、事故调查中的食品安全抽样活动，应当由食品安全行政执法人员进行或者陪同。

承担食品安全抽样检验任务的抽样单位和相关人员不得提前通知被抽样食品生产经营者。

第十五条 抽样人员现场抽样时，应当记录被抽样食品生产经营者的营业执照、许可证等可追溯信息。

抽样人员可以从食品经营者的经营场所、仓库以及食品生产者的成品库待销产品中随机抽取样品，不得由食品生产经营者自行提供样品。

抽样数量原则上应当满足检验和复检的要求。

第十六条 风险监测、案件稽查、事故调查、应急处置中的抽样，不受抽样数量、抽样地点、被抽样单位是否具备合法资质等限制。

第十七条 食品安全监督抽检中的样品分为检验样品和复检备份样品。

现场抽样的，抽样人员应当采取有效的防拆封措施，对检验样品和复检备份样品分别封样，并由抽样人员和被抽样食品生产经营者签字或者盖章确认。

抽样人员应当保存购物票据，并对抽样场所、贮存环境、样品信息等通过拍照或者录像等方式留存证据。

第十八条 市场监督管理部门开展网络食品安全抽样检验时，应当记录买样人员以及付款账户、注册账号、收货地址、联系方式等信息。买样人员应当通过截图、拍照或者录像等方式记录被抽样网络食品生产经营者信息、样品网页展示信息，以及订单信息、支付记录等。

抽样人员收到样品后，应当通过拍照或者录像等方式记录拆封过程，对递送包装、样品包装、样品储运条件等进行查验，并对检验样品和复检备份样品分别封样。

第十九条 抽样人员应当使用规范的抽样文书，详细记录抽样信息。记录保存期限不得少于2年。

现场抽样时，抽样人员应当书面告知被抽样食品生产经营者依法享有的权利和应当承担的义务。被抽样食品生产经营者应当在食品安全抽样文书上签字或者盖章，不得拒绝或者阻挠食品安全抽样工作。

第二十条 现场抽样时，样品、抽样文书以及相关资料应当由抽样人员于5个工作日内携带或者寄送至承检机构，不得由被抽样食品生产经营者自行送样和寄送文书。因客观原因需要延长送样期限的，应当经组织抽样检验的市场监督管理部门同意。

对有特殊贮存和运输要求的样品，抽样人员应当采取相应措施，保证样品贮存、运输过程符合国家相关规定和包装标示的要求，不发生影响检验结论的变化。

第二十一条 抽样人员发现食品生产经营者涉嫌违法、生产经营的食品及原料没有合法来源或者无正当理由拒绝接受食品安全抽样的，应当报告有管辖权的市场监督管理部门进行处理。

第四章　检验与结果报送

第二十二条　食品安全抽样检验的样品由承检机构保存。

承检机构接收样品时，应当查验、记录样品的外观、状态、封条有无破损以及其他可能对检验结论产生影响的情况，并核对样品与抽样文书信息，将检验样品和复检备份样品分别加贴相应标识后，按照要求入库存放。

对抽样不规范的样品，承检机构应当拒绝接收并书面说明理由，及时向组织或者实施食品安全抽样检验的市场监督管理部门报告。

第二十三条　食品安全监督抽检应当采用食品安全标准规定的检验项目和检验方法。没有食品安全标准的，应当采用依照法律法规制定的临时限量值、临时检验方法或者补充检验方法。

风险监测、案件稽查、事故调查、应急处置等工作中，在没有前款规定的检验方法的情况下，可以采用其他检验方法分析查找食品安全问题的原因。所采用的方法应当遵循技术手段先进的原则，并取得国家或者省级市场监督管理部门同意。

第二十四条　食品安全抽样检验实行承检机构与检验人负责制。承检机构出具的食品安全检验报告应当加盖机构公章，并有检验人的签名或者盖章。承检机构和检验人对出具的食品安全检验报告负责。

承检机构应当自收到样品之日起20个工作日内出具检验报告。市场监督管理部门与承检机构另有约定的，从其约定。

未经组织实施抽样检验任务的市场监督管理部门同意，承检机构不得分包或者转包检验任务。

第二十五条　食品安全监督抽检的检验结论合格的，承检机构应当自检验结论作出之日起3个月内妥善保存复检备份样品。复检备份样品剩余保质期不足3个月的，应当保存至保质期结束。

检验结论不合格的，承检机构应当自检验结论作出之日起6个月内妥善保存复检备份样品。复检备份样品剩余保质期不足6个月的，应当保存至保质期结束。

第二十六条　食品安全监督抽检的检验结论合格的，承检机构应当在检验结论作出后7个工作日内将检验结论报送组织或者委托实施抽样检验的市场监督管理部门。

抽样检验结论不合格的，承检机构应当在检验结论作出后2个工作日内报告组织或者委托实施抽样检验的市场监督管理部门。

第二十七条 国家市场监督管理总局组织的食品安全监督抽检的检验结论不合格的,承检机构除按照相关要求报告外,还应当通过食品安全抽样检验信息系统及时通报抽样地以及标称的食品生产者住所地市场监督管理部门。

地方市场监督管理部门组织或者实施食品安全监督抽检的检验结论不合格的,抽样地与标称食品生产者住所地不在同一省级行政区域的,抽样地市场监督管理部门应当在收到不合格检验结论后通过食品安全抽样检验信息系统及时通报标称的食品生产者住所地同级市场监督管理部门。同一省级行政区域内不合格检验结论的通报按照抽检地省级市场监督管理部门规定的程序和时限通报。

通过网络食品交易第三方平台抽样的,除按照前两款的规定通报外,还应当同时通报网络食品交易第三方平台提供者住所地市场监督管理部门。

第二十八条 食品安全监督抽检的抽样检验结论表明不合格食品可能对身体健康和生命安全造成严重危害的,市场监督管理部门和承检机构应当按照规定立即报告或者通报。

案件稽查、事故调查、应急处置中的检验结论的通报和报告,不受本办法规定时限限制。

第二十九条 县级以上地方市场监督管理部门收到监督抽检不合格检验结论后,应当按照省级以上市场监督管理部门的规定,在5个工作日内将检验报告和抽样检验结果通知书送达被抽样食品生产经营者、食品集中交易市场开办者、网络食品交易第三方平台提供者,并告知其依法享有的权利和应当承担的义务。

第五章 复检和异议

第三十条 食品生产经营者对依照本办法规定实施的监督抽检检验结论有异议的,可以自收到检验结论之日起7个工作日内,向实施监督抽检的市场监督管理部门或者其上一级市场监督管理部门提出书面复检申请。向国家市场监督管理总局提出复检申请的,国家市场监督管理总局可以委托复检申请人住所地省级市场监督管理部门负责办理。逾期未提出的,不予受理。

第三十一条 有下列情形之一的,不予复检:

(一)检验结论为微生物指标不合格的;

(二)复检备份样品超过保质期的;

(三)逾期提出复检申请的;

(四)其他原因导致备份样品无法实现复检目的的;

（五）法律、法规、规章以及食品安全标准规定的不予复检的其他情形。

第三十二条 市场监督管理部门应当自收到复检申请材料之日起5个工作日内，出具受理或者不予受理通知书。不予受理的，应当书面说明理由。

市场监督管理部门应当自出具受理通知书之日起5个工作日内，在公布的复检机构名录中，遵循便捷高效原则，随机确定复检机构进行复检。复检机构不得与初检机构为同一机构。因客观原因不能及时确定复检机构的，可以延长5个工作日，并向申请人说明理由。

复检机构无正当理由不得拒绝复检任务，确实无法承担复检任务的，应当在2个工作日内向相关市场监督管理部门作出书面说明。

复检机构与复检申请人存在日常检验业务委托等利害关系的，不得接受复检申请。

第三十三条 初检机构应当自复检机构确定后3个工作日内，将备份样品移交至复检机构。因客观原因不能按时移交的，经受理复检的市场监督管理部门同意，可以延长3个工作日。复检样品的递送方式由初检机构和申请人协商确定。

复检机构接到备份样品后，应当通过拍照或者录像等方式对备份样品外包装、封条等完整性进行确认，并做好样品接收记录。复检备份样品封条、包装破坏，或者出现其他对结果判定产生影响的情况，复检机构应当及时书面报告市场监督管理部门。

第三十四条 复检机构实施复检，应当使用与初检机构一致的检验方法。实施复检时，食品安全标准对检验方法有新的规定的，从其规定。

初检机构可以派员观察复检机构的复检实施过程，复检机构应当予以配合。初检机构不得干扰复检工作。

第三十五条 复检机构应当自收到备份样品之日起10个工作日内，向市场监督管理部门提交复检结论。市场监督管理部门与复检机构对时限另有约定的，从其约定。复检机构出具的复检结论为最终检验结论。

市场监督管理部门应当自收到复检结论之日起5个工作日内，将复检结论通知申请人，并通报不合格食品生产经营者住所地市场监督管理部门。

第三十六条 复检申请人应当向复检机构先行支付复检费用。复检结论与初检结论一致的，复检费用由复检申请人承担。复检结论与初检结论不一致的，复检费用由实施监督抽检的市场监督管理部门承担。

复检费用包括检验费用和样品递送产生的相关费用。

第三十七条 在食品安全监督抽检工作中，食品生产经营者可以对其生产经营食品的抽样过程、样品真实性、检验方法、标准适用等事项依法提出异议处理申请。

对抽样过程有异议的，申请人应当在抽样完成后7个工作日内，向实施监督抽检的市场监督管理部门提出书面申请，并提交相关证明材料。

对样品真实性、检验方法、标准适用等事项有异议的，申请人应当自收到不合格结论通知之日起7个工作日内，向组织实施监督抽检的市场监督管理部门提出书面申请，并提交相关证明材料。

向国家市场监督管理总局提出异议申请的，国家市场监督管理总局可以委托申请人住所地省级市场监督管理部门负责办理。

第三十八条 异议申请材料不符合要求或者证明材料不齐全的，市场监督管理部门应当当场或者在5个工作日内一次告知申请人需要补正的全部内容。

市场监督管理部门应当自收到申请材料之日起5个工作日内，出具受理或者不予受理通知书。不予受理的，应当书面说明理由。

第三十九条 异议审核需要其他市场监督管理部门协助的，相关市场监督管理部门应当积极配合。

对抽样过程有异议的，市场监督管理部门应当自受理之日起20个工作日内，完成异议审核，并将审核结论书面告知申请人。

对样品真实性、检验方法、标准适用等事项有异议的，市场监督管理部门应当自受理之日起30个工作日内，完成异议审核，并将审核结论书面告知申请人。需商请有关部门明确检验以及判定依据相关要求的，所需时间不计算在内。

市场监督管理部门应当根据异议核查实际情况依法进行处理，并及时将异议处理申请受理情况及审核结论，通报不合格食品生产经营者住所地市场监督管理部门。

第六章 核查处置及信息发布

第四十条 食品生产经营者收到监督抽检不合格检验结论后，应当立即采取封存不合格食品，暂停生产、经营不合格食品，通知相关生产经营者和消费者，召回已上市销售的不合格食品等风险控制措施，排查不合格原因并进行整改，及时向住所地市场监督管理部门报告处理情况，积极配合市场监督管理部门的调查处理，不得拒绝、逃避。

在复检和异议期间，食品生产经营者不得停止履行前款规定的义务。食品生产经营者未主动履行的，市场监督管理部门应当责令其履行。

在国家利益、公共利益需要时,或者为处置重大食品安全突发事件,经省级以上市场监督管理部门同意,可以由省级以上市场监督管理部门组织调查分析或者再次抽样检验,查明不合格原因。

第四十一条 食品安全风险监测结果表明存在食品安全隐患的,省级以上市场监督管理部门应当组织相关领域专家进一步调查和分析研判,确认有必要通知相关食品生产经营者的,应当及时通知。

接到通知的食品生产经营者应当立即进行自查,发现食品不符合食品安全标准或者有证据证明可能危害人体健康的,应当依照食品安全法第六十三条的规定停止生产、经营,实施食品召回,并报告相关情况。

食品生产经营者未主动履行前款规定义务的,市场监督管理部门应当责令其履行,并可以对食品生产经营者的法定代表人或者主要负责人进行责任约谈。

第四十二条 食品经营者收到监督抽检不合格检验结论后,应当按照国家市场监督管理总局的规定在被抽检经营场所显著位置公示相关不合格产品信息。

第四十三条 市场监督管理部门收到监督抽检不合格检验结论后,应当及时启动核查处置工作,督促食品生产经营者履行法定义务,依法开展调查处理。必要时,上级市场监督管理部门可以直接组织调查处理。

县级以上地方市场监督管理部门组织的监督抽检,检验结论表明不合格食品含有违法添加的非食用物质,或者存在致病性微生物、农药残留、兽药残留、生物毒素、重金属以及其他危害人体健康的物质严重超出标准限量等情形的,应当依法及时处理并逐级报告至国家市场监督管理总局。

第四十四条 调查中发现涉及其他部门职责的,应当将有关信息通报相关职能部门。有委托生产情形的,受托方食品生产者住所地市场监督管理部门在开展核查处置的同时,还应当通报委托方食品生产经营者住所地市场监督管理部门。

第四十五条 市场监督管理部门应当在 90 日内完成不合格食品的核查处置工作。需要延长办理期限的,应当书面报请负责核查处置的市场监督管理部门负责人批准。

第四十六条 市场监督管理部门应当通过政府网站等媒体及时向社会公开监督抽检结果和不合格食品核查处置的相关信息,并按照要求将相关信息记入食品生产经营者信用档案。市场监督管理部门公布食品安全监督抽检不合格信息,包括被抽检食品名称、规格、商标、生产日期或者批号、不合格项目,标称的生产者名称、地址,以及被抽样单位名称、地址等。

可能对公共利益产生重大影响的食品安全监督抽检信息，市场监督管理部门应当在信息公布前加强分析研判，科学、准确公布信息，必要时，应当通报相关部门并报告同级人民政府或者上级市场监督管理部门。

任何单位和个人不得擅自发布、泄露市场监督管理部门组织的食品安全监督抽检信息。

第七章　法律责任

第四十七条　食品生产经营者违反本办法的规定，无正当理由拒绝、阻挠或者干涉食品安全抽样检验、风险监测和调查处理的，由县级以上人民政府市场监督管理部门依照食品安全法第一百三十三条第一款的规定处罚；违反治安管理处罚法有关规定的，由市场监督管理部门依法移交公安机关处理。

食品生产经营者违反本办法第三十七条的规定，提供虚假证明材料的，由市场监督管理部门给予警告，并处1万元以上3万元以下罚款。

违反本办法第四十二条的规定，食品经营者未按规定公示相关不合格产品信息的，由市场监督管理部门责令改正；拒不改正的，给予警告，并处2000元以上3万元以下罚款。

第四十八条　违反本办法第四十条、第四十一条的规定，经市场监督管理部门责令履行后，食品生产经营者仍拒不召回或者停止经营的，由县级以上人民政府市场监督管理部门依照食品安全法第一百二十四条第一款的规定处罚。

第四十九条　市场监督管理部门应当依法将食品生产经营者受到的行政处罚等信息归集至国家企业信用信息公示系统，记于食品生产经营者名下并向社会公示。对存在严重违法失信行为的，按照规定实施联合惩戒。

第五十条　有下列情形之一的，市场监督管理部门应当按照有关规定依法处理并向社会公布；构成犯罪的，依法移送司法机关处理。

（一）调换样品、伪造检验数据或者出具虚假检验报告的；

（二）利用抽样检验工作之便牟取不正当利益的；

（三）违反规定事先通知被抽检食品生产经营者的；

（四）擅自发布食品安全抽样检验信息的；

（五）未按照规定的时限和程序报告不合格检验结论，造成严重后果的；

（六）有其他违法行为的。

有前款规定的第（一）项情形的，市场监督管理部门终身不得委托其承担抽样检验任务；有前款规定的第（一）项以外其他情形的，市场监督管理部门五年内不得委托其承担抽样检验任务。

复检机构有第一款规定的情形，或者无正当理由拒绝承担复检任务的，由县级以上人民政府市场监督管理部门给予警告；无正当理由1年内2次拒绝承担复检任务的，由国务院市场监督管理部门商有关部门撤销其复检机构资质并向社会公布。

第五十一条 市场监督管理部门及其工作人员有违反法律、法规以及本办法规定和有关纪律要求的，应当依据食品安全法和相关规定，对直接负责的主管人员和其他直接责任人员，给予相应的处分；构成犯罪的，依法移送司法机关处理。

第八章 附 则

第五十二条 本办法所称监督抽检是指市场监督管理部门按照法定程序和食品安全标准等规定，以排查风险为目的，对食品组织的抽样、检验、复检、处理等活动。

本办法所称风险监测是指市场监督管理部门对没有食品安全标准的风险因素，开展监测、分析、处理的活动。

第五十三条 市场监督管理部门可以参照本办法的有关规定组织开展评价性抽检。

评价性抽检是指依据法定程序和食品安全标准等规定开展抽样检验，对市场上食品总体安全状况进行评估的活动。

第五十四条 食品添加剂的检验，适用本办法有关食品检验的规定。

餐饮食品、食用农产品进入食品生产经营环节的抽样检验以及保质期短的食品、节令性食品的抽样检验，参照本办法执行。

市场监督管理部门可以参照本办法关于网络食品安全监督抽检的规定对自动售卖机、无人超市等没有实际经营人员的食品经营者组织实施抽样检验。

第五十五条 承检机构制作的电子检验报告与出具的书面检验报告具有同等法律效力。

第五十六条 本办法自2019年10月1日起施行。

市场监督管理行政许可程序暂行规定

（2019 年 8 月 21 日国家市场监督管理总局令第 16 号公布　自 2019 年 10 月 1 日起施行　国司备字[2019000683]）

第一章　总　　则

第一条　为了规范市场监督管理行政许可程序，根据《中华人民共和国行政许可法》等法律、行政法规，制定本规定。

第二条　市场监督管理部门实施行政许可，适用本规定。

第三条　市场监督管理部门应当遵循公开、公平、公正、非歧视和便民原则，依照法定的权限、范围、条件和程序实施行政许可。

第四条　市场监督管理部门应当按照规定公示行政许可的事项、依据、条件、数量、实施主体、程序、期限（包括检验、检测、检疫、鉴定、专家评审期限）、收费依据（包括收费项目及标准）以及申请书示范文本、申请材料目录等内容。

第五条　符合法定要求的电子申请材料、电子证照、电子印章、电子签名、电子档案与纸质申请材料、纸质证照、实物印章、手写签名或者盖章、纸质档案具有同等法律效力。

第二章　实 施 机 关

第六条　市场监督管理部门应当在法律、法规、规章规定的职权范围内实施行政许可。

第七条　上级市场监督管理部门可以将其法定职权范围内的行政许可，依照法律、法规、规章的规定，委托下级市场监督管理部门实施。

委托机关对受委托机关实施行政许可的后果承担法律责任。

受委托机关应当在委托权限范围内以委托机关的名义实施行政许可，不得再委托其他组织或者个人实施。

第八条　委托实施行政许可的，委托机关可以将行政许可的受理、审查、决定、变更、延续、撤回、撤销、注销等权限全部或者部分委托给受委托机关。

委托实施行政许可，委托机关和受委托机关应当签订委托书。委托书应当包含以下内容：

（一）委托机关名称；

（二）受委托机关名称；

（三）委托实施行政许可的事项以及委托权限；

（四）委托机关与受委托机关的权利和义务；

（五）委托期限。

需要延续委托期限的，委托机关应当在委托期限届满十五日前与受委托机关重新签订委托书。不再延续委托期限的，期限届满前已经受理或者启动撤回、撤销程序的行政许可，按照原委托权限实施。

第九条 委托机关应当向社会公告受委托机关和委托实施行政许可的事项、委托依据、委托权限、委托期限等内容。受委托机关应当按照本规定第四条规定公示委托实施的行政许可有关内容。

委托机关变更、中止或者终止行政许可委托的，应当在变更、中止或者终止行政许可委托十日前向社会公告。

第十条 市场监督管理部门实施行政许可，依法需要对设备、设施、产品、物品等进行检验、检测、检疫或者鉴定、专家评审的，可以委托专业技术组织实施。法律、法规、规章对专业技术组织的条件有要求的，应当委托符合法定条件的专业技术组织。

专业技术组织接受委托实施检验、检测、检疫或者鉴定、专家评审的费用由市场监督管理部门承担。法律、法规另有规定的，依照其规定。

专业技术组织及其有关人员对所实施的检验、检测、检疫或者鉴定、评审结论承担法律责任。

第三章 准入程序

第一节 申请与受理

第十一条 自然人、法人或者其他组织申请行政许可需要采用申请书格式文本的，市场监督管理部门应当向申请人提供格式文本。申请书格式文本不得包含与申请行政许可事项没有直接关系的内容。

第十二条 申请人可以委托代理人提出行政许可申请。但是，依法应当由申请人本人到市场监督管理部门行政许可受理窗口提出行政许可申请的除外。

委托他人代为提出行政许可申请的，应当向市场监督管理部门提交由委托人签字或者盖章的授权委托书以及委托人、委托代理人的身份证明文件。

第十三条 申请人可以到市场监督管理部门行政许可受理窗口提出申请,也可以通过信函、传真、电子邮件或者电子政务平台提出申请,并对其提交的申请材料真实性负责。

第十四条 申请人到市场监督管理部门行政许可受理窗口提出申请的,以申请人提交申请材料的时间为收到申请材料的时间。

申请人通过信函提出申请的,以市场监督管理部门收讫信函的时间为收到申请材料的时间。

申请人通过传真、电子邮件或者电子政务平台提出申请的,以申请材料到达市场监督管理部门指定的传真号码、电子邮件地址或者电子政务平台的时间为收到申请材料的时间。

第十五条 市场监督管理部门对申请人提出的行政许可申请,应当根据下列情况分别作出处理:

(一)申请事项依法不需要取得行政许可的,应当即时作出不予受理的决定,并说明理由。

(二)申请事项依法不属于本行政机关职权范围的,应当即时作出不予受理的决定,并告知申请人向有关行政机关申请。

(三)申请材料存在可以当场更正的错误的,应当允许申请人当场更正,由申请人在更正处签字或者盖章,并注明更正日期。更正后申请材料齐全、符合法定形式的,应当予以受理。

(四)申请材料不齐全或者不符合法定形式的,应当即时或者自收到申请材料之日起五日内一次告知申请人需要补正的全部内容和合理的补正期限。按照规定需要在告知时一并退回申请材料的,应当予以退回。申请人无正当理由逾期不予补正的,视为放弃行政许可申请,市场监督管理部门无需作出不予受理的决定。市场监督管理部门逾期未告知申请人补正的,自收到申请材料之日起即为受理。

(五)申请事项属于本行政机关职权范围,申请材料齐全、符合法定形式,或者申请人按照本行政机关的要求提交全部补正申请材料的,应当受理行政许可申请。

第十六条 市场监督管理部门受理或者不予受理行政许可申请,或者告知申请人补正申请材料的,应当出具加盖本行政机关行政许可专用印章并注明日期的纸质或者电子凭证。

第十七条 能够即时作出行政许可决定的,可以不出具受理凭证。

第二节　审查与决定

第十八条　市场监督管理部门应当对申请人提交的申请材料进行审查。

申请人提交的申请材料齐全、符合法定形式,能够即时作出行政许可决定的,市场监督管理部门应当即时作出行政许可决定。

按照法律、法规、规章规定,需要核对申请材料原件的,市场监督管理部门应当核对原件并注明核对情况。申请人不能提供申请材料原件或者核对发现申请材料与原件不符,属于行政许可申请不符合法定条件、标准的,市场监督管理部门应当直接作出不予行政许可的决定。

根据法定条件和程序,需要对申请材料的实质内容进行核实的,市场监督管理部门应当指派两名以上工作人员进行核查。

法律、法规、规章对经营者集中、药品经营等行政许可审查程序另有规定的,依照其规定。

第十九条　市场监督管理部门对行政许可申请进行审查时,发现行政许可事项直接关系他人重大利益的,应当告知该利害关系人,并告知申请人、利害关系人依法享有陈述、申辩和要求举行听证的权利。

申请人、利害关系人陈述、申辩的,市场监督管理部门应当记录。申请人、利害关系人申请听证的,市场监督管理部门应当按照本规定第五章规定组织听证。

第二十条　实施检验、检测、检疫或者鉴定、专家评审的组织及其有关人员应当按照法律、法规、规章以及有关技术要求的规定开展工作。

法律、法规、规章以及有关技术要求对检验、检测、检疫或者鉴定、专家评审的时限有规定的,应当遵守其规定;没有规定的,实施行政许可的市场监督管理部门应当确定合理时限。

第二十一条　经审查需要整改的,申请人应当按照规定的时限和要求予以整改。除法律、法规、规章另有规定外,逾期未予整改或者整改不合格的,市场监督管理部门应当认定行政许可申请不符合法定条件、标准。

第二十二条　行政许可申请符合法定条件、标准的,市场监督管理部门应当作出准予行政许可的决定。

行政许可申请不符合法定条件、标准的,市场监督管理部门应当作出不予行政许可的决定,说明理由并告知申请人享有申请行政复议或者提起行政诉讼的权利。

市场监督管理部门作出准予或者不予行政许可决定的,应当出具加盖本行政机关印章并注明日期的纸质或者电子凭证。

第二十三条 法律、法规、规章和国务院文件规定市场监督管理部门作出不实施进一步审查决定,以及逾期未作出进一步审查决定或者不予行政许可决定,视为准予行政许可的,依照其规定。

第二十四条 行政许可的实施和结果,除涉及国家秘密、商业秘密或者个人隐私的外,应当公开。

第三节 变更与延续

第二十五条 被许可人要求变更行政许可事项的,应当向作出行政许可决定的市场监督管理部门提出变更申请。变更申请符合法定条件、标准的,市场监督管理部门应当予以变更。

法律、法规、规章对变更跨辖区住所登记的市场监督管理部门、变更或者解除经营者集中限制性条件的程序另有规定的,依照其规定。

第二十六条 行政许可所依据的法律、法规、规章修改或者废止,或者准予行政许可所依据的客观情况发生重大变化的,为了公共利益的需要,市场监督管理部门可以依法变更已经生效的行政许可。由此给自然人、法人或者其他组织造成财产损失的,作出变更行政许可决定的市场监督管理部门应当依法给予补偿。

依据前款规定实施的行政许可变更,参照行政许可撤回程序执行。

第二十七条 被许可人需要延续行政许可有效期的,应当在行政许可有效期届满三十日前向作出行政许可决定的市场监督管理部门提出延续申请。法律、法规、规章对被许可人的延续方式或者提出延续申请的期限等另有规定的,依照其规定。

市场监督管理部门应当根据被许可人的申请,在该行政许可有效期届满前作出是否准予延续的决定;逾期未作决定的,视为准予延续。

延续后的行政许可有效期自原行政许可有效期届满次日起算。

第二十八条 因纸质行政许可证件遗失或者损毁,被许可人申请补办的,作出行政许可决定的市场监督管理部门应当予以补办。法律、法规、规章对补办工业产品生产许可证等行政许可证件的市场监督管理部门另有规定的,依照其规定。

补办的行政许可证件实质内容与原行政许可证件一致。

第二十九条 行政许可证件记载的事项存在文字错误,被许可人向作出行政许可决定的市场监督管理部门申请更正的,市场监督管理部门应当予以更正。

作出行政许可决定的市场监督管理部门发现行政许可证件记载的事项存

在文字错误的，应当予以更正。

除更正事项外，更正后的行政许可证件实质内容与原行政许可证件一致。

市场监督管理部门应当收回原行政许可证件或者公告原行政许可证件作废，并将更正后的行政许可证件依法送达被许可人。

第四节　终止与期限

第三十条　行政许可申请受理后行政许可决定作出前，有下列情形之一的，市场监督管理部门应当终止实施行政许可：

（一）申请人申请终止实施行政许可的；

（二）赋予自然人、法人或者其他组织特定资格的行政许可，该自然人死亡或者丧失行为能力，法人或者其他组织依法终止的；

（三）因法律、法规、规章修改或者废止，或者根据有关改革决定，申请事项不再需要取得行政许可的；

（四）按照法律、行政法规规定需要缴纳费用，但申请人未在规定期限内予以缴纳的；

（五）因不可抗力需要终止实施行政许可的；

（六）法律、法规、规章规定的应当终止实施行政许可的其他情形。

第三十一条　市场监督管理部门终止实施行政许可的，应当出具加盖本行政机关行政许可专用印章并注明日期的纸质或者电子凭证。

第三十二条　市场监督管理部门终止实施行政许可，申请人已经缴纳费用的，应当将费用退还申请人，但收费项目涉及的行政许可环节已经完成的除外。

第三十三条　除即时作出行政许可决定外，市场监督管理部门应当在《中华人民共和国行政许可法》规定期限内作出行政许可决定。但是，法律、法规另有规定的，依照其规定。

第三十四条　市场监督管理部门作出行政许可决定，依法需要听证、检验、检测、检疫、鉴定、专家评审的，所需时间不计算在本节规定的期限内。市场监督管理部门应当将所需时间书面告知申请人。

第三十五条　市场监督管理部门作出准予行政许可决定，需要颁发行政许可证件或者加贴标签、加盖检验、检测、检疫印章的，应当自作出决定之日起十日内向申请人颁发、送达行政许可证件或者加贴标签、加盖检验、检测、检疫印章。

第四章 退出程序

第一节 撤 回

第三十六条 有下列情形之一的，市场监督管理部门为了公共利益的需要，可以依法撤回已经生效的行政许可：

（一）行政许可依据的法律、法规、规章修改或者废止的；

（二）准予行政许可所依据的客观情况发生重大变化的。

第三十七条 行政许可所依据的法律、行政法规修改或者废止的，国家市场监督管理总局认为需要撤回行政许可的，应当向社会公告撤回行政许可的事实、理由和依据。

行政许可所依据的地方性法规、地方政府规章修改或者废止的，地方性法规、地方政府规章制定机关所在地市场监督管理部门认为需要撤回行政许可的，参照前款执行。

作出行政许可决定的市场监督管理部门应当按照公告要求撤回行政许可，向被许可人出具加盖本行政机关印章并注明日期的纸质或者电子凭证，或者向社会统一公告撤回行政许可的决定。

第三十八条 准予行政许可所依据的客观情况发生重大变化的，作出行政许可决定的市场监督管理部门可以根据被许可人、利害关系人的申请或者依据职权，对可能需要撤回的行政许可进行审查。

作出行政许可撤回决定前，市场监督管理部门应当将拟撤回行政许可的事实、理由和依据书面告知被许可人，并告知被许可人依法享有陈述、申辩和要求举行听证的权利。市场监督管理部门发现行政许可事项直接关系他人重大利益的，还应当同时告知该利害关系人。

被许可人、利害关系人陈述、申辩的，市场监督管理部门应当记录。被许可人、利害关系人自被告知之日起五日内未行使陈述权、申辩权的，视为放弃此权利。被许可人、利害关系人申请听证的，市场监督管理部门应当按照本规定第五章规定组织听证。

市场监督管理部门作出撤回行政许可决定的，应当出具加盖本行政机关印章并注明日期的纸质或者电子凭证。

第三十九条 撤回行政许可给自然人、法人或者其他组织造成财产损失的，作出撤回行政许可决定的市场监督管理部门应当依法给予补偿。

第二节　撤　　销

第四十条　有下列情形之一的，作出行政许可决定的市场监督管理部门或者其上级市场监督管理部门，根据利害关系人的申请或者依据职权，可以撤销行政许可：

（一）滥用职权、玩忽职守作出准予行政许可决定的；

（二）超越法定职权作出准予行政许可决定的；

（三）违反法定程序作出准予行政许可决定的；

（四）对不具备申请资格或者不符合法定条件的申请人准予行政许可的；

（五）依法可以撤销行政许可的其他情形。

第四十一条　被许可人以欺骗、贿赂等不正当手段取得行政许可的，作出行政许可决定的市场监督管理部门或者其上级市场监督管理部门应当予以撤销。

第四十二条　市场监督管理部门发现其作出的行政许可决定可能存在本规定第四十条、第四十一条规定情形的，参照《市场监督管理行政处罚程序暂行规定》有关规定进行调查核实。

发现其他市场监督管理部门作出的行政许可决定可能存在本规定第四十条、第四十一条规定情形的，应当将有关材料和证据移送作出行政许可决定的市场监督管理部门。

上级市场监督管理部门发现下级市场监督管理部门作出的行政许可决定可能存在本规定第四十条、第四十一条规定情形的，可以自行调查核实，也可以责令作出行政许可决定的市场监督管理部门调查核实。

第四十三条　作出撤销行政许可决定前，市场监督管理部门应当将拟撤销行政许可的事实、理由和依据书面告知被许可人，并告知被许可人依法享有陈述、申辩和要求举行听证的权利。市场监督管理部门发现行政许可事项直接关系他人重大利益的，还应当同时告知该利害关系人。

第四十四条　被许可人、利害关系人陈述、申辩的，市场监督管理部门应当记录。被许可人、利害关系人自被告知之日起五日内未行使陈述权、申辩权的，视为放弃此权利。

被许可人、利害关系人申请听证的，市场监督管理部门应当按照本规定第五章规定组织听证。

第四十五条　市场监督管理部门应当自本行政机关发现行政许可决定存在本规定第四十条、第四十一条规定情形之日起六十日内作出是否撤销的决定。不能在规定期限内作出决定的，经本行政机关负责人批准，可以延长二十日。

需要听证、检验、检测、检疫、鉴定、专家评审的,所需时间不计算在前款规定的期限内。

第四十六条 市场监督管理部门作出撤销行政许可决定的,应当出具加盖本行政机关印章并注明日期的纸质或者电子凭证。

第四十七条 撤销行政许可,可能对公共利益造成重大损害的,不予撤销。

依照本规定第四十条规定撤销行政许可,被许可人的合法权益受到损害的,作出被撤销的行政许可决定的市场监督管理部门应当依法给予赔偿。依照本规定第四十一条规定撤销行政许可的,被许可人基于行政许可取得的利益不受保护。

第三节 注 销

第四十八条 有下列情形之一的,作出行政许可决定的市场监督管理部门依据申请办理行政许可注销手续:

(一)被许可人不再从事行政许可活动,并且不存在因涉嫌违法正在被市场监督管理部门或者司法机关调查的情形,申请办理注销手续的;

(二)被许可人或者清算人申请办理涉及主体资格的行政许可注销手续的;

(三)赋予自然人特定资格的行政许可,该自然人死亡或者丧失行为能力,其近亲属申请办理注销手续的;

(四)因不可抗力导致行政许可事项无法实施,被许可人申请办理注销手续的;

(五)法律、法规规定的依据申请办理行政许可注销手续的其他情形。

第四十九条 有下列情形之一的,作出行政许可决定的市场监督管理部门依据职权办理行政许可注销手续:

(一)行政许可有效期届满未延续的,但涉及主体资格的行政许可除外;

(二)赋予自然人特定资格的行政许可,市场监督管理部门发现该自然人死亡或者丧失行为能力,并且其近亲属未在其死亡或者丧失行为能力之日起六十日内申请办理注销手续的;

(三)法人或者其他组织依法终止的;

(四)行政许可依法被撤销、撤回,或者行政许可证件依法被吊销的,但涉及主体资格的行政许可除外;

(五)法律、法规规定的依据职权办理行政许可注销手续的其他情形。

第五十条 法律、法规、规章对办理食品生产、食品经营等行政许可注销手续另有规定的，依照其规定。

第五十一条 市场监督管理部门发现本行政区域内存在有本规定第四十九条规定的情形但尚未被注销的行政许可的，应当逐级上报或者通报作出行政许可决定的市场监督管理部门。收到报告或者通报的市场监督管理部门依法办理注销手续。

第五十二条 注销行政许可的，作出行政许可决定的市场监督管理部门应当收回行政许可证件或者公告行政许可证件作废。

第五章 听证程序

第五十三条 法律、法规、规章规定实施行政许可应当听证的事项，或者市场监督管理部门认为需要听证的其他涉及公共利益的重大行政许可事项，市场监督管理部门应当向社会公告，并举行听证。

行政许可直接涉及行政许可申请人与他人之间重大利益关系，行政许可申请人、利害关系人申请听证的，应当自被告知听证权利之日起五日内提出听证申请。市场监督管理部门应当自收到听证申请之日起二十日内组织听证。行政许可申请人、利害关系人未在被告知听证权利之日起五日内提出听证申请的，视为放弃此权利。

行政许可因存在本规定第三十六条第二项、第四十条、第四十一条规定情形可能被撤回、撤销，被许可人、利害关系人申请听证的，参照本条第二款规定执行。

第五十四条 市场监督管理部门应当自依据职权决定组织听证之日起三日内或者自收到听证申请之日起三日内确定听证主持人。必要时，可以设一至二名听证员，协助听证主持人进行听证。记录员由听证主持人指定，具体承担听证准备和听证记录工作。

与听证的行政许可相关的工作人员不得担任听证主持人、听证员和记录员。

第五十五条 行政许可申请人或者被许可人、申请听证的利害关系人是听证当事人。

与行政许可有利害关系的其他组织或者个人，可以作为第三人申请参加听证，或者由听证主持人通知其参加听证。

与行政许可有关的证人、鉴定人等经听证主持人同意，可以参加听证。

听证当事人、第三人以及与行政许可有关的证人、鉴定人等，不承担市场监督管理部门组织听证的费用。

第五十六条　听证当事人、第三人可以委托一至二人代为参加听证。

委托他人代为参加听证的，应当向市场监督管理部门提交由委托人签字或者盖章的授权委托书以及委托人、委托代理人的身份证明文件。

授权委托书应当载明委托事项及权限。委托代理人代为撤回听证申请或者明确放弃听证权利的，应当具有委托人的明确授权。

第五十七条　听证准备及听证参照《市场监督管理行政处罚听证暂行办法》有关规定执行。

第五十八条　记录员应当如实记录听证情况。听证当事人、第三人以及与行政许可有关的证人、鉴定人等应当在听证会结束后核对听证笔录，经核对无误后当场签字或者盖章。听证当事人、第三人拒绝签字或者盖章的，应当予以记录。

第五十九条　市场监督管理部门应当根据听证笔录，作出有关行政许可决定。

第六章　送达程序

第六十条　市场监督管理部门按照本规定作出的行政许可相关凭证或者行政许可证件，应当依法送达行政许可申请人或者被许可人。

第六十一条　行政许可申请人、被许可人应当提供有效的联系电话和通讯地址，配合市场监督管理部门送达行政许可相关凭证或者行政许可证件。

第六十二条　市场监督管理部门参照《市场监督管理行政处罚程序暂行规定》有关规定进行送达。

第七章　监督管理

第六十三条　国家市场监督管理总局以及地方性法规、地方政府规章制定机关所在地市场监督管理部门可以根据工作需要对本行政机关以及下级市场监督管理部门行政许可的实施情况及其必要性进行评价。

自然人、法人或者其他组织可以向市场监督管理部门就行政许可的实施提出意见和建议。

第六十四条　市场监督管理部门可以自行评价，也可以委托第三方机构进行评价。评价可以采取问卷调查、听证会、论证会、座谈会等方式进行。

第六十五条　行政许可评价的内容应当包括：

（一）实施行政许可的总体状况；

（二）实施行政许可的社会效益和社会成本；

（三）实施行政许可是否达到预期的管理目标；

（四）行政许可在实施过程中遇到的问题和原因；

（五）行政许可继续实施的必要性和合理性；

（六）其他需要评价的内容。

第六十六条 国家市场监督管理总局完成评价后，应当对法律、行政法规设定的行政许可提出取消、保留、合并或者调整行政许可实施层级等意见建议，并形成评价报告，报送行政许可设定机关。

地方性法规、地方政府规章制定机关所在地市场监督管理部门完成评价后，对法律、行政法规设定的行政许可，应当将评价报告报送国家市场监督管理总局；对地方性法规、地方政府规章设定的行政许可，应当将评价报告报送行政许可设定机关。

第六十七条 市场监督管理部门发现本行政机关实施的行政许可存在违法或者不当的，应当及时予以纠正。

上级市场监督管理部门应当加强对下级市场监督管理部门实施行政许可的监督检查，及时发现和纠正行政许可实施中的违法或者不当行为。

第六十八条 委托实施行政许可的，委托机关应当通过定期或者不定期检查等方式，加强对受委托机关实施行政许可的监督检查，及时发现和纠正行政许可实施中的违法或者不当行为。

第六十九条 行政许可依法需要实施检验、检测、检疫或者鉴定、专家评审的，市场监督管理部门应当加强对有关组织和人员的监督检查，及时发现和纠正检验、检测、检疫或者鉴定、专家评审活动中的违法或者不当行为。

第八章 法律责任

第七十条 行政许可申请人隐瞒有关情况或者提供虚假材料申请行政许可的，市场监督管理部门不予受理或者不予行政许可，并给予警告；行政许可申请属于直接关系公共安全、人身健康、生命财产安全事项的，行政许可申请人在一年内不得再次申请该行政许可。

第七十一条 被许可人以欺骗、贿赂等不正当手段取得行政许可的，市场监督管理部门应当依法给予行政处罚；取得的行政许可属于直接关系公共安全、人身健康、生命财产安全事项的，被许可人在三年内不得再次申请该行政许可；涉嫌构成犯罪，依法需要追究刑事责任的，按照有关规定移送公安机关。

第七十二条 受委托机关超越委托权限或者再委托其他组织和个人实施

行政许可的，由委托机关责令改正，予以通报。

第七十三条 市场监督管理部门及其工作人员有下列情形之一的，由其上级市场监督管理部门责令改正；情节严重的，对直接负责的主管人员和其他直接责任人员依法给予行政处分：

（一）对符合法定条件的行政许可申请不予受理的；

（二）未按照规定公示依法应当公示的内容的；

（三）未向行政许可申请人、利害关系人履行法定告知义务的；

（四）申请人提交的申请材料不齐全或者不符合法定形式，未一次告知申请人需要补正的全部内容的；

（五）未依法说明不予受理行政许可申请或者不予行政许可的理由的；

（六）依法应当举行听证而未举行的。

第九章 附 则

第七十四条 本规定下列用语的含义：

行政许可撤回，指因存在法定事由，为了公共利益的需要，市场监督管理部门依法确认已经生效的行政许可失效的行为。

行政许可撤销，指因市场监督管理部门与被许可人一方或者双方在作出行政许可决定前存在法定过错，由市场监督管理部门对已经生效的行政许可依法确认无效的行为。

行政许可注销，指因存在导致行政许可效力终结的法定事由，市场监督管理部门依据法定程序收回行政许可证件或者确认行政许可证件作废的行为。

第七十五条 市场监督管理部门在履行职责过程中产生的行政许可准予、变更、延续、撤回、撤销、注销等信息，按照有关规定予以公示。

第七十六条 除法律、行政法规另有规定外，市场监督管理部门实施行政许可，不得收取费用。

第七十七条 本规定规定的期限以工作日计算，不含法定节假日。按照日计算期限的，开始的当日不计入，自下一日开始计算。

本规定所称“以上”，包含本数。

第七十八条 药品监督管理部门和知识产权行政部门实施行政许可，适用本规定。

第七十九条 本规定自2019年10月1日起施行。2012年10月26日原国家质量监督检验检疫总局令第149号公布的《质量监督检验检疫行政许可实施办法》同时废止。

儿童个人信息网络保护规定

（2019年8月22日国家互联网信息办公室令第4号公布 自2019年10月1日起施行 国司备字[2019000707]）

第一条 为了保护儿童个人信息安全，促进儿童健康成长，根据《中华人民共和国网络安全法》《中华人民共和国未成年人保护法》等法律法规，制定本规定。

第二条 本规定所称儿童，是指不满十四周岁的未成年人。

第三条 在中华人民共和国境内通过网络从事收集、存储、使用、转移、披露儿童个人信息等活动，适用本规定。

第四条 任何组织和个人不得制作、发布、传播侵害儿童个人信息安全的信息。

第五条 儿童监护人应当正确履行监护职责，教育引导儿童增强个人信息保护意识和能力，保护儿童个人信息安全。

第六条 鼓励互联网行业组织指导推动网络运营者制定儿童个人信息保护的行业规范、行为准则等，加强行业自律，履行社会责任。

第七条 网络运营者收集、存储、使用、转移、披露儿童个人信息的，应当遵循正当必要、知情同意、目的明确、安全保障、依法利用的原则。

第八条 网络运营者应当设置专门的儿童个人信息保护规则和用户协议，并指定专人负责儿童个人信息保护。

第九条 网络运营者收集、使用、转移、披露儿童个人信息的，应当以显著、清晰的方式告知儿童监护人，并应当征得儿童监护人的同意。

第十条 网络运营者征得同意时，应当同时提供拒绝选项，并明确告知以下事项：

（一）收集、存储、使用、转移、披露儿童个人信息的目的、方式和范围；

（二）儿童个人信息存储的地点、期限和到期后的处理方式；

（三）儿童个人信息的安全保障措施；

（四）拒绝的后果；

（五）投诉、举报的渠道和方式；

（六）更正、删除儿童个人信息的途径和方法；

（七）其他应当告知的事项。

前款规定的告知事项发生实质性变化的，应当再次征得儿童监护人的同意。

第十一条 网络运营者不得收集与其提供的服务无关的儿童个人信息，不得违反法律、行政法规的规定和双方的约定收集儿童个人信息。

第十二条 网络运营者存储儿童个人信息，不得超过实现其收集、使用目的所必需的期限。

第十三条 网络运营者应当采取加密等措施存储儿童个人信息，确保信息安全。

第十四条 网络运营者使用儿童个人信息，不得违反法律、行政法规的规定和双方约定的目的、范围。因业务需要，确需超出约定的目的、范围使用的，应当再次征得儿童监护人的同意。

第十五条 网络运营者对其工作人员应当以最小授权为原则，严格设定信息访问权限，控制儿童个人信息知悉范围。工作人员访问儿童个人信息的，应当经过儿童个人信息保护负责人或者其授权的管理人员审批，记录访问情况，并采取技术措施，避免违法复制、下载儿童个人信息。

第十六条 网络运营者委托第三方处理儿童个人信息的，应当对受委托方及委托行为等进行安全评估，签署委托协议，明确双方责任、处理事项、处理期限、处理性质和目的等，委托行为不得超出授权范围。

前款规定的受委托方，应当履行以下义务：

（一）按照法律、行政法规的规定和网络运营者的要求处理儿童个人信息；

（二）协助网络运营者回应儿童监护人提出的申请；

（三）采取措施保障信息安全，并在发生儿童个人信息泄露安全事件时，及时向网络运营者反馈；

（四）委托关系解除时及时删除儿童个人信息；

（五）不得转委托；

（六）其他依法应当履行的儿童个人信息保护义务。

第十七条 网络运营者向第三方转移儿童个人信息的，应当自行或者委托第三方机构进行安全评估。

第十八条 网络运营者不得披露儿童个人信息，但法律、行政法规规定应当披露或者根据与儿童监护人的约定可以披露的除外。

第十九条 儿童或者其监护人发现网络运营者收集、存储、使用、披露的儿童个人信息有错误的，有权要求网络运营者予以更正。网络运营者应当及时采取措施予以更正。

第二十条 儿童或者其监护人要求网络运营者删除其收集、存储、使用、披露的儿童个人信息的，网络运营者应当及时采取措施予以删除，包括但不限于以下情形：

（一）网络运营者违反法律、行政法规的规定或者双方的约定收集、存储、使用、转移、披露儿童个人信息的；

（二）超出目的范围或者必要期限收集、存储、使用、转移、披露儿童个人信息的；

（三）儿童监护人撤回同意的；

（四）儿童或者其监护人通过注销等方式终止使用产品或者服务的。

第二十一条 网络运营者发现儿童个人信息发生或者可能发生泄露、毁损、丢失的，应当立即启动应急预案，采取补救措施；造成或者可能造成严重后果的，应当立即向有关主管部门报告，并将事件相关情况以邮件、信函、电话、推送通知等方式告知受影响的儿童及其监护人，难以逐一告知的，应当采取合理、有效的方式发布相关警示信息。

第二十二条 网络运营者应当对网信部门和其他有关部门依法开展的监督检查予以配合。

第二十三条 网络运营者停止运营产品或者服务的，应当立即停止收集儿童个人信息的活动，删除其持有的儿童个人信息，并将停止运营的通知及时告知儿童监护人。

第二十四条 任何组织和个人发现有违反本规定行为的，可以向网信部门和其他有关部门举报。

网信部门和其他有关部门收到相关举报的，应当依据职责及时进行处理。

第二十五条 网络运营者落实儿童个人信息安全管理责任不到位，存在较大安全风险或者发生安全事件的，由网信部门依据职责进行约谈，网络运营者应当及时采取措施进行整改，消除隐患。

第二十六条 违反本规定的，由网信部门和其他有关部门依据职责，根据《中华人民共和国网络安全法》《互联网信息服务管理办法》等相关法律法规规定处理；构成犯罪的，依法追究刑事责任。

第二十七条 违反本规定被追究法律责任的，依照有关法律、行政法规的规定记入信用档案，并予以公示。

第二十八条 通过计算机信息系统自动留存处理信息且无法识别所留存处理的信息属于儿童个人信息的，依照其他有关规定执行。

第二十九条 本规定自 2019 年 10 月 1 日起施行。

住房和城乡建设部
关于废止部分规章的决定

（2019 年 9 月 6 日住房和城乡建设部令第 48 号公布　自公布之日起施行　国司备字[2019000742]）

住房和城乡建设部决定废止《燃气燃烧器具安装维修管理规定》（建设部令第 73 号）、《房屋登记办法》（建设部令第 168 号）。

本决定自公布之日起施行。

司法解释

最高人民法院关于健全完善人民法院审判委员会工作机制的意见

（2019年8月2日　法发〔2019〕20号）

为贯彻落实中央关于深化司法体制综合配套改革的总体部署，健全完善人民法院审判委员会工作机制，进一步全面落实司法责任制，根据人民法院组织法、刑事诉讼法、民事诉讼法、行政诉讼法等法律及司法解释规定，结合人民法院工作实际，制定本意见。

一、基本原则

1. 坚持党的领导。坚持以习近平新时代中国特色社会主义思想为指导，增强“四个意识”、坚定“四个自信”、做到“两个维护”，坚持党对人民法院工作的绝对领导，坚定不移走中国特色社会主义法治道路，健全公正高效权威的社会主义司法制度。

2. 实行民主集中制。坚持充分发扬民主和正确实行集中有机结合，健全完善审判委员会议事程序和议事规则，确保审判委员会委员客观、公正、独立、平等发表意见，防止和克服议而不决、决而不行，切实发挥民主集中制优势。

3. 遵循司法规律。优化审判委员会人员组成，科学定位审判委员会职能，健全审判委员会运行机制，全面落实司法责任制，推动建立权责清晰、权责统一、运行高效、监督有力的工作机制。

4. 恪守司法公正。认真总结审判委员会制度改革经验，不断完善工作机制，坚持以事实为根据、以法律为准绳，坚持严格公正司法，坚持程序公正和实体公正相统一，充分发挥审判委员会职能作用，努力让人民群众在每一个司法案件中感受到公平正义。

二、组织构成

5. 各级人民法院设审判委员会。审判委员会由院长、副院长和若干资深法官组成，成员应当为单数。

审判委员会可以设专职委员。

6. 审判委员会会议分为全体会议和专业委员会会议。

专业委员会会议是审判委员会的一种会议形式和工作方式。中级以上人民法院根据审判工作需要,可以召开刑事审判、民事行政审判等专业委员会会议。

专业委员会会议组成人员应当根据审判委员会委员的专业和工作分工确定。审判委员会委员可以参加不同的专业委员会会议。专业委员会会议全体组成人员应当超过审判委员会全体委员的二分之一。

三、职能定位

7. 审判委员会的主要职能是:

(1)总结审判工作经验;

(2)讨论决定重大、疑难、复杂案件的法律适用;

(3)讨论决定本院已经发生法律效力的判决、裁定、调解书是否应当再审;

(4)讨论决定其他有关审判工作的重大问题。

最高人民法院审判委员会通过制定司法解释、规范性文件及发布指导性案例等方式,统一法律适用。

8. 各级人民法院审理的下列案件,应当提交审判委员会讨论决定:

(1)涉及国家安全、外交、社会稳定等敏感案件和重大、疑难、复杂案件;

(2)本院已经发生法律效力的判决、裁定、调解书等确有错误需要再审的案件;

(3)同级人民检察院依照审判监督程序提出抗诉的刑事案件;

(4)法律适用规则不明的新类型案件;

(5)拟宣告被告人无罪的案件;

(6)拟在法定刑以下判处刑罚或者免予刑事处罚的案件;

高级人民法院、中级人民法院拟判处死刑的案件,应当提交本院审判委员会讨论决定。

9. 各级人民法院审理的下列案件,可以提交审判委员会讨论决定:

(1)合议庭对法律适用问题意见分歧较大,经专业(主审)法官会议讨论难以作出决定的案件;

(2)拟作出的裁判与本院或者上级法院的类案裁判可能发生冲突的案件;

(3)同级人民检察院依照审判监督程序提出抗诉的重大、疑难、复杂民事案件及行政案件;

(4)指令再审或者发回重审的案件;

(5)其他需要提交审判委员会讨论决定的案件。

四、运行机制

10. 合议庭或者独任法官认为案件需要提交审判委员会讨论决定的，由其提出申请，层报院长批准；未提出申请，院长认为有必要的，可以提请审判委员会讨论决定。

其他事项提交审判委员会讨论决定的，参照案件提交程序执行。

11. 拟提请审判委员会讨论决定的案件，应当有专业（主审）法官会议研究讨论的意见。

专业（主审）法官会议意见与合议庭或者独任法官意见不一致的，院长、副院长、庭长可以按照审判监督管理权限要求合议庭或者独任法官复议；经复议仍未采纳专业（主审）法官会议意见的，应当按程序报请审判委员会讨论决定。

12. 提交审判委员会讨论的案件，合议庭应当形成书面报告。书面报告应当客观全面反映案件事实、证据、当事人或者控辩双方的意见，列明需要审判委员会讨论决定的法律适用问题、专业（主审）法官会议意见、类案与关联案件检索情况，有合议庭拟处理意见和理由。有分歧意见的，应归纳不同的意见和理由。

其他事项提交审判委员会讨论之前，承办部门应在认真调研并征求相关部门意见的基础上提出办理意见。

13. 对提交审判委员会讨论决定的案件或者事项，审判委员会工作部门可以先行审查是否属于审判委员会讨论范围并提出意见，报请院长决定。

14. 提交审判委员会讨论决定的案件，审判委员会委员有应当回避情形的，应当自行回避并报院长决定；院长的回避，由审判委员会决定。

审判委员会委员的回避情形，适用有关法律关于审判人员回避情形的规定。

15. 审判委员会委员应当提前审阅会议材料，必要时可以调阅相关案卷、文件及庭审音频视频资料。

16. 审判委员会召开全体会议和专业委员会会议，应当有其组成人员的过半数出席。

17. 审判委员会全体会议及专业委员会会议应当由院长或者院长委托的副院长主持。

18. 下列人员应当列席审判委员会会议：

(1)承办案件的合议庭成员、独任法官或者事项承办人；

(2)承办案件、事项的审判庭或者部门负责人；

(3)其他有必要列席的人员。

审判委员会召开会议，必要时可以邀请人大代表、政协委员、专家学者等列席。

经主持人同意，列席人员可以提供说明或者表达意见，但不参与表决。

19. 审判委员会举行会议时，同级人民检察院检察长或者其委托的副检察长可以列席。

20. 审判委员会讨论决定案件和事项，一般按照以下程序进行：

(1)合议庭、承办人汇报；

(2)委员就有关问题进行询问；

(3)委员按照法官等级和资历由低到高顺序发表意见，主持人最后发表意见；

(4)主持人作会议总结，会议作出决议。

21. 审判委员会全体会议和专业委员会会议讨论案件或者事项，一般按照各自全体组成人员过半数的多数意见作出决定，少数委员的意见应当记录在卷。

经专业委员会会议讨论的案件或者事项，无法形成决议或者院长认为有必要的，可以提交全体会议讨论决定。

经审判委员会全体会议和专业委员会会议讨论的案件或者事项，院长认为有必要的，可以提请复议。

22. 审判委员会讨论案件或者事项的决定，合议庭、独任法官或者相关部门应当执行。审判委员会工作部门发现案件处理结果与审判委员会决定不符的，应当及时向院长报告。

23. 审判委员会会议纪要或者决定由院长审定后，发送审判委员会委员、相关审判庭或者部门。

同级人民检察院检察长或者副检察长列席审判委员会的，会议纪要或者决定抄送同级人民检察院检察委员会办事机构。

24. 审判委员会讨论案件的决定及其理由应当在裁判文书中公开，法律规定不公开的除外。

25. 经审判委员会讨论决定的案件，合议庭、独任法官应及时审结，并将判决书、裁定书、调解书等送审判委员会工作部门备案。

26. 各级人民法院应当建立审判委员会会议全程录音录像制度，按照保密要求进行管理。审判委员会议题的提交、审核、讨论、决定等纳入审判流程管理系统，实行全程留痕。

27. 各级人民法院审判委员会工作部门负责处理审判委员会日常事务性

工作，根据审判委员会授权，督促检查审判委员会决定执行情况，落实审判委员会交办的其他事项。

五、保障监督

28. 审判委员会委员依法履职行为受法律保护。

29. 领导干部和司法机关内部人员违法干预、过问、插手审判委员会委员讨论决定案件的，应当予以记录、通报，并依纪依法追究相应责任。

30. 审判委员会委员因依法履职遭受诬告陷害或者侮辱诽谤的，人民法院应当会同有关部门及时采取有效措施，澄清事实真相，消除不良影响，并依法追究相关单位或者个人的责任。

31. 审判委员会讨论案件，合议庭、独任法官对其汇报的事实负责，审判委员会委员对其本人发表的意见和表决负责。

32. 审判委员会委员有贪污受贿、徇私舞弊、枉法裁判等严重违纪违法行为的，依纪依法严肃追究责任。

33. 各级人民法院应当将审判委员会委员出席会议情况纳入考核体系，并以适当形式在法院内部公示。

34. 审判委员会委员、列席人员及其他与会人员应严格遵守保密工作纪律，不得泄露履职过程中知悉的审判工作秘密。因泄密造成严重后果的，严肃追究纪律责任和法律责任。

六、附则

35. 本意见关于审判委员会委员的审判责任范围、认定及追究程序，依据《最高人民法院关于完善人民法院司法责任制的若干意见》及法官惩戒相关规定等执行。

36. 各级人民法院可以根据本意见，结合本院审判工作实际，制定工作细则。

37. 本意见自2019年8月2日起施行。最高人民法院以前发布的规范性文件与本意见不一致的，以本意见为准。

最高人民法院　最高人民检察院
关于办理组织考试作弊等刑事案件
适用法律若干问题的解释

（2019年4月8日最高人民法院审判委员会第1765次会议、2019年6月28日最高人民检察院第十三届检察委员会第二十次会议通过　2019年9月2日最高人民法院、最高人民检察院公告公布自2019年9月4日起施行　法释〔2019〕13号）

为依法惩治组织考试作弊、非法出售、提供试题、答案、代替考试等犯罪，维护考试公平与秩序，根据《中华人民共和国刑法》《中华人民共和国刑事诉讼法》的规定，现就办理此类刑事案件适用法律的若干问题解释如下：

第一条　刑法第二百八十四条之一规定的“法律规定的国家考试”，仅限于全国人民代表大会及其常务委员会制定的法律所规定的考试。

根据有关法律规定，下列考试属于“法律规定的国家考试”：

（一）普通高等学校招生考试、研究生招生考试、高等教育自学考试、成人高等学校招生考试等国家教育考试；

（二）中央和地方公务员录用考试；

（三）国家统一法律职业资格考试、国家教师资格考试、注册会计师全国统一考试、会计专业技术资格考试、资产评估师资格考试、医师资格考试、执业药师职业资格考试、注册建筑师考试、建造师执业资格考试等专业技术资格考试；

（四）其他依照法律由中央或者地方主管部门以及行业组织的国家考试。

前款规定的考试涉及的特殊类型招生、特殊技能测试、面试等考试，属于“法律规定的国家考试”。

第二条　在法律规定的国家考试中，组织作弊，具有下列情形之一的，应当认定为刑法第二百八十四条之一第一款规定的“情节严重”：

（一）在普通高等学校招生考试、研究生招生考试、公务员录用考试中组织考试作弊的；

（二）导致考试推迟、取消或者启用备用试题的；

（三）考试工作人员组织考试作弊的；

（四）组织考生跨省、自治区、直辖市作弊的；

（五）多次组织考试作弊的；

（六）组织三十人次以上作弊的；

（七）提供作弊器材五十件以上的；

（八）违法所得三十万元以上的；

（九）其他情节严重的情形。

第三条 具有避开或者突破考场防范作弊的安全管理措施，获取、记录、传递、接收、存储考试试题、答案等功能的程序、工具，以及专门设计用于作弊的程序、工具，应当认定为刑法第二百八十四条之一第二款规定的“作弊器材”。

对于是否属于刑法第二百八十四条之一第二款规定的“作弊器材”难以确定的，依据省级以上公安机关或者考试主管部门出具的报告，结合其他证据作出认定；涉及专用间谍器材、窃听、窃照专用器材、“伪基站”等器材的，依照相关规定作出认定。

第四条 组织考试作弊，在考试开始之前被查获，但已经非法获取考试试题、答案或者具有其他严重扰乱考试秩序情形的，应当认定为组织考试作弊罪既遂。

第五条 为实施考试作弊行为，非法出售或者提供法律规定的国家考试的试题、答案，具有下列情形之一的，应当认定为刑法第二百八十四条之一第三款规定的“情节严重”：

（一）非法出售或者提供普通高等学校招生考试、研究生招生考试、公务员录用考试的试题、答案的；

（二）导致考试推迟、取消或者启用备用试题的；

（三）考试工作人员非法出售或者提供试题、答案的；

（四）多次非法出售或者提供试题、答案的；

（五）向三十人次以上非法出售或者提供试题、答案的；

（六）违法所得三十万元以上的；

（七）其他情节严重的情形。

第六条 为实施考试作弊行为，向他人非法出售或者提供法律规定的国家考试的试题、答案，试题不完整或者答案与标准答案不完全一致的，不影响非法出售、提供试题、答案罪的认定。

第七条 代替他人或者让他人代替自己参加法律规定的国家考试的，应当依照刑法第二百八十四条之一第四款的规定，以代替考试罪定罪处罚。

对于行为人犯罪情节较轻，确有悔罪表现，综合考虑行为人替考情况以及考试类型等因素，认为符合缓刑适用条件的，可以宣告缓刑；犯罪情节轻微的，可以不起诉或者免予刑事处罚；情节显著轻微危害不大的，不以犯罪论处。

第八条 单位实施组织考试作弊、非法出售、提供试题、答案等行为的，依照本解释规定的相应定罪量刑标准，追究组织者、策划者、实施者的刑事责任。

第九条 以窃取、刺探、收买方法非法获取法律规定的国家考试的试题、答案，又组织考试作弊或者非法出售、提供试题、答案，分别符合刑法第二百八十二条和刑法第二百八十四条之一规定的，以非法获取国家秘密罪和组织考试作弊罪或者非法出售、提供试题、答案罪数罪并罚。

第十条 在法律规定的国家考试以外的其他考试中，组织作弊，为他人组织作弊提供作弊器材或者其他帮助，或者非法出售、提供试题、答案，符合非法获取国家秘密罪、非法生产、销售窃听、窃照专用器材罪、非法使用窃听、窃照专用器材罪、非法利用信息网络罪、扰乱无线电通讯管理秩序罪等犯罪构成要件的，依法追究刑事责任。

第十一条 设立用于实施考试作弊的网站、通讯群组或者发布有关考试作弊的信息，情节严重的，应当依照刑法第二百八十七条之一的规定，以非法利用信息网络罪定罪处罚；同时构成组织考试作弊罪、非法出售、提供试题、答案罪、非法获取国家秘密罪等其他犯罪的，依照处罚较重的规定定罪处罚。

第十二条 对于实施本解释规定的犯罪被判处刑罚的，可以根据犯罪情况和预防再犯罪的需要，依法宣告职业禁止；被判处管制、宣告缓刑的，可以根据犯罪情况，依法宣告禁止令。

第十三条 对于实施本解释规定的行为构成犯罪的，应当综合考虑犯罪的危害程度、违法所得数额以及被告人的前科情况、认罪悔罪态度等，依法判处罚金。

第十四条 本解释自2019年9月4日起施行。

附：

2019年9月份报国务院备案并予以登记的地方性法规、自治条例、单行条例和地方政府规章目录

地方性法规

法规名称	公布日期	备案登记编号
北京市人民代表大会常务委员会关于修改《北京市河湖保护管理条例》《北京市农业机械化促进条例》等十一部地方性法规的决定	2019年7月26日	国司备字［2019000689］
天津市人民代表大会常务委员会关于修改《天津市实施〈中华人民共和国城市居民委员会组织法〉办法》等十部地方性法规的决定	2019年5月30日	国司备字［2019000625］
天津市人民代表大会常务委员会关于修改《天津经济技术开发区条例》《天津港保税区条例》《天津新技术产业园区管理条例》的决定	2019年5月30日	国司备字［2019000691］
黑龙江省人民代表大会常务委员会关于黑龙江省耕地占用税适用税额的决定	2019年8月16日	国司备字［2019000719］
鹤岗市饮用水水源保护条例	2019年8月16日	国司备字［2019000720］
双鸭山市城市综合管理条例	2019年8月20日	国司备字［2019000721］
上海市人民代表大会常务委员会关于促进和保障浦东新区改革开放再出发实现新时代高质量发展的决定	2019年7月25日	国司备字［2019000664］
上海市标准化条例	2019年7月25日	国司备字［2019000665］

续表

法规名称	公布日期	备案登记编号
江苏省人民代表大会常务委员会关于耕地占用税适用税额的决定	2019 年 7 月 26 日	国司备字［2019000748］
浙江省宗教事务条例	2019 年 8 月 1 日	国司备字［2019000724］
浙江省人民代表大会常务委员会关于耕地占用税适用税额的决定	2019 年 8 月 1 日	国司备字［2019000725］
杭州市人民代表大会常务委员会关于修改《杭州市机动车排气污染防治条例》的决定	2019 年 8 月 15 日	国司备字［2019000726］
杭州市人民代表大会常务委员会关于修改《杭州市生活垃圾管理条例》的决定	2019 年 8 月 15 日	国司备字［2019000727］
湖州市市容和环境卫生管理条例	2019 年 8 月 10 日	国司备字［2019000723］
衢州市烟花爆竹经营燃放管理规定	2019 年 8 月 8 日	国司备字［2019000715］
金华市城市市容和环境卫生管理规定	2019 年 4 月 9 日	国司备字［2019000427］
舟山市物业管理条例	2019 年 6 月 17 日	国司备字［2019000728］
丽水市物业管理条例	2019 年 4 月 8 日	国司备字［2019000651］
安徽省价格监督检查条例	2019 年 7 月 29 日	国司备字［2019000631］
安徽省商会条例	2019 年 7 月 29 日	国司备字［2019000632］
安徽省人民代表大会常务委员会关于安徽省耕地占用税适用税额的决定	2019 年 7 月 29 日	国司备字［2019000633］
淮南市人民代表大会常务委员会关于修改和废止部分地方性法规的决定	2019 年 6 月 10 日	国司备字［2019000700］
安庆市花亭湖风景名胜区条例	2019 年 8 月 14 日	国司备字［2019000677］

续表

法规名称	公布日期	备案登记编号
滁州市城市绿化条例	2019年8月12日	国司备字［2019000676］
山东省宗教事务条例	2019年7月26日	国司备字［2019000644］
山东省长岛海洋生态保护条例	2019年7月26日	国司备字［2019000646］
山东省新旧动能转换促进条例	2019年7月26日	国司备字［2019000649］
山东省人民代表大会常务委员会关于山东省耕地占用税适用税额的决定	2019年7月26日	国司备字［2019000699］
济南市人民代表大会常务委员会讨论决定重大事项的规定	2019年7月26日	国司备字［2019000648］
青岛市燃气管理条例	2019年7月26日	国司备字［2019000647］
济宁市文明行为促进条例	2019年7月29日	国司备字［2019000645］
枣庄市文明行为促进条例	2019年8月1日	国司备字［2019000643］
滨州市住宅物业管理条例	2019年8月2日	国司备字［2019000650］
湖北省人民代表大会常务委员会关于耕地占用税具体适用税额标准的决定	2019年7月26日	国司备字［2019000747］
武汉市人民代表大会常务委员会关于集中修改、废止部分地方性法规的决定	2019年8月14日	国司备字［2019000690］
黄冈市白莲河库区水环境保护条例	2019年8月20日	国司备字［2019000729］
广州市实施《中华人民共和国工会法》办法	2019年6月4日	国司备字［2019000680］
广州市巡游出租汽车客运管理条例	2019年8月17日	国司备字［2019000696］

续表

法规名称	公布日期	备案登记编号
深圳市人民代表大会常务委员会关于修改《深圳经济特区医疗条例》等二十七项法规的决定	2019 年 4 月 26 日	国司备字［2019000663］
深圳经济特区知识产权保护条例	2019 年 1 月 3 日	国司备字［2019000698］
东莞市城市管理综合执法条例	2019 年 8 月 13 日	国司备字［2019000668］
中山市停车场条例	2019 年 8 月 1 日	国司备字［2019000669］
潮州市城市市容和环境卫生管理条例	2019 年 8 月 20 日	国司备字［2019000667］
广西壮族自治区测绘管理条例	2019 年 7 月 25 日	国司备字［2019000635］
广西壮族自治区铁路安全管理条例	2019 年 7 月 25 日	国司备字［2019000636］
广西壮族自治区文明行为促进条例	2019 年 7 月 25 日	国司备字［2019000637］
广西壮族自治区人民代表大会常务委员会关于修改《广西壮族自治区环境保护条例》等二十一件地方性法规的决定	2019 年 7 月 25 日	国司备字［2019000679］
南宁市出租汽车客运管理条例	2019 年 8 月 5 日	国司备字［2019000640］
钦州市城市市容和环境卫生管理条例	2019 年 4 月 9 日	国司备字［2019000672］
百色市停车场管理条例	2019 年 8 月 2 日	国司备字［2019000642］
三沙市西沙群岛海龟保护规定	2019 年 8 月 20 日	国司备字［2019000702］
中国（四川）自由贸易试验区条例	2019 年 5 月 23 日	国司备字［2019000658］

续表

法规名称	公布日期	备案登记编号
四川省阆中古城保护条例	2019年5月23日	国司备字［2019000659］
四川省沱江流域水环境保护条例	2019年5月23日	国司备字［2019000661］
成都市城市景观风貌保护条例	2019年5月30日	国司备字［2019000656］
成都市人民代表大会常务委员会关于废止《成都市矿产资源管理条例》的决定	2019年8月1日	国司备字［2019000746］
泸州市人民代表大会常务委员会关于修改《泸州市物业管理条例》和《泸州市市容和环境卫生管理条例》的决定	2019年8月20日	国司备字［2019000744］
广安市城市公共汽车客运安全规定	2019年5月28日	国司备字［2019000655］
巴中市人民代表大会常务委员会关于修改《巴中市城市道路交通秩序管理条例》等三部地方性法规的决定	2019年8月1日	国司备字［2019000745］
凉山彝族自治州禁毒条例	2019年5月30日	国司备字［2019000657］
云南省程海保护条例	2019年7月25日	国司备字［2019000671］
昆明市人民代表大会常务委员会关于修改《昆明市科学技术进步与创新条例》等六件地方性法规的决定	2019年8月7日	国司备字［2019000708］
昆明市轿子山国家级自然保护区条例	2019年5月31日	国司备字［2019000709］
昆明市城镇绿化条例	2019年5月31日	国司备字［2019000710］
昆明市人民代表大会常务委员会关于废止《昆明市行政事业性收费管理条例》的决定	2019年5月31日	国司备字［2019000712］

续表

法规名称	公布日期	备案登记编号
昆明市人民代表大会常务委员会关于废止《昆明市城市房屋权属登记管理条例》的决定	2019 年 5 月 31 日	国司备字［2019000713］
保山市城市环境卫生管理条例	2019 年 8 月 19 日	国司备字［2019000673］
云南省迪庆藏族自治州藏医药条例	2019 年 7 月 30 日	国司备字［2019000714］
西藏自治区人民代表大会常务委员会关于修改《西藏自治区道路交通安全条例》的决定	2019 年 8 月 6 日	国司备字［2019000695］
甘肃省统计条例	2019 年 5 月 31 日	国司备字［2019000718］
青海省实施《中华人民共和国红十字会法》办法	2019 年 7 月 31 日	国司备字［2019000670］
青海省人民代表大会常务委员会关于修改《青海省儿童计划免疫条例》等七部地方性法规的决定	2019 年 7 月 31 日	国司备字［2019000692］
青海省人民代表大会常务委员会关于修改《青海省实施〈中华人民共和国全国人民代表大会和地方各级人民代表大会代表法〉办法》的决定	2019 年 7 月 31 日	国司备字［2019000693］
西宁市文明行为促进条例	2019 年 8 月 26 日	国司备字［2019000735］
西宁市人民代表大会常务委员会关于修改《西宁市城市房地产交易管理条例》的决定	2019 年 8 月 30 日	国司备字［2019000736］
新疆维吾尔自治区艾滋病防治条例	2019 年 7 月 26 日	国司备字［2019000732］

自治州、自治县的单行条例

条例名称	公布日期	备案登记编号
连山壮族瑶族自治县村容镇貌条例	2019 年 8 月 26 日	国司备字［2019000686］
隆林各族自治县非物质文化遗产保护条例	2019 年 7 月 25 日	国司备字［2019000641］
阿坝藏族羌族自治州民族团结进步条例	2019 年 5 月 31 日	国司备字［2019000660］
云南省新平彝族傣族自治县城乡规划建设管理条例	2019 年 5 月 21 日	国司备字［2019000711］
云南省景谷傣族彝族自治县城乡规划建设管理条例	2019 年 5 月 31 日	国司备字［2019000704］
云南省楚雄彝族自治州彝族十月太阳历文化保护条例	2019 年 6 月 4 日	国司备字［2019000705］
楚雄彝族自治州城乡特色风貌建设条例	2019 年 6 月 4 日	国司备字［2019000706］
云南省红河哈尼族彝族自治州异龙湖保护管理条例（修订）	2019 年 6 月 17 日	国司备字［2019000703］
民和回族土族自治县人民代表大会关于废止《民和回族土族自治县造林绿化管护条例》的决定	2019 年 6 月 19 日	国司备字［2019000653］
循化撒拉族自治县草山管护条例（修订）	2019 年 6 月 24 日	国司备字［2019000662］
门源回族自治县饮用水水源保护管理条例	2019 年 8 月 26 日	国司备字［2019000737］
玉树藏族自治州施行《中华人民共和国婚姻法》的变通规定	2019 年 6 月 19 日	国司备字［2019000654］
巴音郭楞蒙古自治州人民代表大会关于修改《巴音郭楞蒙古自治州塔里木胡杨国家级自然保护区管理条例》《巴音布鲁克草原生态保护条例》的决定	2019 年 7 月 15 日	国司备字［2019000733］

地方政府规章

规章名称	公布日期	备案登记编号
天津市工伤保险若干规定	2019 年 9 月 9 日	国司备字［2019000741］
内蒙古自治区人民政府关于废止《内蒙古自治区矿山地质环境治理办法》的决定	2019 年 8 月 21 日	国司备字［2019000685］
大连市人民政府关于修改《大连市城市环境卫生设施管理办法》的决定	2019 年 8 月 23 日	国司备字［2019000739］
黑龙江省人民政府关于委托实施省管部分用地审批（审核）职权的决定	2019 年 8 月 14 日	国司备字［2019000749］
哈尔滨市城市餐厨废弃物管理办法	2019 年 8 月 9 日	国司备字［2019000630］
上海市小型运输船舶运输管理办法	2019 年 8 月 13 日	国司备字［2019000681］
南京市政务数据管理暂行办法	2019 年 8 月 7 日	国司备字［2019000638］
盐城市人民政府关于修改《盐城市快递市场管理办法》的决定	2019 年 8 月 27 日	国司备字［2019000629］
浙江省人民政府关于修改《浙江省城市建设档案管理办法》等 5 件规章的决定	2019 年 8 月 2 日	国司备字［2019000626］
宁波市人民政府关于修改《宁波市国有土地上房屋征收与补偿办法》的决定	2019 年 8 月 19 日	国司备字［2019000701］
池州市城市市容和环境卫生管理规定	2019 年 8 月 19 日	国司备字［2019000675］
厦门市人民政府关于废止和修改部分市政府规章的决定	2019 年 8 月 20 日	国司备字［2019000684］
青岛市证明事项管理暂行规定	2019 年 8 月 31 日	国司备字［2019000697］
德州市国有土地上房屋征收与补偿办法	2019 年 8 月 10 日	国司备字［2019000687］

续表

规章名称	公布日期	备案登记编号
滨州市人民政府关于修改《滨州市城市供水管理办法》等五部政府规章的决定	2019 年 8 月 27 日	国司备字［2019000652］
广东省专利奖励办法	2019 年 4 月 1 日	国司备字［2019000716］
东莞市人民政府关于修改《东莞市环境卫生管理规定》的决定	2019 年 8 月 28 日	国司备字［2019000624］
广西壮族自治区人民政府关于修改部分政府规章的决定	2019 年 6 月 3 日	国司备字［2019000750］
南宁市临时占用挖掘城市道路管理办法	2019 年 8 月 31 日	国司备字［2019000740］
海南省人民政府关于废止《海南省实施〈中华人民共和国耕地占用税暂行条例〉办法》的决定	2019 年 8 月 27 日	国司备字［2019000743］
四川省人民政府关于废止《四川省企业采用国际标准管理办法》的决定	2019 年 8 月 16 日	国司备字［2019000694］
贵阳市人民政府关于修改部分规章的决定	2019 年 6 月 2 日	国司备字［2019000666］
贵阳市人民政府关于修改部分规章的决定	2019 年 4 月 21 日	国司备字［2019000678］
铜仁市人民政府关于修改《铜仁市违法建筑查处办法》的决定	2019 年 8 月 13 日	国司备字［2019000639］
山南市公共安全视频图像信息系统管理办法	2019 年 8 月 9 日	国司备字［2019000734］
山南市人民政府起草地方性法规草案和制定政府规章程序规定	2019 年 8 月 9 日	国司备字［2019000738］
西安市人民政府关于修改《西安市机动车车身广告设置管理办法》的决定	2019 年 9 月 2 日	国司备字［2019000674］
兰州市城市地下综合管廊管理办法	2019 年 9 月 3 日	国司备字［2019000731］
金昌市人民政府拟定地方性法规草案和制定政府规章程序规则	2019 年 8 月 25 日	国司备字［2019000628］

续表

规章名称	公布日期	备案登记编号
青海省价格争议调解办法	2019 年 8 月 14 日	国司备字［2019000682］
海东市城市建筑垃圾管理办法	2019 年 9 月 10 日	国司备字［2019000730］
海南藏族自治州河道采砂管理办法	2019 年 4 月 30 日	国司备字［2019000722］

图书在版编目(CIP)数据

中华人民共和国新法规汇编.2019年.第10辑:总第272辑/司法部编.—北京:中国法制出版社,2019.11

ISBN 978-7-5216-0651-5

Ⅰ.①中… Ⅱ.①司… Ⅲ.①法规-汇编-中国-2019 Ⅳ.①D920.9

中国版本图书馆CIP数据核字(2019)第249380号

中华人民共和国新法规汇编

ZHONGHUA RENMIN GONGHEGUO XIN FAGUI HUIBIAN

(2019年第10辑)

编者/司法部

经销/新华书店

印刷/三河市紫恒印装有限公司

开本/850毫米×1168毫米 32开　　印张/7.25 字数/194千

版次/2019年11月第1版　　2019年11月第1次印刷

中国法制出版社出版

书号 ISBN 978-7-5216-0651-5　　定价:18.00元

北京西单横二条2号

邮政编码100031　　传真:010-66031119

网址:http://www.zgfzs.com　　**编辑部电话:010-66066621**

市场营销部电话:010-66033393　　**邮购部电话:010-66033288**

(如有印装质量问题,请与本社印务部联系调换。电话:010-66032926)